主　　编：马国仓

执行主编：朱　侠　许运娜

编　　辑：刘蓓蓓　孙京平　曾草楠

　　　　　朱　珊　李子木　洪玉华

　　　　　杜一娜　梁晓龙

策　　划：辛广伟

脚踏着祖国的大地

新闻战线"走基层、转作风、改文风"活动纪实

中国新闻出版报 编

人民出版社

　　2011 年 11 月 4 日，第二十一届中国新闻奖、全国优秀新闻工作者颁奖报告会在北京举行。中共中央政治局常委李长春亲切接见获奖代表，勉励新闻战线把"走基层、转作风、改文风"活动作为长期任务，不断深化、持之以恒、务求实效。　　　　　　　（新华社记者　黄敬文　摄）

　　2011 年 8 月 9 日，中宣部、中央外宣办、国家广电总局、新闻出版总署、中国记协等五部门召开视频会议，对新闻战线开展"走基层、转作风、改文风"活动进行部署。中共中央政治局委员、中央书记处书记、中宣部部长刘云山出席会议并讲话。　　（新华社记者　谢环驰　摄）

　　2011年9月13日，新闻战线"走基层、转作风、改文风"活动座谈会在北京举行。中共中央政治局委员、中央书记处书记、中宣部部长刘云山出席会议并讲话。中宣部常务副部长雒树刚、中央外宣办主任王晨、文化部部长蔡武、国家广电总局局长蔡赴朝、新闻出版总署署长柳斌杰、人民日报社总编辑吴恒权、新华社总编辑何平、中宣部副部长蔡名照出席座谈会。

（陈鹏　摄）

　　2011年11月8日，第十二个记者节到来之际，中宣部、中国记协和中央新闻媒体以及部分省区市党委宣传部、党报、都市报、电台电视台负责人和编辑记者代表共40多人来到兰考县三义寨乡南马庄村，召开座谈会，向基层干部群众征求对新闻宣传工作尤其是"走基层、转作风、改文风"活动的意见和建议，中宣部副部长蔡名照（左四）出席并主持座谈会。

（新华社记者　朱祥　摄）

2011年11月8日，新闻战线以"走转改"实际行动迎妾记者节，并在河南兰考向基层群众征求意见。图为部分编辑记者代表深入兰考县固阳镇徐场村一家民族乐器厂调研。

（新华社记者　朱祥　摄）

2011年8月2日－8日，"中央新闻单位青年编辑记者延安行"活动开展。图为《求是》杂志社、中国新闻社、中央人民广播电台记者在陕西延安延长县苹果园采访果农。

（刘世昌　摄）

解放军报总编辑黄国柱（左一）在阿勒泰军分区红山嘴边防连与官兵一起骑马巡逻。

（刘明学　摄）

　　中央在京及北京市属 30 家新闻单位的 60 多名记者深入门头沟区，感受这里的巨大变化。图为在门头沟区石泉砖厂地块定向安置房施工现场，门头沟区委书记韩子荣（右一）和区棚改中心副主任杜贵斌（左一）向记者们介绍安居房建设情况。　　　　　　　　　　（王玉梅　摄）

　　【右上】中央人民广播电台记者王亮在中蒙边境与战士同走巡逻路。（当日气温 44 摄氏度、地表温度超过 70 摄氏度）　　　　　　　　　　　　　　　　（中央人民广播电台供图）

　　【右下】新疆日报记者阿扎提·艾合米迪（右一）在伊宁县多浪农场采访种植大户吐尔逊一家。　　　　　　　　　　　　　　　　　　　　　　　　　　　　（王　伟　摄）

【左上】沧州日报记者康学翠（右）和"蜘蛛人"一起吊在高空中粉刷墙体外端。 （陈 雷 摄）

【左中】工人日报记者杨军（中）、张菁（左一）在孔庄车站和职工一起包饺子。 （孟海青 摄）

【左下】浙江日报记者俞佳友（右）在莲都采访桃农。 （聂伟霞 摄）

【右上】北京日报记者骆倩雯（左）随邮差一同走深山邮路。 （方 非 摄）

广东电视台记者彭斌良（左一）、张欢（左二）采访在废料堆里仔细查验的检验检疫工作人员。

（广东电视台供图）

广西日报桂林记者站记者杨子健（中）在桂林市恭城瑶族自治县西岭乡费村大岭山屯，采访"向石山要土地"的"大岭山精神"。

（郑智敏　摄）

代　序

把新闻写在大地上　写在人民心坎上

刘　云　山

今年春节期间，新闻战线按照统一部署，集中开展了大规模、大范围的"新春走基层"活动。一大批新闻工作者满怀热忱，深入大江南北、沿海边疆，上高原、下矿井，访农家、进社区，察寒问暖、感受民生，真实反映亿万群众欢度新春的热烈景象，生动展示普通劳动者坚守岗位的风采风貌，充分报道经济社会发展的良好态势。一篇篇生动鲜活的报道，一幅幅激情四溢的图片，一段段温暖感人的音频视频，为新春佳节增添了喜庆，营造了欢乐祥和的浓厚氛围，激发了广大群众创造幸福美好生活的热情。"新春走基层"是"走基层、转作风、改文风"活动（以下简称"走转改"）的一次集中行动，是"走转改"成果的一次集中展示，进一步深化了我们对"走转改"的认识，给我们做好新闻工作带来深刻启示。

第一，"走转改"启示我们：做一名优秀新闻工作者最根本的是要解决好"为了谁、依靠谁、我是谁"的问题。

对于新闻工作者来说，"为了谁、依靠谁、我是谁"，是一个必须回答好的根本问题。在"走转改"活动中，一大批编辑记者深入基层、深入群众，体察国情民情，思想观念悄然发生变化。有的编辑记者说，我们脚上有多少泥土，心中对人民就会有多少真情。过去总感到自己比群众高明，现在明白了人民是真正的英雄、群众是真正的老师；过去老盯着上层、精英、明星，现在明白了新闻源于群众、源于实践、源于基层。"走转改"活动告诉我们，只有走出去、沉下去、融进去，才能更深刻地理解新闻工作的目的所在、动力所在，更真切体会到新闻工作者的根基所在、价值所在，自觉肩负起宣传群众、动员群众、服务群众的职责使命。

第二，"走转改"启示我们：当代新闻工作者的位置应当"在路上、在基层、在现场"。

我们的编辑记者本来就应该扎根在社会实践之中，在人民群众之中，在现实生活之中。否则，新闻报道就会失去根基，新闻源泉就会枯竭。一些编辑记者说，是"走转改"活动让我们走出了办公室、走出了会议室、走出了互联网，也是"走转改"活动使我们改变了过去"网来网去、文来文去"的工作状态。"走转改"活动告诉我们，做一名新闻工作者，就应当经常在路上、在基层、在现场。只有在路上，心里才会有时代；只有在基层，心里才会有群众；只有在现场，心里才会有感动。新闻报道的全部事实都存在于社会实践之中，新闻工作的基本方法就是深入实际、调查研究。一切有追求、有抱负的新闻工作者，都应该奔走在路上、扎根在基层、活跃在现场，把新闻写在广阔大地上，写在人民群众心坎上。

第三，"走转改"启示我们：改进新闻报道文风关键要"说实话、说新话、说老百姓的话"。

群众语言来自生活、发自肺腑，是民生冷暖、喜怒哀乐的直接表达。在"走转改"活动中，广大新闻工作者围绕群众关心的话题，说实事求是的话，说富有生活气息的话，说老百姓自己的话，使新闻报道更加生动、更富激情、更有感染力。一些编辑记者感叹，一旦走进基层、走进群众，我们的新闻报道就有了灵感火花，我们新闻写作就能文思如泉涌，远远胜过坐在办公室内搜肠刮肚、躺在文件堆里东拼西凑、泡在互联网上复制粘贴，而且新闻报道的文风也才会变得清新朴实、鲜活生动。"走转改"活动告诉我们，新闻工作者应当善于从群众语言中获取智慧、受到启发，不断创新语言表达方式，少些说教式、远离八股腔、避免假大空，努力形成说实话、说新话、说短话的报道风格。

实践表明，"走转改"活动是创新新闻宣传工作、落实"三贴近"原则的根本举措，是加强新闻队伍建设、提升队伍素质的重要途径，是宣传思想文化工作贯彻党的群众路线、服务人民群众的必然要求。"走转改"活动已经取得了明显成效，但还有很大的拓展空间，需要持之以恒不断推进、不断深化。要以奋发有为的精神状态、扎实深入的工作作风，推动"走转改"活动深入开展，努力使新闻队伍面貌有新的改观，使新闻宣传工作水平有新的提升。

一是在"走转改"中加强主题宣传。今年，我们党将召开十八大，做好主题宣传是新闻宣传工作的重中之重。各级各类新闻单位要围绕迎接宣传贯彻党的十八大，用"走转改"的方式方法，精心组织好"科学发展 成就辉煌"等重大主题宣传。要眼中有群众、心中有思考、胸中有大局，善于抓住党和政府重视、人民群众关切的重大问题，深入调查研究，提升思想含量，使新闻报道更加贴近实际、厚重扎实，更好地服务党和国家工作大局。要善于以小见大、由点及面、以事喻理，从基层的生动实践中、从群众的切身感受中挖掘深刻内涵、体现重大主题，使重大主题宣传富有更加深厚的群众基础和实践基础。要注重发现和宣传基层党组织、普通共产党员的典型代表，以感人的故事、不凡的业绩，树立和展示党的光辉形象。

二是在"走转改"中把握好报道基调。"走转改"报道不仅仅是对社会生活片断的"原生态"反映，也有一个把握好报道基调的问题。这样，才能准确地、科学地反映社会发展进步的本质和主流。要坚持团结稳定鼓劲、正面宣传为主，多反映振奋人心的变迁变化，多展示改革开放的成果成就，为社会增添温暖、给人们提振信心。在深化"走转改"活动中，我们的新闻报道既要正视基层发展面临的现实问题，真实反映普通群众的愿望要求，又要充分反映各级党委政府的积极努力和社会各界的关心支持，防止片面单纯地揭示问题、凸显矛盾，引导人们正确认识社会转型期的现实国情，鼓舞士气、凝聚力量，更好地发挥新闻报道的建设性作用。

三是在"走转改"中拓宽报道视野。基层的实践、群众的生活丰富多彩，"走转改"活动的形式和报道内容也应该多种多样。要不断拓展思路、扩大覆盖，深入各行业各方面，深入各地区各领域，通过广泛报道基层一线和普通群众的火热社会实践，全面展示广大人民群众绚丽多彩的创新创造，生动描绘当代中国发展进步的历史画卷。要拓宽报道领域，既要报道农村，也要报道城市，既要报道老少边穷地区，也要报道经济发达地区，既要报道经济社会领域，也要报道科教文化领域。要注意改进报道方式，深入研究新形势下受众的心理特点和接受习惯，准确把握群众需求、贴近群众心理，不断创新表现形式、丰富报道内容，不断提高新闻报道的针对性实效性和吸引力感染力。

四是在"走转改"中抓好队伍建设。基层是新闻工作者成长成才的沃土。一颗种子，植入泥土，才能生根发芽；一名记者，融入人民，才能锻炼成长。要坚持在"走转改"活动中提高政治素质，增强国情了解、增加基层体验、增进群众感情，牢固树立马克思主义新闻观，继承和发扬党的新闻工作优良传统。要坚持在"走转改"活动中加强业务锻炼，提高在基层一线、艰苦环境采访报道的能力，提高与群众融为一体、打成一片的能力。要坚持在"走转改"活动中提升个人修养，学习人民群众优良品质，磨炼意志、砥砺品格，时刻拿群众这面镜子检视自己、提高自己，弘扬职业精神，恪守职业道德。要重视在"走转改"活动中发现人才、培养人才、使用人才，推动新闻战线形成人才辈出的生动局面。

五是在"走转改"中强化制度保障。要认真总结"走转改"活动的成功经验，不断探索深入开展"走转改"活动的有效办法，通过建章立制，将好的做法固化下来，以科学、有效的制度保障，推动更多新闻工作者到基层去、到一线去。要建立领导干部示范带动机制，倡导和推动领导干部定期深入基层蹲点调研、撰写稿件。要建立版面时段保障机制，舍得拿出重要版面、黄金时段刊播"走转改"报道。要建立激励考核机制，对常走基层、扎根基层、业绩突出的编辑记者给予表彰奖励。

六是在"走转改"中探索新闻工作规律。当前，媒体格局、舆论生态、新闻队伍结构等出现许多新变化、新情况，如何深化对新闻工作的规律性认识、不断丰富发展社会主义新闻理论与实践，是时代提出的重大课题。"走转改"活动开展以来，新闻战线对如何做好正面宣传、如何开展热点引导、如何进行舆论监督、如何创新报道形式，都进行了卓有成效的探索，不同程度地解答了当前新闻宣传实践面临的一些新课题。要加强对"走转改"新闻实践的理论研究，丰富提炼"走转改"精神内涵，总结经验、把握规律，更好地指导新闻宣传工作实践，推动中国特色社会主义新闻事业发展。

（本文系中共中央政治局委员、中央书记处书记、中宣部部长刘云山2012年2月7日在中央电视台"新春走基层"活动座谈会上的讲话，刊载于《党建》杂志2012年第4期，发表时有删节。）

目　录

代序：把新闻写在大地上　写在人民心坎上……………刘云山　001

第一编　要为人民放歌
——中央关于"走转改"活动的部署

李长春："走转改"活动要不断深化、持之以恒、务求实效………003

刘云山：扎实开展"走基层、转作风、改文风"活动……………005

柳斌杰：深入基层转作风　求真务实改文风………………………013

李　伟：在深入上下功夫　在转改上见成效………………………018

第二编　绝知此事要躬行
——新闻战线"走转改"活动经验选

拜人民为师　向实践学习
　　——新闻战线在河南兰考向基层干部群众征求
　　意见实录……………………………………李　斌　张兴军　023

全国新闻战线积极开展"走基层、转作风、改文风"

　　活动 …………………………………… 曾革楠　王玉娟　031

社长总编带头走基层写民生 ………………… 曾革楠　朱　侠　036

走进百姓心田　书写人间温情

　　——新闻战线深入开展"新春走基层"

　　活动 ……………………………………… 张宗堂　等　041

发扬新闻工作者优良传统

　　——记"走转改"报告团全国宣讲活动 ………… 白　瀛　等　050

新华社：继承优良传统　弘扬时代精神 ………… 新华社总编室　055

解放军报：带着思考和问题走基层 ……………… 黄国柱　061

中国国际广播电台："走转改"活动特色鲜明

　　成效显著 …………………………………………… 杜权威　067

工人日报：深度关注"三工"　挖掘基层新闻 ………… 张明江　073

检察日报：在基层收获希望 ………………………… 毋卫莉　079

中国青年报：近些，近些，再近些 …………………… 张　坤　085

重庆日报：不泡机关跑基层　"望闻问切"写民生 ……… 曾革楠　088

四川广播电视台：进一步深入推进"走转改"活动 ……… 川总宣　093

华商晨报：制度到达的地方是最安全的 ……………… 曾革楠　097

绵阳日报：让"在基层"成为常态　让"为人民"

　　成为自觉 …………………………………………… 李　强　102

苏州日报：从"走转改"看新时代媒体价值 …………… 钱　怡　107

春城晚报：开拓新闻思维新路径 ……………………… 张　明　111

第三编　把新闻写在大地上
——媒体老总谈感悟

在服务群众中真正转与改 ························· 吴恒权　119

有一种呼唤很亲切

　　——追思执着走基层的 3 位军报人 ········· 孙晓青　122

回归新闻本源 ······························· 李雪慧　125

"走转改"：回归与升华 ······················· 王　宏　128

察民情　听民意　求真知 ····················· 牟丰京　131

必由之路 ································· 李泉佃　135

"深入度"决定一张报纸的表达态度和社会担当 ········· 耿　聆　138

身入，更要心入 ····························· 李　涛　141

第四编　泥土香里酿真情
——"走转改"采访手记

泥土香里酿真情 ····························· 赵　鹏　147

基层离我们有多远？ ························· 卞民德　151

在"走转改"中锻造时代精品 ··················· 赵　承　153

深入基层，记者成才的必由之路 ················· 周芙蓉　158

行程万里探水文　脚踏泥土传真情 ··············· 何　平　160

"走转改"中的行与思 ······················· 齐　平　164

一次"未完成"的采访 ······················· 张　雪　168

追寻心中的太阳 …………………………………… 林贵鹏 173

八月，被困海拔5400米风雪无人区 …………… 孙兴维 175

亲历基层方能探掘文化新气象 …………………… 梁铮铮 182

品读"阿尼帕的故事" …………………………… 赵 祎 186

记者的根在基层 新闻的源在一线 ……………… 杨 军 189

见证一种精神 ……………………………………… 徐日丹 193

记录小人物的故事 ………………………………… 王国强 197

一篇走基层报道，凝聚爱心"小水滴" ………… 许真学 201

我与西海固的不了情 ……………………………… 林燕平 203

记者是行者，新闻在路上 ………………………… 王 业 208

始于一条路 止于一分责 ………………………… 李萌苏 211

弯弯送水路 悠悠拥军情 ………………………… 何雪峰 216

千里基层 文风归真 ……………………………… 寇志鹏 219

爱的刻度，决定新闻的温度 ……………………… 张 刚 222

踩着泥巴跑新闻 …………………………………… 卢漳华 224

走基层——我一生的职业追求 …………………… 刘 彤 228

第五编　最美的风景在基层
——"走转改"优秀作品选

边城新记 …………………… 吴恒权　胡 果　刘晓鹏 236

"我是村里百事通" ……………………………… 彭 波 239

流动菜场送惊喜

　　——北京市周末车载蔬菜市场见闻…………雷　敏　陈雅儒　242

干部包村包组包户：不让一人断水缺粮…………………周芙蓉　244

六访黎明村

　　——走进宁夏盐池县一个曾被风沙逼得

　　　　四分五裂的村庄………………………………庄电一　248

金怀波和他的放映队………………………赵秋丽　孟昭福　253

边检站的红旗在帕米尔高原飘扬………张曙红　赖　薇　姜　帆　257

练即战：让暴风雨来得更猛烈些

　　——东海舰队加快转变战斗力生成模式

　　　　新闻调查…………………………………张海平　等　262

和平方舟再远航　中国情谊与和谐理念一路同行……王庚年　等　275

19条汉子的温馨小站………………………杨　军　张　菁　282

珠穆朗玛峰下的检察院……………………戴　佳　傅　伟　287

县委政府旧房办公　中小学生新楼上课……张文凌　雷　成　290

钟静霞：做义工很快乐……………………………………林志文　296

门前的路，为何如此坎坷

　　——又进花果峪村……………………………王　宏　等　299

修通"连心路"

　　——津报记者四进花果峪纪实………………王　宏　等　302

告别坎坷走坦途………………………………………于春沣　等　306

农产品登上"专列"………………………………………吴量亮　309

说不尽的"农村文化直通车"

    ——记者随河北徐水县新华书店下乡售书记 ………… 刘蓓蓓　312

附录一：新闻战线开展"走转改"活动大事记 ……………… 317

附录二：新闻战线"走转改"活动优秀新闻作品目录 ………… 323

出版后记 ……………………………………………………… 329

第一编

要为人民放歌

——中央关于"走转改"活动的部署

导　语

　　2011 年 8 月 9 日，中宣部等五部门召开视频会议，对新闻战线开展"走基层、转作风、改文风"活动进行部署。自此开始，一场声势浩大的"走转改"活动在中国大地上扎扎实实地开展起来。中央高度重视"走转改"活动。中共中央政治局常委李长春两次对"走转改"活动作出重要批示。中共中央政治局委员、中央书记处书记、中宣部部长刘云山多次发表讲话，并先后五次撰写长篇文章，专门就"走转改"活动进行部署，提出要求。

　　本部分收录了李长春同志关于"走转改"活动的重要批示，以及 2011 年 8 月 9 日新闻战线"走转改"活动动员会议上刘云山同志及相关部门负责同志的重要讲话。本次会议由中宣部常务副部长雒树刚主持，广电总局、新闻出版总署负责同志和人民日报、新华社、中央电视台的编辑、记者、主持人代表在会上发言。

李长春:"走转改"活动要不断深化、持之以恒、务求实效

中共中央政治局常委李长春同志近日对全国新闻战线开展"走基层、转作风、改文风"活动作出重要批示,充分肯定活动取得的积极进展和实际成效,要求新闻战线把这项活动作为长期任务,不断深化、持之以恒、务求实效。

李长春同志在批示中指出,最近一段时间,由中央宣传部、中央外宣办、国家广电总局、新闻出版总署、中国记协等五部门组织的"走基层、转作风、改文风"活动,正在全国新闻战线广泛开展,社会反响强烈。这项活动是新闻界贯彻落实胡锦涛总书记"七一"重要讲话精神的重大举措,是党的以人为本、执政为民的执政理念的重要体现,是坚持"三贴近"、保证新闻信息真实准确、增强新闻宣传吸引力感染力的重要途径,是加强新闻队伍建设、树立和维护新闻工作者良好社会形象的基础性工程。活动开展以来,各级党委宣传部门、新闻单位高度重视,扎实推进,大批编辑记者深入基层蹲点调研、采访写作,在了解基层实际、反映群众意愿、树立良好形象、推动具体工作上取得了积极进展,受到广大干部群众的普遍好评。

批示强调，深入开展"走基层、转作风、改文风"活动，是新闻战线的一项长期任务，要不断深化，持之以恒，务求实效。要紧紧围绕党和国家工作大局，更好地履行新闻工作服务人民的宗旨要求，大力推进改革创新，把镜头更多地对准基层，把版面和荧屏更多地留给群众，想群众所想，急群众所急，把体现党的主张与反映人民心声统一起来，把坚持正确导向与通达社情民意统一起来，把正面宣传为主与加强和改进舆论监督统一起来，充分发挥新闻媒体联系党和人民的纽带作用。要着力引导广大新闻工作者增强使命感、光荣感和社会责任感，虚心向群众学习，树立和维护新时期新闻工作者的良好形象。要切实改进文风，多反映贴近群众情感的事例，多运用群众生动活泼的语言，多采用群众喜闻乐见的形式，做到真实可信、朴素自然、生动鲜活、言简意赅，进一步增强新闻宣传的吸引力和感染力。要建立和完善有利于新闻工作者深入基层、深入群众的体制机制，推动"走基层、转作风、改文风"活动进一步制度化、规范化、常态化。

全国新闻战线"走基层、转作风、改文风"活动自8月9日开展以来，广大新闻工作者广泛响应、积极参与，迅速形成较大声势和规模。人民日报已建立150个基层联系点，派出80多名编辑记者，采写报道百余篇；新华社已建立380个基层联系点，派出150多路编辑记者，播发各类稿件数百篇；中央电视台派出88路268名编辑记者，在重要频道、名牌栏目连续推出相关报道。大量来自基层一线的鲜活报道，给新闻媒体带来清新之风，受到社会各界的欢迎和好评。

（新华社北京 2011 年 9 月 9 日电）

扎实开展"走基层、转作风、改文风"活动

刘 云 山

党的十六大以来，我们以中国特色社会主义理论体系、马克思主义新闻观、职业精神职业道德为主要内容，在新闻战线持续开展"三项学习教育"活动，组织大规模、多层次的学习培训、国情调研、挂职锻炼，开展整治低俗之风、虚假报道，有力地推动了新闻队伍的思想作风和业务能力建设。今年春节期间，中宣部组织开展"新春走基层"活动，广大新闻工作者深入基层、聚焦民生，推出了一批群众欢迎的新闻佳作，锤炼了新闻队伍的思想作风，受到社会各界好评。为深化"三项学习教育"、巩固"新春走基层"活动成果，进一步践行党的群众路线，中宣部等五部门决定在新闻战线开展"走基层、转作风、改文风"活动。各级各类媒体和广大新闻工作者要认真贯彻落实中央关于坚持党的群众路线、做好新形势下群众工作的指示精神，以更加深刻的认识、更加自觉的行动，投身"走基层、转作风、改文风"活动，忠诚践行新闻工作的职责使命，为推动经济社会又好又快发展、全面建设小康社会作出应有贡献。

一、提高思想认识，深刻领会开展"走基层、转作风、改文风"活动的重要意义。

胡锦涛总书记在"七一"重要讲话中明确指出，来自人民、植根人民、服务人民是我们党永远立于不败之地的根本，必须牢固树立马克思主义群众观点、自觉贯彻党的群众路线，始终保持同人民群众的血肉联系。新闻工作是党联系群众的桥梁和纽带，承担着宣传群众、动员群众、服务群众的庄严使命，更应当积极践行党的群众路线。组织开展"走基层、转作风、改文风"活动，是贯彻落实胡锦涛总书记"七一"重要讲话精神、深化"三项学习教育"的重要举措，对于推动新闻工作者进一步树立群众观点、坚持群众立场，更好地贯彻党的群众路线，具有十分重要的意义。

1."走基层、转作风、改文风"，是坚持党的新闻事业性质宗旨、履行新闻工作责任使命的必然要求。新闻事业是党和人民的事业，宣传党的主张、反映人民意愿，为最广大的人民群众谋利益，是新闻事业的性质所在，是新闻工作的职责所在。只有深入基层、深入群众，才能更好地了解国情、掌握民意，把体现党的主张与反映人民心声统一起来，把坚持正确导向与通达社情民意统一起来。现在，我们党正领导人民在建设中国特色社会主义的正确道路上，致力于推动科学发展、促进社会和谐，致力于实现"十二五"规划目标、全面建设小康社会。这是顺应时代发展要求、让人民群众过上美好生活的伟大实践，也是一个需要广泛凝聚群众智慧力量的奋斗过程。在新的历史起点上，更好地推进党和国家事业发展，迫切需要新闻工作者深入基层、深入群众，了解改革建设的关节点、抓住广大群众的关注点、把握服务人民的着力点，充分反映改革发展的生动实践，反映基层创造的新鲜经验，反映人民群众的意愿呼声，以卓有成效的新闻舆论工作，汇聚起推进改革开放和现代化建设的强大力量。

2．"走基层、转作风、改文风"，是落实"三贴近"要求、增强新闻宣传吸引力感染力的重要途径。新闻是时代变迁的记录，是社会生活的反映，是群众实践的写照。贴近实际、贴近生活、贴近群众，是做好新闻宣传的不变法则和永恒主题。应当肯定，我们的新闻工作者在贯彻"三贴近"方面付出了很大的努力，取得了很好的成效。同时也要看到，与经济社会快速发展的生动实践相比、与传播格局和受众需求的深刻变化相比还有不小的差距，落实"三贴近"要求依然是需要认真解决好的重要课题。基层一线是新闻工作的源头活水，蕴藏着最鲜活、最丰富的新闻资源。接地气才能有底气、长灵气，深入实践才能富有生活气息，扎根群众才能产生真情实感，我们的新闻报道才会有现场的温度、才会有清新朴实的文风、才会有打动人心的力量。在新的历史条件下，做好新闻宣传工作、提高舆论引导水平，迫切需要新闻工作者深入基层、深入群众，激发思想的火花、激活创造的灵感，捕捉最生动的场景、挖掘最感人的故事，不断增强新闻报道的吸引力感染力。

3．"走基层、转作风、改文风"，是加强队伍建设、提高新闻工作者综合素养的有效举措。队伍是事业发展的根本保障，新闻工作者的素养能力直接决定着新闻事业的成败。从总体上看，我们的新闻队伍是一支政治强、业务精、纪律严、作风正的队伍，是一支能吃苦、能战斗、能奉献的队伍，特别是在这些年的一系列重大考验面前，广大新闻工作者关键时刻冲得上、困难面前顶得住，展现出过硬的素质和顽强的作风。现在，党和国家事业发展进入一个新的阶段，新闻工作服务改革发展稳定大局的任务越来越重，对新闻队伍政治素养、业务水平、工作作风等方面的要求越来越高，加强宗旨教育、加强能力培养、加强实践锻炼，成为新形势下新闻队伍建设的紧迫要求。群众最智慧，实践出真知。只有深入基层、深入群众，才能在改革建设的火热实践中增进对现实的了解，才能在与群众的交流交往中找到自身的不足，才能在艰苦环境的磨炼中锻造顽强的品质和过硬的作风。在繁重的任务面前，更好地承担起新闻工作的使命，迫切需要新闻工作者深入基层、深入群众，把基层当做最好的课堂，把群众当做最好的老师，从社会实践的丰厚土壤中获取养料养分，从人民群众的伟大创造中汲取智慧力量，在向实践、向群众学习中不断提高做好新闻宣传工作的能力。

二、紧密联系实际，切实增强"走基层、转作风、改文风"活动的针对性实效性。

"走基层、转作风、改文风"是一项实践性很强的活动，重在联系实际、贵在取得实效。"走"是途径、是载体，"转"和"改"是目的、是重点，只有在"走"的过程中实现了"转"和"改"，这项活动才能达到预期目标。各级宣传部门和各新闻单位，要着眼于坚持党的新闻事业的性质宗旨，着眼于把握新闻舆论的正确导向，着眼于提升新闻队伍的能力素养，抓住重点、找准着力点，有针对性地解决突出问题，努力推动新闻队伍建设取得新的进展，推动新闻宣传工作迈上新的台阶。

1. 在坚持党性原则、坚定马克思主义新闻观上下功夫见成效。新闻事业是党的事业的有机组成部分，党性原则是新闻工作的根本原则。贯彻党性原则，就是要自觉用马克思主义新闻观指导实践，坚持新闻媒体是党和人民喉舌的根本性质，落实以正确舆论引导人的根本任务。实践最有说服力，群众最有发言权，我国改革发展的巨大成就、新闻事业的生动实践，充分证明了党的新闻工作方针原则的正确性。开展"走基层、转作风、改文风"活动，就是要推动新闻工作者亲身感受改革开放和社会主义现代化建设的伟大成就，感受城乡面貌的快速变化，感受人民群众生活水平的巨大进步。要通过走进基层、深入群众，让广大新闻工作者充分认识坚持党的领导、坚持社会主义制度、坚持走中国特色社会主义道路的历史必然性，充分认识新闻工作坚持党性原则的极端重要性，自觉贯彻党的新闻工作的方针政策，在纷繁复杂的形势面前，始终保持政治上的清醒和坚定。

2. 在把握基本国情、增强服务大局的自觉性上下功夫见成效。正确认识国情，是做好新闻宣传工作的前提和基础。只有对我国现实国情有一个全面了解和客观认识，才能准确把握党和国家工作大局，准确把握宣传报道的基调和尺度。组织开展"走基层、转作风、改文风"活动，就是要推动新闻工作者深入经济社会发展的实际，深刻认识我国仍处于并将长期处于社会主义初级阶段的基本国情没有变，深刻认识人民日益增长的物质文化需要同落后的社会生产之间的矛盾这一社会主要矛盾没有变，深刻认识我国是世界上最大的发展中国家的国际地位没有变。就是要推动新闻工作者深入改革建设的最前沿，加深对我国经济社会发展新的阶段性特征的理解，加深对"战略机遇期"、"矛盾凸显期"的理解，加深对科学发展的主题和加快转变经济发展方式的主线的理解。在认清国情、认清大局的基础上，进一步明确新闻工作的定位，找准新闻工作的坐标，多做统一思想、凝聚力量的工作，多做鼓舞人心、振奋精神的工作，多做解疑释惑、平衡心理的工作，不断巩固壮大主流思想舆论，更好地促进改革发展、维护和谐稳定。

3．在增进同人民群众感情、提高服务群众能力上下功夫见成效。从根本上说，我们的新闻工作属于人民、为了人民。能不能以深厚的感情对待人民群众，能不能以高度的自觉服务人民群众，是关系新闻工作者立场态度、思想作风的根本问题。组织开展"走基层、转作风、改文风"活动，就是要推动新闻工作者强化群众观点、站稳群众立场，密切同群众的联系，摆正同群众的关系，落实服务人民的要求，进一步回答解决好"为了谁"、"依靠谁"、"我是谁"的问题。要始终坚持面向基层、服务群众，深入群众生产生活、走进群众内心世界，了解普通百姓的生活状况、生存状态，感受群众的喜怒哀乐、酸甜苦辣，进一步拉近同群众的距离，真正同人民群众融为一体、打成一片。要情系群众、感恩群众、敬畏群众，把人民放在心中最高位置，关注群众需求、维护群众利益，说群众想说的话、办群众欢迎的事，把工作做到群众心坎上，弄清楚新闻工作服务大众还是服务小众的问题，真正把党和人民赋予的新闻报道权、舆论监督权用到为民造福上来。

4．在接受社会实践锤炼、培育良好职业精神职业道德上下功夫见成效。深深扎根基层实践，以求真务实的精神采写新闻，是新闻战线长期以来形成的优良传统，是做好新形势下新闻工作必须倍加珍惜的宝贵精神财富。现在，社会环境发生很大变化，工作条件大为改善，采访手段更为先进，但无论环境条件怎样变，深入群众

"接地气"的传统不能忘，走进基层"抓活鱼"的做法不能丢。组织开展"走基层、转作风、改文风"活动，就是要大力继承和弘扬新闻工作的优良传统，倡导编辑记者沉下身心、走进基层，在实践的艰苦磨砺中感悟生活真谛、锤炼品质作风、增长本领才干。要真正深入到改革开放和现代化建设第一线，深入到新闻现场掌握第一手材料，在火热的社会实践和群众的生产生活中把握时代脉搏。要始终把社会责任放在首位，视导向为灵魂、视真实为生命，严肃认真地考虑新闻报道的社会效果，讲品位、讲格调，传播先进文化，弘扬社会正气，展现人间温暖。要树立崇高的职业理想、职业品格，用心采写新闻，精心编播新闻，靠新闻的内涵吸引人，靠思想的力量感染人，防止急功近利、片面追求轰动效应，更不能搞有偿新闻、"有偿不闻"，努力在人民心中树立起新闻工作者的良好形象。

5. 在学习运用群众语言、提升新闻报道吸引力感染力上下功夫见成效。群众是语言大师，老百姓的话最生动、最有生活气息。只有了解掌握群众语言，善于运用群众语言，我们的新闻报道才会为群众所喜爱、所接受。关于新闻报道的文风问题，这些年我们反复强调，也有大的改进，但这一问题还远未解决。有的新闻报道冗长空洞、言之无物；有的文件语言、刻板生硬；有的追求另类、离奇怪诞，远离普通百姓；更有甚者，有的随意拔高、虚假不实。这是影响新闻报道吸引力、感染力、公信力的重要因素。组织开展"走基层、转作风、改文风"活动，就是要推动新闻工作者学好用好群众语言、倡导清新朴实、生动鲜活、言简意赅的文风。要善于用普通百姓的视角观察问题，用群众乐于接受的方式阐述观点，平等交流、平易近人，防止居高临下、自说自话。要多用群众听得懂听得进的语言，多一些短话、实话、新话，少一些大话、空话、套话，让人们爱读爱听爱看，实现最佳宣传效果。

新闻战线开展"走基层、转作风、改文风"活动，是立足当前、加强改进新闻宣传的重要措施，也是着眼长远、推动新闻事业健康发展的基础性工作。各有关部门和各新闻单位要高度重视、认真对待，加强组织协调、完善保障措施，推动这一活动广泛深入持久地开展下去，防止一阵风、走过场，确保取得实实在在的成效。要改进创新方式方法，结合媒体格局的变化、队伍结构的实际、业务工作的需要，打造富有特色的活动载体，广泛吸引编辑记者参与。要建立完善有利于新闻工作者深入基层、深入群众的制度机制，推动走基层、转作风、改文风成为新闻战线的自觉行动和新闻工作者的职业追求。

（本文系中共中央政治局委员、中央书记处书记、中宣部部长刘云山2011年8月9日在新闻战线开展"走基层、转作风、改文风"活动动员会议上的讲话，刊载于《党建》杂志2011年第9期，发表时有删节。）

深入基层转作风　求真务实改文风

柳　斌　杰

为了适应改革开放和现代化建设的新形势，中央决定在新闻战线深入开展"走基层、转作风、改文风"活动，这是全国新闻战线为深入贯彻落实胡锦涛总书记"七一"重要讲话、深化"三项学习教育"活动的新举措，非常必要。全国各级新闻出版行政部门和新闻采编、报刊出版单位一定要高度重视、认真落实，坚持联系实际，把活动引向深入，使之取得更大实效。

今年年初，中央新闻单位带头开展了形式多样的"新春走基层"采访活动，各新闻单位派出了得力记者，开设了专栏专版，综合运用消息、特写、评论、现场连线、采访手记等形式，连续刊播记者来自基层的报道。一些报刊组织记者在春节返乡省亲之际，进行了多方面的社会调查，写成系列报道，深入报道基层生动的实践，满怀激情地反映了自己家乡的新变化，受到群众的喜爱和好评，取得良好效果。这次开展全国新闻战线"走基层、转作风、改文风"活动，是年初"新春走基层"活动的继续和发展，在范围上，从中央新闻单位扩展到全国新闻战线；在内涵上，从主要强调深入基层采访扩展到将深入基层和转变作风、改进文风有机结合起来。通过活动一定能使广大新闻工作者通过深入基层采访知民情，转变采访作风解民忧，改进作品文风暖民心，有利于在全国新闻战线大兴调查研究、密切联系群众和求真务实的好作风。

一、联系实际，增强活动的针对性。

党的十六大以来，随着改革开放的深入和科学发展观的落实，我国各项事业都发生了深刻的变化。在党中央的关怀下，我国新闻战线通过参加重大事件的采访实践和"三项学习教育"等专项活动的锻炼，政治意识、大局意识、责任意识和采访能力、应对能力、报道能力都大有提高，我国新闻的社会引导力和国际传播力正在稳步提升，新闻战线的作用越来越大。但是，在传播国际化和社会信息化的大背景下，西方社会发生的"窃听丑闻"等，挑战了公平正义、道德、法制的底线，暴露了西方新闻观的虚伪。由此，人们对新闻的是非更加关注，批评、指责、挑剔不断形成自发的热点，加上炒作的不断升温、扩散，新闻主流、新闻阵地都在经受着多种考验。我们必须在这样的高度上去办新闻、看新闻。当前我国新闻战线总体上是能适应这种变化的，但也存在一些问题，主要是采访不深入、报道不求实、内容不生动。一些记者不出家门，不下基层，不到现场，电脑鼠标键盘一敲一点，手机短信改头换面，就炮制出新闻稿来；一些记者去了现场一不采访、二不核实，拿了主办方提供的新闻通稿就回单位交差，结果通稿上的领导没有出席就出了大错，甚至有的记者没有新闻通稿就不会写报道；有的编辑审稿不细、把关不严，假画面、假照片和文字错误都上了版面和屏幕，造成不良影响；一些记者写的文章空话多、废话多、套话多，群众反映注水文章、广告文章、官样文章太多太滥太长。由于这些问题的存在，导致虚假新闻、不实报道、跟风炒作屡屡出现。近几年来，"纸馅包子"、"第五个直辖市"、"高干子女占亿元富豪人数的91%"等虚假新闻时有发生，去年社会新闻投诉1000余件，除了少量以权谋私外，多与新闻采编人员存在的浮躁轻率和急功近利的不良作风紧密相关。今年上半年，新闻出版总署直接查处的涉及新闻违规的224件群众举报案件中，有50多件反映的是报道虚假或失实问题，占了百分之二十多。可见，基层群众对我们新闻报道中存在的不深入基层、不调查研究、不实事求是等问题反映十分强烈，可以说新闻记者的采访作风和报道文风已经严重影响到我国新闻事业的整体形象和公信力。中央部署这项活动，非常有针对性，非常切中新闻时弊。各地区各单位新闻采编人员，要领会中央精神，自觉投入活动，切实解决我们在作风、文风上的突出问题，使我们的新闻工作和主要媒体更加适应时代的要求。

二、抓住重点，集中解决作风文风问题。

这次活动有三个重点，提出了解决问题的切入点和落脚点，集中起来就是把群众路线、群众观点、群众利益贯穿到新闻采编传播的全过程。

"走基层"是"转作风、改文风"的前提和基础。我国前辈记者有名言：好新闻是用脚写出来的。基层每天都有生气勃勃的创造，那里是实践的主战场、新闻的原产地，只有深入基层，才能感受丰富多彩的生活；群众是真正的英雄，是创造历史的动力，到群众中去，拜群众为师，向群众学习。在向群众学习的过程中，你就会在不知不觉中长知识、长才干、"转作风"、"改文风"。深入基层调查研究，倾听群众呼声，了解新闻事件的真相，写出鲜活生动的作品，这是新闻记者成才立业的必由之路。

"转作风"是活动的本质要求。新闻采编作风实际上是一个党性问题党风问题。它往往是人们评价社会风气、党的作风的一个重要标尺。对新闻工作者来说，重要的是树立四种作风：一是实事求是。真实是新闻的生命，编造就是丑闻，没有实事求是精神就是缺了基本新闻品格。二是雷厉风行。及时是新闻的功力所在，晚了就是旧闻，起不到引导舆论的作用，所以要不怕辛苦、连续作战，及时准确把新闻事件告诉公众。三是密切联系群众。新闻是面向群众的事业，新闻的主体是群众，新闻的受众是群众，新闻的监督还是群众，发行量、收视率都是群众的赞成票。好的新闻工作者必须坚持党的群众路线，做好群众工作，带着感情关心群众疾苦，诚心诚意为群众办事。四是批评与自我批评。舆论本身是批评与监督的产物，弘扬真善美，贬斥假恶丑，引导社会文明进步。记者和媒体要敢于批评，善于批评，维护公平正义。为什么群众认为"都是拿钱买的文艺评论"？就是媒体没有中肯的评论和批评，奉承之作太多。另外，自己错了要作自我批评，不要放不下架子，不少记者和媒体还缺乏这种作风。

"改文风"是"走基层"和"转作风"的结果。改进文风必须从改进作风开始，有了好作风就有好文风。但也要有自己的修养，自古讲道德文章皆是人，心无点墨笔下空。改进文风一要用心求"理"，首先要学好中国特色社会主义理论，掌握马克思主义立场、观点和方法，用科学的新闻观正确把握舆论导向，把对历史、对人民负责作为基本立足点，不然就会出现用心求"利"的现象，导致我们的报道失实，甚至成为某种形式的名利场。二要用心求"实"，新闻报道要生动感人，必须要求真务实，少一点形式主义的东西，避免千人一面，千篇一律，社会需要新闻报道更加贴近实际、贴近生活、贴近群众，就是要求新闻真实、文风朴实，不能假话连篇，群众读了、听了不相信。要直面现实，不能忽视或者回避社会的热点焦点问题；要分清主次，不能仅仅盯住社会发展过程中出现的某些枝节问题，连篇累牍用负面报道来哗众取宠。现阶段博客、手机文字短小明快、灵活多变，这对传统新闻媒体文风是直接的挑战，在文风上做到守正出新、精彩夺人并非易事。我们既要有高度的政治责任感，又要有相当的文字功力，方能刊播出打动人心的新闻作品。

三、着眼长远，在队伍建设上下功夫。

这次中央部署全国新闻战线深入开展的"走基层、转作风、改文风"活动，给了新闻领域转变采访作风、改进报道文风的好平台，也是加强记者队伍思想和作风建设的好契机，各级新闻出版行政部门和各新闻出版单位要根据中央的统一部署和云山同志讲话要求，抓好两方面的工作：一是切实加强对专项活动的组织领导，及时制订落实方案，责任、目标、措施落实到位，加大工作力度，改进工作方法，确保专项活动取得实效。二是要完善长效机制，把作风、文风与人才培养、评价、考核、评职称等联系起来，形成制度化常态化，为建设一支政治强、业务精、纪律严、作风正的新闻队伍提供保障；为打造一批高举旗帜、求真务实、开拓进取、恪守新闻职业道德的名牌新闻单位奠定基础。可以预见，经过这次生动具体的实践教育活动，会使我国新闻战线面貌为之一新，新闻工作将会更好地服务于党的宣传事业，服务于全党全国工作大局，服务于广大人民群众。

（本文系新闻出版总署署长柳斌杰2011年8月9日在新闻战线开展"走基层、转作风、改文风"活动动员会议上的讲话。）

在深入上下功夫　在转改上见成效

李　伟

中央部署在新闻战线组织开展"走基层、转作风、改文风"活动，对于引导广大新闻工作者深入贯彻胡锦涛总书记"七一"重要讲话精神，坚持党的群众观点、群众路线，转变作风，改进文风，进一步提高新闻宣传的针对性、贴近性，具有十分重要的意义。广播电视系统要认真落实《意见》和云山同志重要讲话精神，按照本次会议部署，扎实深入开展活动。

一、统一思想、提高认识，切实加强对"走基层、转作风、改文风"的领导。全国广电系统要认真学习《意见》精神，充分认识到开展"走转改"活动是践行党的群众观点、群众路线的具体行动，是深化"三项学习教育"活动的重要抓手，是加强广播电视队伍建设的重大举措。各级广播电视播出机构要高度重视，把开展"走转改"活动列入重要日程，精心部署，广泛动员，在深入上下功夫，在转改上见成效。各单位"三项学习教育"活动领导小组要切实负起责任，制定明确周密的计划，确保"走转改"活动各项任务落到实处。领导干部特别是播出机构的领导要带头参与，发挥示范表率作用。

二、深化群众路线、群众观点学习教育，引导广大干部职工增强全心全意为人民服务的自觉性。各级广播电视播出机构要结合学习型党组织建设和创先争优活动，结合新闻战线"三项学习教育"，组织干部职工特别是采编导播人员，认真学习胡锦涛总书记"七一"讲话和关于加强和改进新形势下群众工作的重要讲话精神，学习中央领导同志关于群众工作重要论述，学习在"迎新春走基层　送欢乐下基层"座谈会上领导同志的讲话精神，以开展"走转改"活动为契机，在全系统开展一次全员性的群众观点、群众路线集中教育，解决好"为了谁、依靠谁、我是谁"的问题，使全系统干部职工牢固树立人民至上的观念，在思想上尊重群众、在感情上贴近群众、在工作上依靠群众，把基层当课堂、把群众当老师，写百姓故事、为人民放歌。

三、把"走基层、转作风、改文风"落实在具体工作中，体现在荧屏声频上。各级广播电视播出机构都要建立基层联系点，组织编辑记者广泛开展蹲点调研实践活动，挖掘素材，采写报道，生动反映火热的现实生活和人民群众的创造实践，展现人民群众良好精神风貌。要努力转变文风，大力倡导"短、新、实"的清新文风，善用群众的身边事例和鲜活语言，使广播电视宣传生动活泼、情理交融，富有亲和力、吸引力和感染力。中央三台、各省级上星频道频率和地面主频道（频率）每周至少要推出 3 至 5 期反映基层的专栏、专题，上星综合频道都要开办反映人民道德实践的思想道德建设栏目，积极办好服务群众生活的民生服务类栏目节目。

四、加强制度建设，确保深入基层、转变作风、改进文风制度化常态化。一要完善学习、培训制度。定期组织编辑记者学习中央精神特别是关于新闻宣传工作的指示精神，了解世情国情党情，增强把握大局、服务群众的能力。加强对编辑记者的岗位培训，新入职人员正式上岗前要经过基层联系点驻点锻炼，无基层工作经历的编辑记者要分期分批赴联系点驻点。二要建立调研制度。各级广播电视播出机构领导班子成员和编辑记者要经常性地深入基层调研，了解群众的所思所盼，反映群众所求所愿。三要建立考评奖励制度。将"走转改"情况纳入对频道、节目、栏目、个人的考核体系，纳入评优评奖，并通过"走转改"，发现选拔一批作风过硬、业务精湛、肯吃苦、能战斗的骨干。四要完善督导检查制度。各级广播电视行政管理部门、各单位"三项学习教育"活动领导小组要加强对"走转改"情况的督促、检查和指导，及时总结好做法、推广好经验，促进广播电视宣传水平的进一步提高。

（本文系国家广电总局副局长李伟2011年8月9日在新闻战线开展"走基层、转作风、改文风"活动动员会议上的讲话。）

第二编

绝知此事要躬行

——新闻战线"走转改"活动经验选

导　语

　　"走转改"活动开展以来，中央及地方新闻出版单位积极行动，结合工作实际对"走转改"做出具体安排，制定详细计划，并且积极开拓思路，创新活动形式，涌现了很多经验做法和典型案例。本部分选编了全国新闻战线开展"走转改"活动的代表性综述文章，以及新华社、解放军报等12家中央、地方新闻单位开展"走转改"活动的实践案例及经验总结。

拜人民为师　向实践学习

——新闻战线在河南兰考向基层干部群众征求意见实录

李　斌　张兴军

第十二个记者节到来之际，中宣部、中国记协和中央新闻媒体以及部分省区市党委宣传部、党报、都市报、电台电视台负责人和编辑记者代表共40多人8日上午来到兰考县三义寨乡南马庄村，召开座谈会，向基层干部群众征求对新闻宣传工作尤其是"走基层、转作风、改文风"活动的意见和建议。

以下是座谈会实录：

蔡名照（中宣部副部长）：兰考和新闻界有特殊的渊源。当年焦裕禄同志在兰考带领干部群众战风沙，克服各种困难，树立了一个优秀共产党员、县委书记的光辉形象。新闻界老前辈、当代著名记者穆青同志等人深入兰考采访，写出了新闻名篇《县委书记的榜样——焦裕禄》，也为新闻界树立了"勿忘人民"的光辉典范。记者节之际，我们来到兰考，就是要继承和发扬穆青同志"勿忘人民"的精神，进一步深入推进"走基层、转作风、改文风"活动。今天座谈会的主题就是拜人民为师，向实践学习。希望大家充分发表意见。

王伟（兰考县华兰家具公司经理）：兰考是焦裕禄精神的发祥

地，一直备受全国新闻媒体的关心和支持。新闻媒体多年来也对我们做了大量报道，对企业发展壮大起到了很大作用。

"走基层、转作风、改文风"活动是脚踏实地、实事求是精神的体现，我们衷心赞成。希望广大新闻工作者能真正深入到企业特别是中小企业、民营企业，倾听干部群众特别是工人的呼声。我们企业农民工比较多，有些工人反映，一些电视节目离工人实际生活比较远，像"相亲""选美女"等节目。农民工对社会的贡献有目共睹，但是他们普遍不知道自己对国家的贡献在哪里，能不能把这些展现出来，展现农民工也是为社会主义大厦添砖加瓦的，增加农民工的自豪感？能不能多报道一些农民工的典范，多讲一些他们为社会作出的贡献？这是我们来自基层的一点希望。广大新闻工作者如果真正能走到基层来，我们工人不是没有话说，而是有很多话说，你们能听到很多真实的声音。

现在中央一直强调弘扬正气。如何弘扬？我认为应该多宣传社会的光明面，多树立一些典型，把社会的正气树立起来。问题当然应该揭露，但是不要夸大。要多化解矛盾，不要激化矛盾。

代胜民（兰考县孔场村乐器加工厂经理）：我们公司主要是利用兰考丰富的泡桐资源生产传统的民族乐器，古筝、琵琶、扬琴、二胡等。2007年和2008年，媒体对我们做了很多报道，在社会上引起很大反响，企业发展也比以前有了更大进步。这让我们充分认识到，企业发展需要媒体的支持。作为县里的中小企业，我们还存在很多问题，比如说用工难。媒体能不能对基层员工的典型和模范进行报道？多树立这方面的一些典型？再一点，企业再往前发展，在人才方面会遇到困难，希望通过媒体呼吁更多的大学生到农村创业就业。

张砚斌（兰考县三义寨乡南马庄村党支部书记）：南马庄有1581口人，耕地2860亩。我们村主要是以合作社为发展平台，从大米到小杂粮、"快乐猪"，到搞直销，这几年发生了日新月异的变化。这几年我们的发展过程中，一个特点就是媒体关注。从2004年到现在，来了100多家媒体，作了200多篇报道。

根据对农村的了解，我提几点建议：一是农村空心村和留守儿童现象很严重，希望媒体关心一下农村小孩和老人，对这种状况进行报道，促使决策层出台相关政策。第二，国务院提出加快鲜活农产品流通体系建设，郑州也出台了农产品周末进入菜市场等相关政策，这些都挺好，但是现在基层还没有那么快出台一些相应政策。媒体应该加大关注力度，促使政策加快出台。

黄胜亮（兰考县公安局宣传科干事）：我干公安工作14年。基层公安每天和群众打交道，任务越来越繁重，压力也越来越大。举个例子，由于警力有限，案件要分轻重缓急、有先有后，有时候一些群众不理解。我们希望通过这次新闻媒体的"走转改"活动多做宣传，让群众知道我们平常在干什么、忙什么，帮助我们化解误解、增进理解。多报道公安战线涌现的先进典型。他们为了群众平安，为了万家灯火，时常天南地北地奔波，其中有许多可歌可泣的故事值得新闻媒体的朋友去发现、去挖掘。希望媒体朋友多鼓舞我们的士气，让我们为社会治安多作贡献。

孔东海（兰考县三义寨乡党委书记）：我们很欢迎"走转改"活动。这个活动确实让我们基层群众感觉到新闻工作者和群众的心贴得更紧了，关系更紧密了。

这个活动希望长期坚持，深入进行。建议多报道一些工人、农民的先进典型，多反映工人、农民的生产生活，多制作一些反映工人、农民的电视剧。

作为基层干部，我们也要以走基层活动为契机，向广大新闻工作者学习，真正扑下身子，密切联系群众，想群众之所想，办群众之所需，为群众搞好更多更好的服务。

程丽（兰考县三环木业有限公司工人）："走转改"非常好，私下里工友之间聊天，都非常赞同这项活动。希望编辑记者能真正走到我们身边，倾听我们的声音，想我们所想的事，报道出去。我代表公司工友提几点建议：第一，能不能多出一些关于工人题材的电视剧和报道。原来有个电视剧非常有名，叫《外来妹》，大家都非常喜欢。对工人来说，能从电视剧中体现出自己的价值，认识到自己也是给社会添砖加瓦的；第二，能不能多报道一些农民工的典型，对工人进行鼓舞，甚至还可以创作一些歌曲，现在这方面的东西有点少。

杨士海（兰考县三义寨乡南马庄村农民）：我们村成立了一个养殖专业合作社，养"快乐猪"。我们养的"快乐猪"不喂添加剂，不喂瘦肉精，吃过东西还可以在院子里头跑跑玩玩。猪快乐人就快乐，猪健康人就健康。我们的"快乐猪"能喂到十个月才出栏，卖到开封、郑州、北京、上海，销量非常大。"快乐猪"之所以成功，靠媒体宣传和指导。希望媒体多宣传农民，多下基层，多写写农村的变化、农民的生活、农村的面貌。

张砚斌（兰考县三义寨乡南马庄村党支部书记）：怎样缩小城乡差距？怎么使农民更快地增加收入？我认为媒体能起到推动作

用。2006 年一家银行做电视广告时，为显示社会责任感、扩大社会影响力，就加播农民合作社的农产品广告，这样挺好。（此时，张砚斌拿出一袋南马庄村生产的生态米向大家展示。）

刘会敏（开封日报记者）：这个村是我的联系点。一到南马庄，一见到乡亲们，我就有种回到家的感觉。我们走出办公室，来到田间地头，反映民声，传达民情。同时，我们也从群众身上学到了很多。南马庄村这几年建立合作社，发展生态大米，养"快乐猪"，从他们身上，我看到了新农村的发展方向。

"走转改"活动开展得非常好。如果更多的政府职能部门能及时跟进，"走转改"就能放大作用。"走转改"不仅要解决一些个体性问题，更要就一些机制体制性问题进行深入调研，真正帮助基层解决更大的问题。像空心村、留守儿童等问题，都需要从机制体制上更好地解决。另外，社会风气的净化，社会主义核心价值观的建设，也需要新闻工作者作出更大贡献。

侯永胜（兰考县委宣传部新闻科科长）：兰考一直被媒体关注。全国新闻战线广泛深入开展"走基层、转作风、改文风"活动以来，很多记者与我们联系，到基层，到一线，到田间地头，受到了群众的欢迎。

我感觉，新闻离我们越来越近，可媒体却离我们越来越远。我们现在每天都被新闻包围着，为什么说媒体离我们远了呢？一些没有持有效证件的所谓网站或专刊特刊的工作人员，俗称"假记者"，以采访和调查为名来到这里，他们不会写稿，只会骗钱，以媒体采访为名行敲诈或欺骗之实。这些行为，不仅影响了新闻战线在基层的形象，损害了新闻记者与基层的关系，还极大地干扰地方发展。建议有关部门对这一混乱现象加强治理，出台制度或措施，严厉打击。

高云飞（兰考县张君墓镇大学生村官）：现在农村问题从中央到地方，都非常关心，希望通过"走转改"活动，更多地宣传报道农村，让大家知道农村的实际情况和困难。

现在有些农民的传统观念仍然比较强。希望媒体宣传一些好的案例，带来新的观念和信息，帮助我们走现代农业之路，帮助农民增加收入、发家致富。也希望大家多关心大学生村官这个群体。

新闻媒体可以对农业生产有很大帮助。比如说去年我们不知道山东种了很多芹菜，导致我们种的芹菜大面积滞销，最后只卖4分钱一斤。希望新闻媒体当"红娘"，构建信息服务平台，把各地的农产品种植和销售信息汇集到一起，帮助农民和市场紧密联系起来。

刘爱民（兰考县城关镇派出所民警）：我是社区民警。我们的工作离不开新闻媒体的支持。榜样的力量是无穷的，建议新闻媒体多报道公安战线一些模范人物，多报道公安队伍的先进事迹，多宣传我们的工作，让群众了解背后的酸甜苦辣；希望媒体走到我们身边，帮助我们发现问题，改进工作，建立一种相互信赖的关系，形成良好的互动局面。希望"走转改"活动走近基层民警和群众，大家心连心，面对面。希望"走转改"活动能持续下去，让百姓得到更多实惠。

常聪明（兰考县第一高中教师）：作为一名基层教师，我最关心学生的成长。学生的成长，除了学校教师的积极教育，还离不开电视、网络等新闻媒体的宣传引导。从我所教的学生来看，留守学生比较多，由于父母长期外出打工，孩子就大量依赖电视、网络来满足自己的需求，而有些电视节目过度娱乐化，影响了学生的健康成长。甚至有些娱乐节目学生只需看一小时，学校老师一个星期苦口婆心的教育效果就大打折扣。像早恋问题，学校三令五申禁止中学生谈恋爱，但还是制止不了。这与一些电视节目的影响不无关系。像一些偶像剧、相亲节目，我认为这些学生看了不太好。前一段时间，国家广电总局出台措施解决娱乐节目过多过滥的问题，老师和家长都很高兴。

还有就是网络问题，它给人们带来了丰富的信息资源和诸多的便利，但也有不好的一面，有些学生沉溺于网络游戏，有些通过网络看一些不健康的小说。我个人认为网络影响了一部分学生的健康成长，需要进一步加强对网络的管理。

希望新闻媒体多关注农村教育，加大对教育、学生、家长的正面宣传报道力度，增加有益青少年健康成长的教育节目，多传播一些优秀文化，大力弘扬艰苦奋斗、自力更生的优良传统，营造一个适合孩子们发展的健康向上的良好氛围。

座谈会进行中，南马庄村村民耿得雨闻讯赶来，主动要求参加会议，他说：今天上午各大媒体到我们村。我活了60多年，这还是第一次见到这么多新闻媒体的朋友到基层和农民交谈，这是党的好政策。新闻媒体是国家的卫士，也是当代的包公，还是孙悟空式的火眼金睛，歪风邪气最怕我们这些媒体。我在电视上看到，违法犯罪分子、歪门邪道的，去访问他，都不敢照面。我今天特别激动，也特别高兴，想了一段顺口溜：党的政策真是好，各大媒体基层跑；真实情况能得到，实事求是写报道。

群众代表发言后，人民日报副总编辑谢国明、新华社副社长周树春、经济日报总编辑张小影、解放军报副总编辑朱英秋、中国记协党组书记翟惠生也分别发言。大家一致表示，这次座谈会给人思想触动很大。拜人民为师，向实践学习。今后要进一步密切和人民群众的联系，进乡村、进社区、进厂矿，深入基层一线，虚心向人民群众求教，把"走基层、转作风、改文风"的要求落实到主题宣传、典型宣传、热点引导、舆论监督等日常报道中，不断提高新闻报道的质量和水平。

蔡名照：座谈会开得很好，不知不觉中已经两个小时40分钟了。这个会是我们媒体老总们向群众学习的拜师会。大家着眼于改进和创新新闻宣传工作，给我们提出了很多好的意见和建议。这些都为我们加强和改进新闻工作提供了很好的思路，我们要认真研究和吸收。

新闻工作说到底是为群众服务的。"走转改"不是一时之计，不是权宜之计，而是新闻工作的根本方向，是新闻队伍建设的根本措施。我们一定要树立以人为本、人民至上的新闻理念，把"走转改"活动长期坚持下去。今后要把这种征求意见工作常态化，不断吸取人民群众的意见和建议，使新闻工作更好地为人民服务、为社会主义服务。最后我提议以热烈掌声，向各位与会同志对新闻工作提出的宝贵意见表示最诚挚的谢意。

（新华社郑州 2011 年 11 月 8 日电）

全国新闻战线积极开展
"走基层、转作风、改文风"活动

曾革楠　王玉娟

"温室里的玫瑰再鲜艳也不值得骄傲。"《求是》杂志社编辑盛玮在参加近期举办的"中央新闻单位青年编辑记者延安行"后感慨道，作为一名新闻工作者，只有真正脚踩在黄土地上，内心才会踏实起来。

连日来，全国新闻战线积极响应中宣部、中央外宣办、国家广电总局、新闻出版总署、中国记协五部门关于开展"走基层、转作风、改文风"活动的号召，纷纷动员部署。大家一致表示，深入基层"抓活鱼"，贴近群众"接地气"，是我党新闻事业的优良传统。作为党和政府联系群众的纽带和桥梁，新闻工作者只有俯下身、弯下腰，扎根基层一线，才能不断写出传递人民心声的新闻作品，也才会真正实现新闻工作者的价值追求。

扎根基层一线　用脚"写"出好新闻

"'文山会海'中，采撷不出'带露水的鲜花'。"经常带队深入基层进行采访的湖北日报传媒集团总编辑唐源涛认为，好新闻都是用脚"写"出来的。只有到了基层一线，才能闻到大地的泥土芳香，才能听到老百姓的心里话，写出的报道也才会有生气有灵气。

2011年8月9日，就在五部门召开视频会议对"走基层、转作风、改文风"活动进行动员部署的当天，唐源涛正带领一批记者在田头地脚"拾"新闻。由他们"捕捉"的鲜活新闻《在十堰看"工业梯田"》，次日在《湖北日报》一版《走基层转作风改文风》专栏见诸报端。经过多年的探索实践，湖北日报传媒集团已建立起了领导带头走、带头转、带头改的长效制度，推动"走基层、转作风、改文风"成为全体员工的自觉行动和职业追求。

据了解，"走基层、转作风、改文风"活动期间，全国新闻战线将按照要求建立基层联系点，通过与贫困边远地区结对子、定点帮扶、双向互动等形式，进一步增进群众感情、拉近同群众的距离。

其中，《人民日报》要求编委会成员每人确定1个基层联系点，编辑部各部门、《人民日报·海外版》、人民网和各社属报刊等单位确定2至3个基层联系点；上海明确规定各新闻单位领导班子成员每年为记者编辑上一次课，每年要安排一定时间带着课题深入基层联系点开展调研，要在8月底前确定首批联系点、蹲点记者编辑名单及有关调研课题；重庆日报报业集团要求领导干部和采编人员要在农村、厂矿、企业、社区确定固定联系点，轮流分批深入联系点，与基层群众同吃同住同劳动……

与此同时，各新闻单位还在日常工作中加强对编辑记者的岗位培训，组织无基层工作经历的编辑记者分期分批赴基层联系点驻点，新入职人员正式上岗前应有基层联系点驻点经历。

只有身到人民中　方能与百姓贴心

新华社记者程卓去年参加了由中国记协主办的"百名青年编辑记者寻根西柏坡"活动，在与农户同吃、同住、同劳动中，对新闻工作有了一份更深的感悟。"只有真正到了一线，才能听到百姓的心里话。如果只是身入心不入，交流不交心，核心的新闻信息就永远没有办法被发现。"这位"80后"记者由衷地说。

事实上，沉下去，就一定有新闻，沉下去，就一定能得到百姓的认可。对此，武汉晚报社社长林霓涛深有感触。他说，今年春节前后，《武汉晚报》连续开展"新春走基层"、"记者下基层"、"走基层转作风改文风"三次大型采访活动，形成了总编辑、副总编辑、部门主任带队采访，全体采编参与的良好机制，连续推出了"王争艳、桂红林、刘继平、李冲"等一批走向全国的重大典型。目前，一批深入基层、深入群众的好报道也正在酝酿采访之中。

长期的新闻实践证明，基层一线是新闻工作的源头活水。记者唯有身到人民中，情系百姓心，下笔方能动人，也方能与百姓心贴心。为深入开展好"走基层、转作风、改文风"活动，新闻战线将鼓励编辑记者深入改革建设前沿，深入群众生产生活一线，把笔触、话筒和镜头对准普通群众，把版面和时段多给基层群众。

从2011年8月22日开始，中央电视台在《新闻联播》、《朝闻天下》、《新闻直播间》等栏目开辟《走基层》专栏，集中播出反映基层群众真实工作和生活的新闻报道。吉林《城市晚报》制定了"百名记者编辑进社区"主题教育实践活动方案，首批包括报社领导班子成员、所有部门主任在内的134名编辑记者将深入长春市的134

个社区开展为期一年的主题教育实践活动。8月20日，《内蒙古日报》（蒙文版）等媒体在锡林郭勒盟苏尼特右旗赛罕塔拉镇巴彦杭盖嘎查联合举办了"记者采访日"活动，20多名记者分成3个采访小分队，对苏尼特右旗牧民、嘎查镇领导和旗相关领导进行了深入采访……

"只有深入基层、深入群众，才能与群众打成一片，才能获得生动、鲜活的新闻素材。"春节期间参加过"新春走基层"活动的《经济日报》记者赵妍坦言，只有真正和当地群众融在一起，多与群众交流，多观察，去发现变化、发现新闻，才能真正把人民关心的事情，想表达的问题展现出来。

唯有深入才生动　唯有朴实最感人

深入基层、深入群众，是改进文风、转变作风的根本途径。如果只是坐在办公室里遣词造句，语言就会干瘪枯燥，新闻报道就会索然无味。

农民日报社记者房宁刚进入报社，便被安排到山东记者站锻炼。在采访中，他慢慢学会不用文绉绉的语言跟农民交谈，写稿子时也注重直接引用农民的原话。在他看来，作为农民日报社的记者，不下基层，就容易"五谷不分"；不会用农民的语言写作，农民看不懂，也不爱看。

为切实提高新闻报道的公信力、亲和力、吸引力和感染力，"走基层、转作风、改文风"活动期间，各新闻单位将在密切联系群众中学习群众语言、熟悉群众语言、善用群众语言，拉近新闻报道与人民群众的距离，使群众能听得明白、听得进去。

新华社要求知名新闻品牌栏目要"眼睛向下",在内容、写法上不断改进,多讲短话、实话、新话,多推出短篇佳作。同时,将通过开展"学习群众语言、熟悉群众语言、善用群众语言"研讨活动,每年在全社范围内开展"清新文风"范文征集和评议活动等。

法制日报社将下大力气切实解决新闻报道中存在的"冗长空洞、言之无物"、"文件语言、刻板生硬"、"追求另类、离奇怪诞"、"随意拔高、虚假不实"等突出问题。

辽宁要求各新闻单位以改文风为落脚点,倡导清新朴实、言简意赅的文风,用群众乐意接受的方式阐述观点,用群众语言来改进文风,让人们爱听爱读爱看……

唯有深入才生动,唯有朴实最感人。如今,经历过基层记者站锻炼的房宁对这两句话最有发言权。他深有感触地说,在田间地头采访,在崂嗑中学说家常话,才会采出清新朴实的文风,才能抒发出老百姓的真情实感。

(《中国新闻出版报》2011 年 08 月 22 日)

社长总编带头走基层写民生

曾革楠　朱　侠

连日来，在新闻战线"走基层、转作风、改文风"的宏大队伍中，有一道亮丽的风景，引起了社会各界的广泛关注和一致好评，这就是媒体领导带头"走转改"。

"没想到平时拿笔杆子的大总编蹲下身就干起了活，而且干得有板有眼。这个走基层活动真不是走过场，这次真是走到了我们老百姓中间，走到了我们心里。"河北霸州南孟镇西粉营村村民杨顺江说。

中央媒体带头示范　身体力行走近群众

基层和群众，是每个新闻工作者的情感之根、报道之根。从范长江提出"一张报纸，一个记者，其基础在群众，前途也在群众"，到穆青以"勿忘人民"激励青年人……走进基层，向群众学习，一直是我们党新闻事业的优良传统。媒体老总身体力行、躬亲示范，在引领媒体同仁履行职责的同时，也在践行着中国共产党自延安时期即已形成的办报思想和原则。

9月13日，人民日报社社长张研农来到山西大同煤矿集团，进园区、访职工、上矿山、下矿井，围绕能源企业如何转型发展等主题进行了深入调研采访，总编辑吴恒权也于 8 月 31 日赴湖南湘西，深入群众生产活动第一线进行实地采访。

9 月 20 日—23 日，新华社社长李从军来到位于太行山腹地的河南省林州市，深入田间地头、山村农户、建设工地、工厂车间，就传承发扬红旗渠精神进行调研。9 月下旬—10 月，总编辑何平赴山西兴县，进行蹲点采访报道。

9 月 6 日，光明日报社总编辑胡占凡深入河北霸州南孟镇西粉营村，了解当地农村文化活动开展情况和农业专业合作社的发展状况，并亲自撰写通讯《霸州有个西粉营》，为当地群众呼吁解决贷款难等问题。

9 月 8 日，经济日报社社长徐如俊带领采访小组，深入到江苏东海县蹲点采访，由其撰写的《北芹村的蔬菜不愁卖》等稿件着力宣传了东海发展高效设施农业的举措及成效。

8 月 20 日，中央人民广播电台台长王求带领 20 多名编辑、记者、主持人，奔赴辽宁的工厂、农村、学校，走村入户，倾听百姓呼声，寻找报道线索，确立报道选题。

9 月 7 日，中央电视台台长焦利赴黑龙江五常市安家镇，连夜走访了当地农户，并在拖拉机上、田间地头、农家小院展开了细致的采访，《北大仓今年粮满仓》9 月 8 日在《新闻联播》播出，成为当日焦点之一。

"虽然今天我们所处的时代与延安时期不同了，但令人欣慰的是，那一时期所形成的思想、观念、原则仍一以贯之，在新的时代焕发出新的光彩。"北京大学新闻与传播学院教授、副院长程曼丽说。

而在网友"天女散花123456"看来，走群众路线，不应有职位大小和时间先后，区别只有态度是否积极，感情是否真诚，作风是否扎实。

地方媒体迅速跟进 积极行动转变作风

走基层，"身入"不等于深入，身到更要心到。只有深入，才能于平凡中发现不平凡的新闻；只有心到，才能在平淡中发现最伟大的时代精神。中央媒体领导到一线采访的实际行动，对地方各级媒体的"走转改"活动起到了强大的示范和推动作用。

8月31日—9月1日，安徽日报报业集团党委书记、社长汪家驷带领采访小组来到大别山深处的太湖县，就当地公益性文化体系建设进行深入调研采访。在一天的时间里，采访组先后走访3个乡镇，采访多名农民和乡村干部、基层文化工作者，写下了近20页采访记录。经过采访小组和相关编辑的连续奋战，9月2日，稿件《大山深处书香浓》在《安徽日报》头版头条刊发。

从8月初开始，大众报业集团党委书记、董事长、总编辑傅绍万便带领记者先后到聊城、莱芜、淄博等地调研采访，先后在头版头条推出了《从县域经济的"聊城现象"看欠发达地区崛起路径(上、下)》等报道，在社会上引起强烈反响。

9月20日，湖北日报传媒集团党委书记、社长江作苏亲临汉江防秋汛最前线，在最吃紧的当码头险段，带头采访、带头写稿。

8月31日，广西日报传媒集团总编辑李启瑞带队深入全国文明村镇南宁市武鸣县双桥镇下渌村采访调研；宁夏日报报业集团党委书记、社长刘卫日前在固原市与《固原日报》编辑记者深入座谈，总编辑沙新亲赴宁夏西吉县偏远乡村采写了《苇草织梦》、《穷山僻壤"状元村"》等一批鲜活的稿件；9月5日—7日，《重庆日报》总编辑张小良深入江津四面山镇洪洞村中咀社王家塝地界一座无名小山，翻越陡壁，实地采写出了《夜访"守余火"的汉子》；9月13日—14日，南方报业传媒集团党委书记、南方日报社社长杨兴锋率领几名年轻记者，来到距广州200多公里的粤北山区连南瑶族自治县，两天时间里行程逾800公里，走访了3个镇5个村10多家农户，获取了大量翔实、客观的新闻素材……

"'走转改'活动的开展，为集团队伍建设搭建了一个新平台，为实现舆论影响力的新突破提供了良好契机，也使我们看到了新闻宣传工作和队伍建设的差距和薄弱环节。新闻单位领导带头示范，这是对本单位最好的动员部署。"傅绍万表示。

群众读者反响热烈　期待更加讲求实效

媒体领导身体力行，带头下基层，访民众，察民情，写民生，给人以耳目一新的感觉，受到了新闻界和读者的极大认可。

"媒体领导带领一线记者深入基层，以解剖麻雀的扎实作风，在新闻发生的第一现场指导记者、并亲自采访，体现了党报集团对新闻战线正在开展的'走基层、转作风、改文风'活动的深刻认识，真正体现了党报和党报记者眼睛向下，脚踏实地的好作风。"捧读9月2日《安徽日报》的报道，太湖县图书馆馆长曾玉琴动情地说。

"媒体老总跑基层，跑出了亮点，挖出了真金。更可贵的是，大量充满现场感的细节描写和生动故事让经验变得易懂易学。"在暨南大学新闻与传播学院院长范以锦看来，报社领导带头"走转改"，不仅起到了积极的示范作用，而且老总们亲自在现场指导，可以使"走转改"活动开展得更加扎实。同时，老总们从采访到编务——过问，对"走转改"报道相关记者也将起到激励作用，有利于"走转改"活动的长期发展。

"深入基层采访是新闻工作的优良传统，毛主席当年在延安时期就倡导的'深入群众、不尚空谈'的优良传统如今又得到重视和发扬。但是，在现阶段强调'走转改'决不是回到原点，而应该是新形势下的提升。期待老总们在言传身教中，更加注意讲求实效，不断总结新经验，创造新模式，提高到新水平。"范以锦说。

（《中国新闻出版报》2011 年 09 月 26 日）

走进百姓心田　书写人间温情

——新闻战线深入开展"新春走基层"活动

张宗堂　隋笑飞　璩　静

精彩故事述说人间温情，细腻笔触展现人的精神，聚焦百姓回应社会关切，真情实意凝聚发展动力——

今年1月以来，全国新闻战线广泛开展"新春走基层"活动。广大新闻工作者以饱满的热情走边疆、进哨所，访老区、赴灾区，到厂矿、入农家，把镜头话筒对准普通群众，让新闻报道聚焦平凡人物，记录城乡基层的可喜变化，展示各族人民的崭新风貌，反映人们对美好生活的期盼愿望，集中推出了一批来自一线的鲜活生动报道，引起广泛共鸣。

"字里行间'带着露珠'、'冒着热气'、散发着泥土的芬芳，闻得见汗水的味道，传递出百姓的热切期盼，解决了群众的实际困难，这样的新闻老百姓愿意看，这样的新闻工作者值得尊重。"一位读者对"新春走基层"报道这样评价。

佳节欢聚之时　记者"在路上"

"看了《新闻联播》播出的'杨立学讨薪记'，我哭了。希望这个报道不仅解决杨立学的问题，更能帮到和他一样的打工者。""感谢新闻工作者深入一线，深入基层，报道群众的实际困难，将百姓的声音传递出去。""杨立学讨薪记"播出后，网友们纷纷留言。

1月12日起，中央电视台新闻频道播出了记者雷飚采访制作的7集连续报道"蹲点日记：杨立学讨薪记"，并从1月14日起在《新闻联播》连续播出，舆论广泛关注，引发人们对农民工工资保障机制的思考与讨论。

这组鲜活的亲历式报道，是新闻战线广泛开展"新春走基层"活动取得丰硕成果的一个缩影。

今年是全国新闻战线连续第二年开展"新春走基层"活动，也是自去年8月全国新闻战线开展"走基层、转作风、改文风"活动的继续和深化。

活动开始后，中央和地方新闻单位迅速制定报道方案。报刊、通讯社、电台、电视台结合自身定位，纷纷开设"新春走基层"专栏、专题、专版，迅即组织编辑记者进一步深入基层。

其间，人民日报组织了18个采访组、近200多名记者奔赴全国各地，回乡探亲的记者，也从家乡发回报道；新华社记者兵分70多路，兼顾不同地区、不同行业、不同群体，深入全国31个省区市和港澳台地区采写基层鲜活新闻；经济日报"新春走基层·回家"系列报道，用一个个生动事例全景展现"中国式过年"；中央电视台组织160余路记者和主持人深入一线，采访各地区各行业普通百姓的工作和生活……

中央新闻单位负责人率先深入基层，广大新闻工作者分期分批奔赴全国各地，与基层干部群众同吃同住共度春节，深入挖掘新鲜故事、感人事迹，推出了一批来自基层、原汁原味、鲜活生动的精品佳作。

为增强活动的时效性、广泛性，各地党委宣传部门积极动员，印发宣传报道活动方案，党报党刊、电台电视台、都市类媒体、网络媒体也根据自身特点，制定详细报道方案，确保了活动顺利开展和报道有声有色。

通达社情民意　新闻"在基层"

"春运""讨薪""物价""安全"……"新春走基层"活动中，编辑记者深入一线抓"活鱼"的同时，及时了解群众所思所盼，反映基层所求所愿，把百姓呼声作为重要选题，突出报道各地惠民生、解民忧、办好事、办实事的生动景象。

人民至上，这是新闻工作者对人民群众的真挚情感。"新春走基层"的报道通达社情民意，让人们感受人间温情——

2011年，河南淅川县周沟村205户924位村民挥别生活多年的故土，移民到50多公里外的邓州市白牛乡。春节前夕，人民日报记者来到"新周沟"村，亲身感受乡亲们在新家乡的新生活，用事实说明南水北调中线工程移民新村"搬得进、稳得住、能致富"。

春节前夕，新华社记者奔赴各地，采写出《浓浓牵挂暖心怀——全国各地保障农民工工资兑付追踪》一稿，客观反映农民工工资兑付的不易，以及各地保障农民工工资的务实举措；中央电视台《回家的礼物》、《邵全杰的回家路》等报道，聚焦普通百姓过年回家时携带的"春节礼物"，在观众中引起强烈反响；中国国际广播电台则把关注的重点定格在各地的喜庆氛围、百姓生活和假日经济等。

为民解忧，这是新闻工作者的责任与担当。"新春走基层"的报道，把对群众的真挚情感转化为深入基层的热情、服务群众的激情——

"春节回家路上，有我们与您温暖相伴。"中央人民广播电台中国之声《温暖回家路》节目，联合铁道部及北京、上海、成都、武汉、郑州铁路局，与上海、成都等多家广播电台联手，将直播车开进火车站，实时播报春运客流动态。节目还邀请火车站负责人做客直播间，回答听众提出的问题，或答疑解惑，或服务提示，或解决问题，受到广泛好评。

《让成片的村庄"天青青水蓝蓝"》、《棉花市场冷 伤了棉农心》……这些报道是安徽日报记者深入农户、田头，与农民朋友拉家常后的发现和思考，稿件刊发后，引起相关部门的高度重视，帮助农民解决了实际困难；福建日报记者正月初五来到闽浙交界的福鼎市罗唇村养路站，跟随养路工人破冰除雪，了解到工人们"希望能有像北方养路队那样的防护衣服"，报道发出后，引起当地主管部门重视。

聚焦百姓，是新闻工作者的不变追求。"新春走基层"深入报道节日期间党员干部、窗口服务行业的坚守岗位、辛勤付出——

《人民日报》刊发《巡线工的大年初一》、《急修班长的年夜饭》等报道，介绍鲜为人知的普通劳动者通过紧张忙碌的工作，确保千家万户平安祥和过年。

除夕当天，新华社播发《除夕，他们依然坚守在 600 米矿井下》、《敬礼，向佳节中坚守的身影》等各种体裁报道 35 篇，大量体验式报道，全景展现了节日坚守工作岗位的感人身影。

《光明日报》"走基层·来自一线的核心报道"栏目刊发通讯《写在大山深处的青春》，详细介绍在乌蒙山区进行页岩气勘探项目的青年科技工作者在大山深处承受孤独、辛勤工作的故事。

中央电视台"在岗位"栏目播出《新疆：铁路桥架设者马润月的一天》、《吉林通化：民警"送货郎"》等；《中国日报》刊发《"有怨无悔"的洪泽湖区抄表员》、《为烈士祠看守 30 余年的八旬老人陈光聚》等人物特写；《中国青年报》刊发《南昆路上的"洞中人"》介绍昆明铁路局职工长期在铁路隧道中黑暗的避车洞里工作生活的感人事迹；中新社播发《春节，我们在亚丁湾护航》，讲述除夕夜中国海军第十批护航编队在亚丁湾海域为商船护航的故事……

文风生动朴实　报道"在现场"

"你们不要在记者面前寒碜我了，村里像我这样的人多的是，去年村里评'十佳'，我排名靠后着呢。"

"以前一听到征地心里就发慌，怕没了地以后吃饭都成问题。但这回上边要求一年内搬迁，结果全村不出两个月就搬完了。你说为啥？城市发展了呗！家门口也有挣不完的钱，脑筋自然就转过弯来了……"

乡音"土"得亲切，方言"土"得活泼。这样鲜活的语言不时地出现在"新春走基层"的报道中。

群众语言来自生活，发自肺腑，行诸口舌，是民生甘苦、喜怒哀乐的直接表达。活动中，新闻工作者结合报道选题的类型、问题的针对性、读者的需要、写作风格的多样性，选择适当的方式用好用活群众语言，力求开掘"深"一点，讲理"透"一点，说得"软"一点，写得"美"一点，使稿件朴实、可亲，简明易懂。

《人民日报》推出"2011 新生活"整版报道，反映老百姓 2011 年的住房新生活、打工新生活、学校新生活、移民新生活、灾区新生活、藏区新生活、网购新生活，每篇报道五六百字，主题突出，文笔清新，现场感强。

新华社开展"学用群众语言"活动，号召广大编辑记者以实际行动活学活用群众语言。其间，播发的《太行山上的"团聚"——记春节期间坚守中南铁路通道的建设者》、《生命没有彩排，平安才最精彩——一个煤矿工人的井下实录》、《"天下第一粮仓"种粮大户的炕头年话》等稿件，都是一个个现场实录。

《光明日报》"新春走基层"系列报道以 1000 字以内的短文为主，多撷取老百姓生动的话语直接做标题，如《汤饭近了，家近了》、《给乡亲们唱一出好戏》、《家，就在前方》等，标题看了就让人眼前一亮，内容读了更让人感触良多；《经济日报》"新春走基层"的报道也多是"千字文"，以朴实生动的文字展现百姓的精神风貌，《他们就像亲人一样》、《"咱闺女能在北京上学就好了"》、《一样温暖两处家》等说的都是百姓想说的心里话、实在话……

清新朴实的文风受到广大群众喜爱。山东胶州市读者杜声武表示，"新春走基层"活动带着冬日里温馨的气息向我们走来，报道让我有强烈的阅读欲。辽宁省朝阳市读者孙龙祥说，"新春走基层"是一道美丽的新闻风景线。这样的报道，读者都爱看！黑龙江省哈尔滨市读者齐光瑞说，"新春走基层"的报道很鲜活，现场感强的文字让人仿佛身临其境，好多文章题目都很亲切。

"'新春走基层'活动是生活和读者之间多姿多彩的桥梁。因为其真，我们信任，我们感到亲切；因为其善，我们感动，我们内心温暖；因为其美，我们欣赏，我们充满期盼。"广大群众对"新春走基层"活动的好评，也反映了新闻报道带给读者的生活感悟。

书写时代篇章　力量"在人民"

走进基层，向群众学习，一直是党的新闻事业的优良传统。一代代党的新闻工作者植根人民，献身使命，在波澜壮阔的时代画卷上写下了灿烂篇章。

回首过往，一代代杰出的新闻前辈为我们树立了榜样。范长江在抗日战争中是活跃在战区的战地记者，在解放战争中跟随部队转战大江南北，1949年初北平和平解放跟随解放军先头部队进入北平，终成新中国新闻事业的奠基人和开拓者之一。一代名记者穆青牢记"人民至上"的庄严承诺，足迹遍布大江南北，写出了《县委书记的榜样——焦裕禄》等新闻名篇。

基层和群众，是新闻工作者的情感之根、精神之魂。新闻事业的根基在人民，血脉在人民，力量在人民。

"走基层，关键是要走出心里的那堵墙，走进老百姓的那扇窗。走基层，就要做到记者百姓亲如一家、心如一人。"中央电视台记者雷飚说，"杨立学讨薪记"播出后，很多网友在微博上用"追看"二字来形容观感，让人受到莫大鼓舞。

"实践证明，做一名优秀新闻工作者最根本的是要解决好'为了谁、依靠谁、我是谁'的问题，这样才能深刻理解新闻工作者的根基所在、价值所在，更好地肩负起宣传群众、动员群众、服务群众的职责使命。"中国传媒大学教授丁俊杰说。

新华社记者黄冠1月20日至29日期间，采访了讨薪农民工、卖画姑娘、门卫、敬老院"五保户"、返乡创业者等10多位"小人物"，10天发稿12篇，还配发了4篇小言论和12张照片。谈起繁忙中度过的春节，黄冠深有感触地说："此次经历，最大的感受就是，每一位基层小人物身上都有闪光点，从他们的身上，我看到了时代的变迁。"

经济日报记者王晋和张忱跟随在京农民工李凡一家祖孙三代坐了18个小时火车，再转长途汽车，来到他们位于湖北咸宁市嘉鱼县官桥镇跑马岭村的老家。对此，他们认为，"走基层"的走，是和采访对象一起走，和老百姓走在一起。和采访对象走在一起，才能想在一处。脚上有泥，才能看到真实，才能写出好作品。

"同样一个新闻题材，有的记者写得有声有色，有的记者却写得枯燥乏味，原因在于是否真正深入百姓，倾听百姓的诉说、挖掘新春背后的故事，原汁原味记录基层普通群众喜迎新春的场景和经济社会发生的巨大变化。这是新闻工作者的职责所在，也是其喜悦所在。"这是中国新闻社广东分社年轻网络采编人员李君的感悟。

河北日报记者董立龙写下了《我的鞋子会变色》的走基层故事：为了报道矿工节日坚守岗位，我下到了开滦集团唐山矿千米以下的矿井采访，矿井里边的水把我的鞋子浸成了黑色。节后采写《透过干旱看水利》的报道，栾城县麦田里的干土给鞋子染了色，鞋子变成黄灰色。正月初八，在深州市贡家台村的地头，和村民深一脚浅一脚地走着，溅到脚背上的白雪来不及化去，鞋子变白了。正月初九，在冀州市庞家庄村的麦田里，村民正在浇地。难得的场景，想多拍几张照片。不知不觉，双脚已踏入了刚浇过水的田地……

基层是新闻工作的广阔天地，实践是新闻报道的源头活水，群众是新闻工作者的真正老师。"新春走基层"让广大新闻工作者找到了新闻报道生生不息的动力和源泉，那就是必须扎根群众，深入生活。

"走基层、转作风、改文风"这项深入实际、深入生活、深入群众的新闻工作实践只有开始，没有结束。"新闻永远在路上"，广大新闻工作者行走的脚步不会停歇，他们将继续为人民放歌，书写时代篇章。

(新华网北京 2012 年 2 月 9 日电)

发扬新闻工作者优良传统

——记"走转改"报告团全国宣讲活动

白　瀛、刘元旭、喻　珮、赵琬微、孙伟丽

3月16日至24日，由中宣部、教育部、中国记协组织的"走基层、转作风、改文风"活动报告团分赴北京、上海、南京、天津、武汉做了9场报告会。赵鹏、何盈、雷飙、朱兴建、刘彤、肖春飞、林燕平、张萍、张璋、栾婷婷10位记者与媒体同行、大学生、社会科学工作者分享了自己在"走转改"报道中的体会与心得。

做裤腿上永远沾着泥巴的记者

陡峭的悬崖，湍流的江水，孩子纯净的笑容，对愿望的茫然……中央电视台浙江记者站记者何盈去年夏天做的纪录片《皮里村蹲点日记》展示了新疆叶尔羌河上游皮里村塔吉克族孩子艰难惊险的上学路。她说："我想做一个裤腿上永远沾着泥巴的记者，因为我觉得一个合格的记者就该是这样，而且我觉得一个裤腿上永远沾着泥巴的记者是幸福的。"

丹东人民广播电台记者刘彤被当地人称为"泥腿子记者"，每天骑着自行车走街串巷，采访新闻。他最直接的感受是：只有记者

"下去"，新闻才能"上来"。

"骑车能走到开车到不了的地场，而且我的自行车与居民的自行车摆一起，彼此之间便一下没有了距离。多年来，这辆自行车陪我进村入户、走街串巷，我对它充满了感激和不舍。"刘彤说。

新华社上海分社记者肖春飞说，微博时代的记者，最缺乏的是面对面的深入采访，大家满足于打打电话，或者通过邮件采访，甚至在网上扒扒材料，但是这种新闻，不可能有细腻的表达和直抵灵魂的感动，甚至连真实都很难接近。

《人民日报》福建分社记者赵鹏说，实践告诉我们，鼻孔朝天的"老爷记者"、隔窗看景的"车轮记者"、闭门造车的"文件记者"、粘贴复制的"电脑记者"，都当不成记者队伍中的合格一员。

扎到生活最基层倾听心跳声

中央电视台记者雷飙制作的纪录片《杨立学讨薪记》引起了很大反响，但前期采访时差点放弃杨立学这个采访对象。面对镜头，杨立学总是绷得很紧，回答含糊，眼神躲闪，急得雷飙直挠头，但是当他拿出素材反复看时，终于发现了问题。

有一段素材是杨立学坐在床边，就着泡菜咽白饭，而雷飙却站在旁边，居高临下反复问各种问题。"我越看越觉得脸上有些燥热。如果互换一下角色，是我在为吃了上顿没下顿发愁，正在为老母亲的病情担忧时，记者却在旁边没完没了地问一些跟讨要血汗钱毫不相干的问题时，我会对记者打开话匣子吗？"

他意识到，自己的视角和站位拉远了与杨立学的距离。"我们漂浮在生活的表面，扎不到社会生活的最基层去，时间长了甚至忘记了要怎么才能沉下去。不把身段放下来，视角沉下去，真正与基层群众同呼吸共心跳，我们镜头里的人物是不可能鲜活起来的。"

赵鹏说，"走转改"就是要求记者具备群众意识和平民情怀，在最基层的生活中，捕捉素材和内容，用群众的视角、群众的感受表达对生活的期望与诉求。

"不是一脚泥泞、一身灰尘，群众是不会把我们当成一家人，群众也不会把他们最想说的真实想法告诉我们。"他说。

真实记录当代中国的发展

今年春节，中央电视台四川记者站记者朱兴建和4名同事在平均海拔4000米以上的西藏日喀则地区连续工作20多天，报道先天性心脏病患儿的故事。

11岁少女白玛央金的一双大眼睛、央金妈妈次央整日的以泪洗面、央金爸爸手中一把皱巴巴的毛票、爸爸留给9岁男孩拉巴次仁的"特餐"——朱兴建在记录央金的生活和进京求医过程中四次被深深打动。

"我希望通过报道让大家知道，这些孩子和大城市的孩子一样，都有生存的权利……我更希望，作为新闻人的我们，能够为这些孩子做一点点事情。"朱兴建说。

他说："'走基层'不是简单的访贫问苦，更不是简单揭露社会阴暗面，我们更要真实地记录当代中国的发展，真实地体现我们的国家尽管多么不易却仍然在努力，我们的百姓尽管有种种困难却仍然在奋斗。这就是当下的中国，当患者理解了医生，当小贩理解了城管，当春运的旅客理解了铁路，人民也就理解了这个国家，这才是'走基层'的价值所在。"

何盈说，"走基层"要做的是增进沟通。"我们最该思考的就是国情。什么是国情？底层的苦难是国情，政府的努力也是国情；贫穷是国情，贫穷中的点滴进步也是国情；百姓的心声是国情，基层中的真善美也是国情。"

东方新闻网副主任朱国顺说，"走转改"对于公众了解真实的国情具有不可替代的作用。

有百姓心声的地方就是基层

有一次，有位同行问何盈，皮里村报道能复制吗？潜台词是："走基层"如果都奔着皮里村这样的题材去做，去哪儿找啊？

经过思考，何盈得出了结论：不是只有走到了没有路的地方才是"走基层"。作为驻站记者，她大部分时间在浙江。她说，发达地区在发展过程中遇到的矛盾问题也需要记者"走基层"去反映，比如，大家印象里浙江是一个风平浪静的地方，可今年以来也发生了经济发展与生态环境的矛盾；外来务工人员源源不断涌入浙江，不同地域的族群之间也开始凸显矛盾……是社会哪些部位出现了裂痕？如何去弥合这些误解？经济发展的前沿地区所有的探索都是在没有路的地方踏出一条路，社会发展的探索路，跟皮里村的路一样有人在走，走得也一样不轻松。

"如果带着思考'走基层'，皮里村是基层，二环以内也是'走基层'。'走基层'不唯远、不唯苦、只唯真、只唯实。只要有百姓心声的地方，只要有需要弥合误解的地方，只要有人间大爱、有诚信、善良这些社会正气需要弘扬的地方，就是我们该去走的基层。"
她说。

江苏省广电总台宣传管理部主任蒋小平说，报告团的"走基层"
报道，有聚焦西藏、新疆边远地区的，也有聚焦城市普通百姓的。
"我觉得基层在所有的现场，新闻现场、事件现场、人物现场、问
题现场。'走基层'应该是新闻事业的永恒价值和要求。"

北京大学新闻与传播学院 2011 级硕士研究生袁利说，"走转改"
系列活动，让她对新闻工作者的职责与使命有了从未有过的认知与
感触。"'基层'不是一个地域性概念，而是心与心的距离，前辈们
可以放下身段，俯下身来，落下脚去，沉到生活的最底层，我们后
来人也会接着走，一直走下去。"

（新华社北京 2012 年 3 月 25 日电）

新华社：继承优良传统　弘扬时代精神

新华社总编室

深入实际、深入基层、深入群众是新华社的优良传统。2011年8月"走转改"活动启动以来，新华社进一步发扬光大这一优良传统作风，围绕中心大局，弘扬时代精神，推动全体采编人员切实树立"人民至上"理念，全面贯彻"三贴近"原则，确保"走转改"活动和报道扎实推进，取得明显成效。

截至2011年12月26日，新华社各发稿线路相关栏目共播发文字、图片、音视频稿件约3537条(张)。各社办报刊以及新华网、中国新华新闻电视网等终端载体以专栏、专题、专版等方式，发挥优势，各展所长，积极组织相关报道。新华社的"走转改"稿件被媒体用户大量采用，产生了良好社会反响，受到中央领导同志充分肯定和媒体用户及受众广泛好评。

领导率先垂范　着力打造精品

基层是最好的学校，群众是最好的老师。"走转改"活动启动以来，新华社高度重视，精心组织，领导率先垂范，带头深入一线，记者编辑走近基层，贴近群众，深入了解国情，增进人民感情，饱含深情地采写了一篇篇生动鲜活、感人至深的稿件，真正做到了重实效、出精品。

10月16日，新华社播发了由社长李从军和记者刘思扬、朱玉、赵承采写的长篇通讯《（走基层）守望精神家园的太行人——红旗渠精神当代传奇》。中共中央政治局常委李长春10月18日对《守望精神家园的太行人——红旗渠精神当代传奇》一文作出批示：这篇通讯丰满厚重、气势恢宏，生动展现了林州人民脚踏实地、艰苦奋斗、拓荒创业，战太行、出太行、富太行的历史画卷和精神风貌，深刻挖掘和揭示了红旗渠精神的丰富内涵和时代特色，读了令人感动和振奋，是一篇充分体现"走基层、转作风、改文风"要求的好报道。希望新华社认真总结"走转改"的成功经验，鼓励编辑记者坚持"三贴近"，从人民群众的火热生活中发掘新闻素材，推出更多思想性和可读性相统一、富有吸引力和感染力的新闻报道，在全国新闻战线更好地发挥示范带动作用。

10月17日，中共中央政治局委员、中央书记处书记、中宣部部长刘云山对《新华每日电讯》头版刊发的这篇文章作出批示：一个个催人泪下的当代林州人的故事，背后依然是不熄的理想、闪光的信念，是足以让世人赞叹的林州人特有的精气神。七十年代我作为新华社记者到林州采访，九十年代又几次到林州调研考察，今天阅读《守望》倍感亲切，像又一次走进林州，走进红旗渠。岁月流逝，世事变迁，太行山依然巍峨，林州故事依然动人，红旗渠精神之旗依然鲜艳。我们的媒体需要朴实鲜活的精悍之作，也需要像《守望》这样大气磅礴的鸿篇力作。感谢新华社走基层的记者们。建议以此文为基础拍一部电视片，定会收到好的效果。

10 月 23 日，新华社播发总编辑何平和记者朱国贤、徐江善、王丽采写的长篇通讯《（走基层·蹲点调查）在痛定思痛中浴火重生——从瓮安之乱到瓮安之变警示录》，文图稿件共被 422 家国内媒体采用。此前，何平同志还采写了《（走基层·听民声）特写：3 小时消解 5 年积怨——从一起林地纠纷调解看瓮安变化》。稿件播发后被《人民日报》头版头条刊载，《光明日报》、《经济日报》、《新华每日电讯》等多家媒体在显著位置突出采用，多家网站转发，产生了积极的社会效果。

此外，新华社副社长庹震、周锡生、周树春也深入基层联系点采访调研，采写的稿件产生良好反响。新华社各采编部门和国内分社负责人不仅对"走转改"活动加强领导，精心组织，同时积极投身其中，带领编辑记者采写了一批鲜活生动、生活气息浓厚的稿件，起到了示范带头作用。

注重组织策划　加强多媒融合

为了保证"走转改"活动和报道不断深化、增强实效，新华社采取一系列措施，强化组织领导，注重报道策划，同时充分发挥新华社全媒体机构优势，统筹运用文字、图片、音视频、网络、社办报刊等多种形式，形成报道合力，增强传播效果。

2011 年 8 月中旬，新华社"走转改"领导小组召开全社动员大会，新华社社长、"走转改"活动领导小组组长李从军同志作了题为《让基层意识、群众观点融入血液成为价值理念》的讲话，对深入开展"走转改"活动作出部署。随后，社活动领导小组向全社各部门印发《新华社深入开展"走基层、转作风、改文风"活动实施方案》，新华社编务会议审议并通过《"走基层、转作风、改文风"活动报道实施方案》。这两个方案，分别对"走转改"活动和新闻报道作出了全面细致的安排，要求具体，分工明确，责任清晰，确保了全社"走转改"活动有章可循，有序推进。

新华社各部门、各分社迅速成立"走转改"活动领导小组，新华社党组成员以及新华社各采编部门、各分社领导班子成员和编辑记者先后在全国各地县、乡、镇、村建立基层联系点600余个，已有600多人次参加了蹲点采访。为发挥全媒体立体化报道的优势，新华社组织多支多媒体小分队深入社区、村庄、企业厂矿、军营哨卡等，围绕医疗、教育、百姓"菜篮子"、困难群体生活状态、中小企业现状、部队基层面貌和转变发展方式等进行深度调研报道，有计划、有重点地将报道引向深入。

"走转改"活动开展以来，新华社在文字、图片、音视频通稿线路分别开设"走基层 听民声"主栏目以及"走基层 听民声·追踪"、"走基层·现场目击"、"走基层·新闻人物"、"走基层·热点面对面"、"医改在基层"、"走基层·调查"、"走基层·人物"、"走基层·在危险的岗位上"等系列子专栏，持续推出记者深入基层、深入一线的报道；在"新华视点"、"新华调查"、"中国网事"等品牌栏目也播发多篇记者深入基层采写的稿件；在对外线路开设"行走中国"中英文栏目；在体育新闻专线开设"体育·走基层 听民声"专栏。

新华社主办的终端媒体也积极开办专题专栏做好"走基层"报道。新华网在首页头条和首页首屏积极展示新华社"走转改"报道成果，在首页聚焦区开设"走基层 听民声"专栏，制作大型多媒体专题，集纳新华社及其他中央媒体的相关报道；《新华每日电讯》、《经济参考报》、《半月谈》系列刊物和《瞭望》系列刊物、《中国证券报》、《上海证券报》、《现代快报》、《现代金报》、《中国记者》等社办报刊分别在头版和重要版面开设"一线民生"、"一线手记"、"一线调查"、"第一现场"、"第一落点"、"蹲点日记"等栏目近20个。

完善制度建设　确保形成常态

科学合理的制度机制是实现"走转改"活动常态化的有效保障。为把"走转改"活动不断引向深入，新华社着力建立健全推动采编人员走得深入、转得到位、改得彻底的制度机制，确保活动制度化常态化。一是健全完善有利于编辑记者深入基层、深入群众的工作制度，真正把活动由客观工作要求转化为采编人员的自觉行动和职业追求。二是重点抓好学习和调研制度、编辑记者岗前和在岗培训制度，切实开展好基层联系点蹲点调研活动，探索完善编辑记者到基层交流锻炼的常态化机制。三是不断完善考核评价体系和激励约束机制，激励编辑记者投身基层、扎根群众。

2011年8月中旬，新华社"走转改"活动领导小组办公室整理中央领导同志关于党的群众工作的重要论述、先进新闻工作者事迹、基本国情和形势教材等学习材料，编成《新华社"走基层、转作风、改文风"活动学习读本》，供全社编辑记者学习。

2011年9月，新华社办公信息系统（OA网）开设"走基层、转作风、改文风——我们在行动"专题网页，并在OA网首页显著位置设置图片链接。网页设置"重要讲话"、"文件要求"、"重要通知"、"工作简报"、"活动动态"、"学习读本"、"报道策划"、"采访札记"、"得意之作"、"报道反馈"、"他山之石"等文字栏目，成为新华社"走基层、转作风、改文风"活动传达精神、展示成果、研讨经验、交流心得的平台和窗口。

2011年10月中旬至11月初，新华社在全社范围内开展"清新文风"范文佳作征集和评议活动，由社"走转改"活动办公室和新闻研究所组织文字、图片、视频范文佳作评选，评出优秀文字稿件40篇、图片稿件20组、视频稿件15条，编印成《基层天地宽》一书，供全体采编人员学习。还在全社开展"学习群众语言、熟悉群众语言、善用群众语言"研讨活动。

2011年12月20日，新华社向总社各采编部门、各社办报刊和国内各分社印发《新华社关于贯彻落实党的十七届六中全会精神、深化"走基层、转作风、改文风"活动的实施方案》。方案强调，各部门、各分社要把深化"走基层、转作风、改文风"活动作为长期任务，推动活动常态开展、长期开展、扎实开展；继续在采编、管理考核中进一步加大对"走转改"的政策倾斜，激励记者深入到最基层、第一线。

解放军报：带着思考和问题走基层

黄 国 柱

新闻战线广泛深入开展"走基层、转作风、改文风"活动以来，解放军报社党委高度重视，精心制订实施方案，全社官兵以军人特有的政治敏感投入这场新的战斗。解放军报社组织 60 余位记者编辑、百余名特约记者下基层，发出稿件近 500 篇（幅）、头条 30 余个，所属中国军网发布稿件 2000 余篇（幅、条），《中国国防报》和《解放军画报》、《中国民兵》等子报子刊均推出相应的专题专栏，形成规模效应和宣传强势。军内外读者网民纷纷赞扬：军报军网有了新气象，军事报道呈现新活力！好看，可信，感动！

"走下去"更要"深进去"

回望解放军报几个月来的"走转改"努力，不难看出军队新闻工作者长期的优良传统在新的形势下得到了很好的发扬光大。从工作层面上回顾，此次"走转改"活动至少有以下几个特点：

雷厉风行，思想高度统一。8 月 9 日，中宣部关于"走转改"活动动员会后，军报立即进行了传达并组织学习刘云山同志的动员讲话和中宣部等五部门联合下发的《意见》，要求把"走转改"活动与学习贯彻胡锦涛总书记"七一"重要讲话紧密结合起来，与开展三项学习教育活动、"加强党性修养、锤炼思想作风"教育整顿活动，建设学习型编辑部活动结合起来，要通过"走转改"进一步增强政治意识、大局意识，学习新知识，掌握新技能，创造新文风，不断增强履行职责使命的本领。随后《军报》制订了活动实施方案，成立活动领导小组，下设办公室，负责活动的日常工作。活动开展的第 3 天，即开办《走基层转作风改文风·阿里高原海拔4000 米以上哨所巡礼》专栏，同时在中国军网推出记者深入高原边防连队采写的一组图文稿件，在读者和网民中引起较大反响。

全员参与，领导率先垂范。国庆节前后及长假期间，社主要领导分别带领记者深入第二炮兵某勤务团铁路运输营和新疆边防哨所，采写了《千万里，我护卫着你》、《千百次，你锤炼着我》和《红山嘴，大雪即将封山》、《夜宿前哨班》等稿件；几位副总编分别深入皖东山区野营部队和武警交通部队、内蒙古边防一线采访，二十余名部门领导参与了"走转改"活动，在要求所有编辑、记者参与活动的同时，把特约记者也纳入了活动范围，这一规模是多年未见的。

突出特色，办好专栏专刊。突出《军报》特色，发挥军事优势，开设《深度观察》、《士兵之歌》、《军营调研》、《记者亲历》等 11个子专栏，强调不仅要"走下去"，更要"深进去"。8 月初，根据部队野营训练演习的实际，开办"走转改"专栏，组织 5 支采访小分队，二十余名记者以蹲点调研的形式，采写稿件 25 篇，分别在要闻版、部队新闻版和专题新闻版等重要位置刊出。总政治部李继耐主任阅后批示："这个专栏自 8 月 14 日以来刊发的 10 篇报道我都看了，感到生动感人，文风朴实，反映了部队深入学习贯彻胡主席'七一'重要讲话的新面貌新成效，同时也是军事记者走基层、转作风、改文风的具体体现。希望该专栏越办越好。"

加强评论，及时总结提高。9月24日《军报》一版《本周谈》专栏刊发的言论《让"在路上"成为常态》一文，受到中宣部部长刘云山批示表扬，《人民日报》在一版转载。此外，由解放军报社主办的第五届军事新闻论坛，就围绕主题主线开展"走转改"进行研讨，为活动提供理论支持，并在《军事记者》集中刊出会议成果。同时，《军媒视界》专版图文并茂地展示了各大军区、军兵种报社编辑记者参加"走转改"活动的成果，受到普遍欢迎。

下决心更要下功夫

对军队的新闻队伍而言，"走转改"活动才刚刚开始。我们所有的工作和成绩都还是初步的，军事新闻还有不少问题需要解决，提升改进的空间还很大，展望未来，大有作为，天地广阔。

紧紧围绕主题主线，在加强指导性上下功夫。当前，我们国家和军队正处在一个变革、转型的重要时期。我们这一代军事新闻工作者，虽然没有赶上硝烟弥漫的战争年代，但赶上了国家和军队变革、转型的重要时期，赶上了我军加速信息化建设的伟大实践。见证这一历史进程，是一种幸运；记录这一历史进程，是一种荣耀；推动这一历史进程，是一种职责。"走转改"为所有军事新闻工作者进一步解放思想，切实破除陈旧思想观念和思维定势的束缚，跟上形势任务和战争形态的发展变化的步伐，提供了最好的契机。我们不仅要报道武器装备、作战能力这些看得见的变化，而且要更多地关注和反映人的思想观念的深层变化，大力倡导适应主题主线要求的思想理念，用先进的思想理念引导官兵自觉投身到军队建设转型发展中来，以思想观念的转变促进战斗力生成模式的转变。我们还要更多地关注和加强海洋安全战略、太空安全战略、网络电磁空间安全战略以及战略预警、军事航天、防空反导、信息攻防、战略投送、远海防卫等新质战斗力要素建设的军情环境。我们完全有理由也有条件克服可能出现的表面化、浅层化、轻浮化的弊端，在事关我军现代化建设的重要领域、重大课题上更有作为。

加强调查研究，在帮助基层解决实际问题上下功夫。"走转改"活动，深刻体现了时代的新要求，是党的以人为本、执政为民的执政理念在新闻领域的重要实践。广泛了解、深刻理解国情民情军情，才能深刻理解党的路线方针政策，进而牢牢把握正确的舆论导向。深刻理解国情民情军情，并不是书斋里或者仅靠网络可以完成的。迈开双脚，"走"下去，才能接近基层官兵，进而"走"进他们的内心世界，反映基层的真实诉求，帮助他们解决实际困难。通过新闻实践，把党的关怀和温暖送到广大官兵中间，这才是"走转改"的根本宗旨。我们将注重引导记者带着问题下部队，带着思考走基层，以小见大，由浅入深，通过基层看机关，透过现象看本质，努力在事关部队科学发展、战斗力生成模式转变的重大问题上动脑筋，深入调查研究，及时总结基层部队的新经验好做法，同时注意发现问题，为领导机关决策提供依据，使"走转改"活动成为帮助基层部队解决问题的一个途径。

抓住难得机遇，在培养锻炼年轻记者队伍上下功夫。在全军和武警部队"走基层"采访的日子里，记者们每天都沉浸在深深的感动之中。在颠簸的马背上，在寒夜的哨位上，在战士的铺位上，在连队的餐桌上……记者找回了年轻时"兵"的感觉，领悟到当代青年官兵崇高而博大的情怀，净化了自己的心灵。这是"走转改"活动给我们带来的最重要的收获之一。同时，"走转改"也启示我们，必须要加强自身学习，提高综合素质，才能不辱军事新闻工作者的神圣使命。现代化信息化军队建设的形势，逼着我们努力学习掌握政治、经济、文化、历史、科技等方方面面的知识，特别是信息化和网络方面的知识，才能成为战斗力生成模式转变的明白人，才能具备完成主题主线宣传任务的能力素质。

在"走基层·中国边海防巡礼"后续报道中，我们要求驻站记者全员参与采访写作，并在专栏结束时组织评选，以此激励年轻记者钻研业务，提高能力素质。下一步还将通过"走转改"活动，有针对性地给年轻的编辑记者交任务、压担子，同时在制度化、常态化上进一步规范，探索与此相适应的机制，尽可能形成相应的规章制度，使之在经常性的宣传报道中进一步开花结果。以此帮助年轻记者不断提高综合素质，使军事新闻事业后继有人。

继续加大力度，在改变文风上下更大的功夫。不难看到，短短几个月，新闻界风气大变。各报、社、台的"老总"们纷纷率先"走"下去，编辑记者纷纷"沉"下去，"蹲点"、"调研"、"体验"、"亲历"、"观察"……一时间成为栏目热词、网络熟语。群众喜闻乐见的生动语言随之大量被刊发在各大报纸、通讯社、电台、电视台的头条位置，在一扫大话、套话，给受众新话、暖心话的同时，也把"防火防盗防记者"的微词一股脑儿地扫进垃圾堆。然而，军事新闻在文风的改进上仍然任重道远，长时间形成的一些不良的文风，并非几次下基层便可以一蹴而就地解决；生动活泼、行云流水的语言亦非一天两天便可锻炼而成。军事新闻前辈们特别是毛主席亲自撰写的大量军事报道，至今仍是我们在军事新闻文风上的典范，值得我们终生学习。

（本文作者为解放军报总编辑）

中国国际广播电台：
"走转改"活动特色鲜明　成效显著

杜权威

新闻战线"走基层、转作风、改文风"活动启动以来，中国国际广播电台根据中央领导指示精神和中宣部要求，充分发挥多语种、多媒体、多平台优势，结合外宣的特点和任务，找准角度，深入基层报道中国，转变作风、改变文风，进一步落实外宣三贴近原则，大力践行"短、新、实、活"的清新文风，更好、更深入、更生动地报道中国，外宣特色鲜明，取得显著成效。国际台的主要做法是：

抓布置。8月15日，国际台召开贯彻"走转改"活动动员大会，王庚年台长代表台分党组对做好此项活动进行具体部署。会议提出，必须高度重视、精心部署，健全组织、制订措施、联系实际、稳步实施、突出特色、务求实效。具体而言，一要在坚持马克思主义新闻观上下功夫、见成效；二要在把握基本国情增强服务大局自觉性上下功夫、见成效；三要在增进同人民群众感情，提高服务群众能力上下功夫、见成效；四要在接受社会宣传战线锤炼，培育良好职业道德上下功夫、见成效；五要在落实外宣三贴近上下功夫、见成效；六要在学习应用群众语言，提升国际传播实效上下功夫、见成效。根据布置，会后全台各部门分别召开贯彻落实会议，制定方案扎实开展"走转改"的各项活动。

8月17日，根据中宣部等上级主管部门的要求和王庚年台长指示精神，结合外宣实际，国际台编委会研究通过了《关于做好"走基层、转作风、改文风"活动宣传报道的工作要求》，要求中文节目编委会协调相关中心，主动策划一系列既符合活动要求，又切合外宣实际的全台性的采访报道活动，并组织全台多语种记者参加；要求及时编发新华社等中央主要新闻媒体的相关报道；要求国际台多语种网站加大网络报道。

抓机制。"走转改"活动是一项长期的工作，需要建立科学机制，推动此项活动制度化、常态化、长效化。对此，国际台一是成立了专门的领导小组，王庚年台长任组长，其他台领导任副组长，领导小组由台领导和各中心（室）负责同志组成。各中心、室、部、处也成立了相应机构，在组织上保证了此项活动的组织实施。二是抓好联系点建设，国际台与安徽、江西、新疆、青海、陕西、辽宁、浙江、黑龙江、海南等省区外宣办和有关政府部门签署了外宣战略合作协议，国际台拥有海外地区总站、驻外记者站、节目制作室、国内记者站等几十个国内外站点，利用上述外宣资源优势，国际台共确定了1000多个联系点；三是推进全台编辑记者教育培训。由总编室牵头，协同中文节目编委会、新媒体管理中心等部门，策划组织开展相关采访报道活动，开展改进文风教育培训活动；由人事办负责建立和健全国际台编辑记者岗前和在岗培训教育、日常培训、管理和奖惩机制及制度。四是把"走转改"活动与年度考核、职称评定、干部提拔等人事工作结合起来，创新人事考评选拔机制，为"走转改"活动长期开展提供制度支持。

抓规划。国际台编委会研究通过了《国际台千名记者"走基层、转作风、改文风"活动整体方案》，先后组织策划开展了CRI中外记者吉林行、"和谐使命电波传情"、CRI中外记者大连行、"我镜头中的新疆"——伊斯兰国家摄影记者新疆采风、CRI百名记者基层行（包括乡村行、少数民族地区行、寻访工作生活在中国各地的老外们等3个子项目）、CRI记者甘孜藏区行、CRI记者侨乡行、CRI中外记者"重走茶叶之路"、"中非手拉手·在非中资企业巡礼"采访活动、CRI中外记者2011中国穆斯林文化之旅、"中华武术之旅"中外记者和获奖网友武术之乡行、CRI中外记者汽车生产基地行、CRI中外记者安溪茶乡行、中国文化之旅——中国民族器乐鉴赏系列、"友城之约"中外友好城市网络对话系列活动——中国丽江对话日本高山、CRI青年记者"千里之行·探蜀道"、CRI青年记者"千里之行·红色电波情"等二十多个大项目，组织全台千名行政人员、编辑、记者、播音员主持人等参与活动。

抓落实。台领导带头下基层调研、采访、报道。9月7日至10日，王庚年台长率领国际台采访团，到吉林省延边朝鲜族自治州延吉、图们、龙井、和龙等地的乡村、口岸、广播电视发射台，就当地广播电视覆盖、少数民族群众收听收看广播电视、朝鲜族的非物质文化遗产保护及中朝边境贸易等情况，进行采访调研。9月13日至15日，王庚年台长率队赴海军东海舰队舟山基地，前往了多个基层连队进行采访考察，走访了某高炮营、某猎潜艇大队，与海军战士一同进行学习讨论、交流座谈、训练操演，并参加了由国际台与中国海军政治部宣传部、东海舰队联合举办的"和谐使命电波传情"公共外交活动启动仪式。王庚年与其他国际台记者一起，共同撰写了深度报道《透视中国：海浪中涌动的中国情谊与和谐梦想》。国际台多语种广播和网站、环球资讯广播、国际在线中文网等各个播出窗口都在第一时间播发了相关调研采访情况。10月31日至11月3日，王庚年台长赴四川省彭州市、邛崃市、理县和双流县等基层乡村，深入地震灾区、走进普通人家、感悟四川精神、探讨文化自觉，就灾区基础设施建设、人民精神状态及传统文化保护与传承等主题进行了深入采访。

9月13日至17日，王明华副台长率领"CRI中外记者大连行"基层采访报道团赴大连进行主题为"新领军城市　新领军风采"的大型采访报道活动。15日，王明华与CRI中外记者一起，走进中国北车集团大连机车车辆有限公司（大连机车厂）进行深入采访报道，撰写了《录音报道：大连生态科技创新城　前沿理念打造的"未来之城"》、《录音报道：中国"机车摇篮"——大连机车走过辉煌道路　开拓创新前途》、《中国时事：中国大连软件和服务外包产业走上自主创新发展之路》等多篇报道。

9月14日至27日，王冬梅副台长率领"我镜头中的新疆"伊斯兰国家摄影记者新疆采风队伍，分南、北两路深入走访了南疆和北疆的巴音郭楞蒙古自治州、阿克苏、喀什、伊犁哈萨克自治州、博尔塔拉蒙古族自治州、昌吉回族自治州和伊犁的阿勒泰地区等，通过图片、文字、音频、视频等多种形式，全方位、多角度反映新疆各族人民的幸福生活、宗教信仰、经济发展的真实情况。

11月9日至11日，马为公副总编率国际台记者组赴国家特困县——云南宁蒗彝族自治县开展"走转改"活动。他深入少数民族地区、探访普通人家，就少数民族地区生态保护、扶贫搬迁、文化传承等主题进行了深入采访调研，并通过微博、图片、文字、口播等形式对采访内容进行了报道。

抓特色。一是把"走转改"活动与重大宣传活动结合起来，紧密结合国际传播和国际台自身外宣特点，与涉疆、涉藏、涉台等规定性报道任务有机结合，与国际台自主策划的"CRI 中外记者·中国行"等大型系列采访报道活动巧妙结合，组织中外记者深入基层采访，充分发挥国际台多语种、多媒体的特色优势。二是把"走转改"活动与年轻记者培训教育结合起来，通过组织年轻记者深入下基层、到一线、赴现场采访报道，锻炼青年新闻工作者业务能力和职业道德，帮助他们进一步感受乡情、认识民情、了解国情，进一步牢固树立马克思主义新闻观和用群众语言说话的文风，培养他们艰苦奋斗和深入实际的工作作风。三是把"走转改"活动与外事出访、采访活动结合起来，利用外事出访和外事采访机会，深入中国企业海外驻点、华人华侨集聚区、海外调频台落地区域、海外受众俱乐部等地深入调研采访，进一步了解传播对象、传播地区特点和情况，为增强外宣针对性和实效性、提升国际传播能力做好点滴积累。如"中非手拉手·在非中资企业巡礼"采访活动赴南非、赞比亚、摩洛哥等国，就中非合作、中国企业海外发展、非洲广播市场的现状等展开采访调研，取得良好效果。

抓精品。加强"走转改"活动专题专栏的内容建设，精心策划选题，优化专题专栏设置，推出一批精品报道，形成报道合力。国际台在全台媒资平台开设了"走基层"专栏，集中播发通稿供全台

61 种语言广播和网站使用；充分发挥国际在线的网络媒体特点，全台多语种广播和网站共开设了 50 多个专栏专题，详细介绍"CRI 中外记者·中国行"、"我镜头中的新疆"——伊斯兰国家摄影记者新疆采风、国际台千名记者"走基层、转作风、改文风"等国际台自主策划采访报道活动，扩大影响，突出效果，同时及时转载、集纳、反映我国新闻媒体开展相关活动的动态，取得了良好的活动实效。

（本文作者为中国国际广播电台编辑）

工人日报：深度关注"三工"　挖掘基层新闻

张 明 江

工人日报在深入开展"走基层、转作风、改文风"活动中，充分发挥"三工"特色，坚持深入基层、深入群众的优良传统，关注基层工会，关注基层企业，关注基层职工，建立基层联系点，报社领导深入基层调研、采访，陆续推出一批独具特色的专栏专题报道，逐步建立了新的深入基层、深入群众的长效机制，"走转改"活动和报道受到基层广大工会干部和职工群众的热情欢迎，同时也使采编队伍获得一次生动的教育和精神洗礼。

带着感情走基层

自报社进行"走基层、转作风、改文风"活动全员动员之后，各地驻站记者、编辑部编辑记者积极行动，纷纷要求深入基层、深入群众，到偏远、艰苦的地方去。迄今，工人日报"走基层"小分队足迹已遍及甘肃、陕西、山西、河北、海南、贵州、北京、重庆、安徽、江西、江苏、内蒙古、四川、广西、新疆等 20 个省、市、区几十个县的边远乡镇，发回大量报道。

报社领导对深入基层调研、采访非常重视，多次开会商议赴基层时间和地点，决定在不影响报社正常工作的情况下，分期、分批深入基层。

9月19日一早，社长兼总编辑孙德宏带着驻北京站记者郭强，来到北京房山区良乡镇的今日东方劳务派遣公司，实地调研劳务派遣工的生活、生存状况。他们登门入户，详细了解劳务派遣工的收入、待遇、住房、加入工会等情况，并向大家讲解国家的有关政策，以及全总和各级工会组织高度重视劳务派遣工、努力维护劳务派遣工权益的系列举措等，并尽力帮助他们解决生活和工作中出现的问题。之后，孙德宏、郭强写出了长篇通讯《两位劳务派遣工的踏实生活》。

副总编辑张刃先后到中铁25局集团在东莞的搅拌站、制梁场等基层单位，山西霍州煤电公司、湖北红安县工会、江西新余钢厂等基层单位深入调研、座谈，体验职工生活。比较全面地了解新形势下基层企业、基层职工、基层工会的生产、生活、工作现状。

栏目丰富 特色鲜明

《工人日报》以工人、工会、企业（简称"三工"）为主要报道对象。走基层就要关注基层职工，关注基层工会，关注基层企业，因此在报道策划、栏目设置上，重点向"三工"倾斜。

从8月23日开始，第一个走基层专栏《走基层·边远地区工会行》在一版、二版同时开出，此栏目将关注的目光锁定"老、少、边、穷"地区的工会工作。从第一篇稿件《雨中走渭源》刊发，到2011年12月中旬，共有50余篇稿件、照片见报，这些消息、通讯、述评、人物特写等，短小、鲜活，有现场感，亲切生动。感人至深，还不乏思想性。

之后，又相继开设了多个"走基层"体验式报道栏目，如《走基层·与劳模同行》、《走基层·企业蹲点·体验职场民生》、《走基层·企业蹲点·走进 360 行》、《走基层·企业蹲点·走进班组》、《走基层·我在现场》等，充分体现《工人日报》的特色和优势。

栏目《走基层·与劳模同行》将目光聚焦在劳模上，但不是简单地记录劳模工作，而是通过对劳模工作状态的生动呈现，展示劳模风采，反映不同行业、不同特点劳模的精神品质。9 月 15 日刊出的专栏《走基层·企业蹲点·体验职场民生》则要求记者真正沉下身子，走进企业、工地等工作场所的职工寝室、保健室、休息室、活动室、更衣室、盥洗室、读书室、培训室以及餐厅等，实地了解关系到职工学习、休息、娱乐等的硬件设施及环境状况。专栏《走基层·企业蹲点·走进 360 行》是组合报道，关注点放在各行各业的一线职工身上，关照最普通、最一线职工的工作和生活，展现普通劳动者的工作场景和他们的人生情怀。

《走基层·企业蹲点·走进班组》专栏在 10 月初开栏，记者们深入企业最小的生产细胞，观察一个班组的管理和生产活动，从而加深对企业管理能力的认知，感受企业文化、企业凝聚力、职工精神状态。

逐步建立长效机制

"走基层、转作风、改文风"活动是一项长期的工作，实践性很强，重在联系实际、贵在取得实效，因此，必须建立长效机制。"走转改"活动开展之时，工人日报要求编辑部各部门高度重视，在深入基层、组织稿件、采编工作实践中，心中要有群众观念，不断提升新闻报道的吸引力感染力，真正使工人日报做到"导向正确、中央满意、工会欢迎、职工爱看"。

建立蹲点调研机制。报社在"走转改"活动方案中规定，驻站记者要先期在已经选定的基层工会、企业基层、建设工地等联系点，进行蹲点调研，每个记者至少蹲点一周，深入基层，了解基层，了解群众，融入群众，并写出调研报道，择优刊登；编辑部青年编辑、记者随后逐批下到基层联系点，深入调研，增进群众感情。并写出调研报道，择优刊登。

星稿评定向现场新闻倾斜。工人日报每周一评选上周的好稿件（星稿）。编委会规定，在每周的星稿推荐、评定工作中，向来自基层的极具现场感的"短、新、实"的新闻文本倾斜。在最近几周的星稿推荐评选中，"走基层"系列报道《边远地区工会行》、《企业蹲点》、《与劳模同行》、《体验职场民生》等栏目中的稿件多次被评为星稿，获得特殊奖励。

完善采编考评条例。在2010年实行的《工人日报采编人员考评条例》中，我们规定，凡本报记者深入基层采写的鲜活的现场感强的报道，及重大、突发性事件新闻，经总编辑认定后，每条追加100分。近日，编委会重申，驻站记者每年必须有三分之一的时间深入边远的基层工会、小（微）型企业体验生活，采访调研。同时将此并纳入年终评先推优条件，加大年终对驻站记者所设的"最佳作风奖"的奖励力度。

做好编辑记者岗前培训工作。为使今年新入职的编辑记者尽快适应工作，工人日报举办了两期培训班，对他们进行"三项学习教育"培训和专门素质培训。第一期入职培训紧密围绕"三项学习教育"、"建党90周年"、报社的历史沿革、办报思想以及办报理念等主题展开。第二期培训班于8月22日至26日举行。培训采取专题报告、分组座谈、研讨交流相结合的方式进行。具体内容包括：工会基础理论、工会组织结构及基层组织建设、依法大力推进工资集体协商工作、工会劳动法制建设、工会保障工作、职业化团队建设培训等。

让记者收获更多感动和激励

"走转改"活动对新闻记者来说是一次非常有意义的检阅和锻炼，是提高新闻工作者综合素质的有效举措，是培育新闻工作者良好职业精神、职业道德的重要途径。深入基层，让记者们收获了更多的感动和激励。

驻陕西站记者毛浓曦说："总体而言，一个地方的工作水平，是很难超越经济发展水平的。我们选的这两个点（铜川市耀州区的照金镇、宝鸡市麟游县总工会），基本上是陕西山区经济最欠发展的，但深入采访后，我们惊喜地发现，都有亮点，有的亮点还很亮，甚至某些经验具有全局参考价值。"

摄影部记者杨登峰9月3日在甘肃古浪县采访一个普通的劳动者——尘肺病患者马江山，山路遥远，泥泞湿滑，但他克服困难，全身心投入采访，结束时已是深夜。没想到，他刚登上回北京的火车，就传来马江山离开人世的消息，那一刻他忍不住泪流满面。他说："有时候，做一名记者是痛苦的，痛苦的不是采访的艰辛，而是感情的投入，不能融入对方的情绪就不会有好的报道，但有时往往不能自拔。当然，有时也是快乐的，通过自己的笔触、镜头，能为弱者鼓与呼，切实帮他们解决问题，这是对记者的最高褒奖。"

工会新闻部主任杨军带队在太行山深处的四等小站孔庄火车站体验基层生活。他说："采访结束了，但我们的心情久久不能平静。近距离地接触到了一线工人，感受到他们纯美质朴的品质和讲贡献顾大局的精神，更让我们明白了，记者的根在基层，新闻的源在一线。只有我们的双脚牢牢地站在土地上，根深深地扎在基层里，才能不为纷繁缭绕的各种信息蒙住眼搅乱心，才能牢牢地把握住新闻的话语权，发布来自基层的、具有鲜活生命力的、真实生动、可感可信的新闻。"

青年女编辑张菁在孔庄火车站体验生活后写道："此次孔庄之行给我最深的感受就是，只有走进基层、深入生活、贴近职工，才能体会到职工最真实的生产生活状态，摩擦出更闪亮的新闻灵感，获得更丰富的新闻资源，写出更饱满、扎实的文章。离开的那一刻，我暗想，这里仅仅是一个开始，我要一站接一站地去感受、探访那些默默无闻为我们做着贡献的基层工人，用这种直观的方式去触动自己的感官和心灵，丰富自己的阅历，激发创作灵感，让自己的思路更开阔，文笔更扎实。"

（本文作者为工人日报社编辑）

检察日报：在基层收获希望

毋卫莉

自 2011 年 8 月开展"走基层、转作风、改文风"活动以来，检察日报社高度重视，组织全体采编人员认真学习领会文件精神，结合日常采编进行周密策划，分期分批安排采编人员下基层采访。近一年来，共推出相关专栏 2 个、专版 4 块、网络专题 4 个，安排编辑记者近百人次赴全国数百个基层单位或农村乡镇，刊发基层行报道 600 余篇，在强化采编人员素质作风，改进新闻报道文风等方面取得明显成效。

基层报道从常态化走向纵深化

作为最高人民检察院的机关报，《检察日报》一直重视基层报道。一是在报道理念上，以"检察新闻社会化、社会新闻法治化、法治新闻专业化"为导向，注重以独到专业眼光开掘基层新闻亮点、深挖基层工作经验，对于高质量的基层报道尽量安排在重点版面、重要位置突出处理，对基层来稿加以良性引导；二是在报道数量上，确保以基层新闻为主体，有关基层风采风貌、经验成果、办案执法的报道约占报社日常报道总量的七成以上；三是在报道形式上，追求报道品种丰富多样，全面观照基层执法、办案、党建、队建、改革以及先进典型等层面，并设有专门报道基层检察工作的《基层采风·同题报道》专版（每周六四版）和专刊《基层采风》（每双周三九至十二版），多以专题、组合等方式报道基层工作。

2011年8月开展"走转改"活动以来，《检察日报》更是抓住契机，进一步强化基层新闻报道工作。报社专门研究制定了《检察日报社深入开展"走基层、转作风、改文风"活动实施方案》，成立了活动领导小组，同时召开全社动员大会，对包括报纸、杂志、网络等在内的报社各媒体开展"走转改"活动作出统一部署。报社原有的采编业务"四小组"——检察理论宣传研究小组、检察新闻宣传策划小组、新闻评论策划写作小组、检察文化宣传策划小组，积极围绕"走转改"活动出谋划策，细化内容，不断把基层新闻报道工作引向深入。

报刊网络影视全面"开花"

到基层去，到现场去，捕捉最新鲜的事例，挖掘最生动的细节，写文风清新的文章。根据这一要求，检察日报社集中派出多批次新老记者下基层采访，拿出重要版面开辟基层报道专栏，一时间基层报道在报纸、刊物、网络、影视"遍地开花"，不啻一场新闻采编"全媒体大练兵"。

报社领导以身作则，率先垂范。2011年8月24日，《检察日报》一版开设"基层·现场"专栏，刊发记者深入基层检察机关和检察工作一线采写的现场新闻报道，拉开了检察日报社开展"走转改"活动的帷幕。该栏目要求记者必须是在深入一线基层后撰写出来的稿件，必须体现现场感。报社副总编辑赵信一马当先，采写了第一篇专栏报道。9月和11月，时任总编辑李雪慧分别深入江苏、山西两省的基层检察院进行采访，发回两篇报道。副总编辑王守泉、编委魏星和肖玮也分别下到基层，采写新闻报道。截至2011年12月底，"基层·现场"专栏共刊发基层报道54篇，其中，包括社领导在内的编委采写7篇。

在报社领导的带动下，全社采编人员"走转改"积极性空前高涨。记者们深入江苏、四川、安徽、山东、重庆、贵州、内蒙古、福建、宁夏等25个省区市的基层检察院，发回了大量通人情、接地气，生动鲜活、内容实在的现场新闻。如《"开放日"座谈会上的小变化》、《两年前送法进村，两年后绿树成荫》、《珠穆朗玛峰下的检察院》、《"老冤家"检察院里泯恩仇》等。2011年10月，中央政法委、中央综治委组织中央媒体开展"走基层——见证社会管理创新"集中采访活动，报社新闻中心派出年轻女记者徐日丹参加，保质保量地完成了黑龙江、吉林、辽宁、内蒙、山西、河南、河北、浙江、重庆等9省区市的集中采访活动，仅其一人就对30余个基层检察院和综治组织进行采访，共采写了25篇稿件，先后在报纸刊发8篇、在网络刊发17篇。在第十二个"11·8记者节"来临之际，《基层采风》专刊策划了"记者总动员，本报31位驻站记者基层采风"选题，组织报社驻31个省、自治区、直辖市记者站记者在记者节当天深入所在省份的基层检察院，捕捉法律监督工作亮点，报道基层建设最新成果，并于11月9日在《基层采风》专刊推出了这组基层报道。

报社下属正义网同步组织了"正义基层行"活动。2011年10

月 21 日，"正义基层行"活动在北京举行启动仪式。整个报道行动为期一年时间，共分 12 期，每月一期，每期派出 2 至 3 名网络记者，走访同一省份 2 至 3 家基层检察院，每期行动计划走访江西、湖北等 12 个省区市约 30 家基层检察院。正义网首页、高检网首页、法律博客首页均在重要位置推出"正义基层行"大型宣传报道行动专题，全面、即时、多维地反映活动进展。目前，"正义基层行"活动已开展四期，共有 13 名网络编辑记者依次分批深入到江西、浙江、河南、江苏四省的 16 个基层检察院，共发回反映基层干警工作生活的消息、通讯、记者手记、直播访谈、记者微博、新闻图片等各类报道 500 余篇。

<h2 style="text-align:center;">让"走转改"成果落地生根</h2>

许多参加了"走转改"活动的记者编辑反映，自己从基层行活动中收获良多，不单是增进了对基层的了解，还在很大程度上提高了自己的写作能力。从全报社来看，"走转改"活动的成效更是多方面的，不仅有效地煅炼了采编队伍、提升了采编质量，而且还有效地加强了与基层的联系，对于推进报业各项工作产生了综合作用。

在"走转改"活动中，报社采取"新老搭配"方式，即在每一个基层采访点，安排具有丰富基层采访经验的"老"采编人员和 1—2 名基层采访经验相对较少的"新"采编人员一起采访。实践表明，这对鼓励和引导更多编辑记者深入基层、走近群众，切实转变作风起到了良好作用。为了深入基层采访，许多编辑记者面对个人体能、生活习惯、艰苦条件等多方面的考验，克服了种种困难。新闻中心年轻记者戴佳忍着高原反应带来的不适，到西藏海拔最高的基层检察院进行采访，并代表报社送去对边疆少数民族地区检察官的关心和支持；总编室年轻编辑王地深入河南开封、周口市西华县多个乡村走访，亲眼目睹农村困难群众贫困的生活，深切感受到自己肩上的责任，在细致采访的同时主动为困难群众捐款捐物。编辑记者们的优秀表现鼓舞了全社所有工作人员，显著地提升了报社整体的凝聚力和战斗力。

"走转改"活动的成效，还突出表现在采编报道质量的提升上。报社要求全体采编人员切实加强群众路线学习教育，坚持在日常报道中体现群众观点，坚持"讲故事、说新闻"报道风格，大力践行"短、新、实、活"的文风；要求编辑记者解放思想、解放表达，在制作标题时要多用实题，重要会议消息、领导活动消息等要注重从贴近群众读者的角度来进行编改，不仅要体现会议精神和领导活动，还要体现观点性、思想性、新闻性。一系列的要求和举措，令报社的新闻报道呈现出新的面貌。基层大量鲜活的第一手材料，一线最真实最生动的场景，给记者编辑们带来了无穷的激情和丰富的体验。许多同志表示，写作来源于生活，只有在真切的经历中才能写出好的作品，经常下基层采访，对于真正把真情实感融入日常新闻报道中很有帮助。为集中反映编辑记者们在"走转改"活动中的采编心得，检察日报社主办的《法治新闻传播》杂志还专门拿出2012年第一辑，策划推出《50名优秀记者的基层行报告——全国新闻战线"走转改"成果掠影》专刊。

在开展"走转改"活动过程中，编辑记者们所到之处，都得到了基层的热情欢迎，采访报道也得到广大基层干部和群众的广泛好评。接受采访的省市区领导、基层检察院领导和干警，不仅对编辑记者们与基层干警同吃同住同工作的优良作风予以高度评价，还希望他们多到基层来，传达基层声音，报道基层检察新人新事。河南省、重庆等地基层单位专门发来感谢信，感谢报社对走基层活动的支持，并对本报记者采访过程中吃苦耐劳的精神给予肯定。

"走转改"只有起点，没有终点。为使"走转改"活动常态化纵深化，2011年年终考核工作中，报社将活动开展情况作为编辑记者业务考核的一项重要内容，起到了较好的引导作用。

（本文作者为检察日报社新闻研究室编辑）

中国青年报：近些，近些，再近些

张　坤

《把关系做到最近一米——铜陵市撤销街道办试点社区自治改革探访》，这是我在"走转改"活动中采访的一篇《中国青年报》头版头条报道，配以一篇深度报道《铜陵社区综合体制改革探索："减法"背后的"加法"》，引起较大社会反响，主管部门"走转改"巡视组还专门听取了相关反响汇报。

这是深入到社区一线的现场报道和深度调查，通过深入采访，发现和捕捉了很多感人的细节。自 2009 年起，铜陵市全面推行社区网格化管理，社区工作人员有了一个约定俗成的称呼——社区"网格人"，每人对应 300 户左右的居民，主动上门为居民提供贴近、贴身、贴心服务，同时及时收集居民的相关信息。此外，社区取消了坐班制，实行开放式办公，各项业务"前台一口受理、后台分类处置"，既方便了居民办事，也降低了行政成本。

文中提到改革前后发生的很多变化，譬如"干得好不好，不再上面说了算，而是居民说了算"，政府部门从"替民做主"到"让民做主"。把党群关系做到最近最温暖一米，是执政党面临最重要任务和挑战之一。

其实这只是中青报社长总编"走转改"活动的系列报道中一篇，中青报总编辑陈小川亲自深入几乎被人们遗忘的硬座"绿皮车"，撰写了头版头条《夜走"老乡号"》，反映普通铁路职工的生活，引起社会广泛好评，开头一个细节就抓住人心：出门打工 33 年，河北省怀安县西湾堡乡的胡忠武已经数不清坐了多少趟火车，但有一点他可以确定——每次都是坐绿皮车的硬座……

全国新闻战线组织开展"走基层、转作风、改文风"活动一经开展，中国青年报社党组和编委会立即响应，召开动员会进行安排部署。按照报社统一安排，总编辑亲自带头，迅速组织编辑、记者开始行动，确定基层联系点名单，并在日报上开辟了"我走基层"等相关报道栏目。之后，记者们如鱼儿般"扑通，扑通"扎入基层的海洋。结合"走转改"活动，报社还对年轻采编人员进行了一系列的培训。

"走转改"活动，进一步改进了全报社的采编作风，加强了职业道德和职业规范建设。一颗种子，唯有深植泥土，才能生根发芽；一个记者，只有真正扎根基层，才能获得成长的不竭动力。"推动社会进步，服务青年成长"是《中国青年报》始终坚持的办报宗旨，"新闻要用脚采访，用笔还原"是《中国青年报》始终坚持的采编理念，"走转改"活动正是这种宗旨和理念的具体体现和落实。

"走转改"活动，进一步增强了全报社新闻从业人员国情意识，更加树立起从事新闻工作，要有一颗热爱生活、热爱人民、热爱祖国的心，锻炼了一支优秀的采编队伍，特别是对于进报社时间不长的年轻人，更是一次难得的学习、锻炼成长契机。

"走转改"活动，进一步提高了采编人员的大局意识、责任意识，譬如有年轻记者在谈及《吉林松原：严查之下高考舞弊仍禁而未绝》这篇有重大影响力稿件体会时，除再次分享了"新闻要用脚采访，用笔还原"的成功采访过程，还特别感悟地谈及编辑部对于最后报道发表时机的把握。事实上，这组报道的刊发日期延后了两天。6月7日晚，根据开考第一天采访的情况，记者便与编辑部联系，准备写稿。如果6月8日见报，正值高考，肯定是爆炸性新闻，但容易产生不好的社会效果。总编辑认为高考期间不能发稿，全国1000多万考生正面临人生的大考，在此期间捅出一个惊天作弊大案，对所有考生的心态都会产生消极影响。因为，作为一家全国性主流大报，既要打造传播影响力，又要严守媒体道德，坚守社会责任和公信力。

近些，近些，再近些——中青报"走转改"活动在下一步将更加日常化、机制化，成为中国青年报社队伍建设和各项事业发展的重要方面。

（本文作者为中国青年报社常务副社长）

重庆日报：不泡机关跑基层 "望闻问切"写民生

曾 革 楠

2011 年 11 月 17 日，随着第 32 篇系列稿件《埋在地心的红色记忆》的刊发，重庆日报社为期 3 个月、总行程 4800 多公里的"千里走乌江"大型主题采访成功落下帷幕。

作为该报"走基层、转作风、改文风"的系列举措之一，重庆日报社副总编辑向泽映带领时政中心记者程必忠，冒着大旱酷暑，行进在崎岖的贵州高原、武陵山区，先后途经 36 个区县，采访了上百个贫困乡镇，行程 4800 多公里，以特写、访谈、现场实录等体裁，近距离、多视角、原生态再现了乌江流域经济发展、社会演进、文化交流等实况与变迁。

由于采访报道全部来自一线，主题鲜明、素材鲜活、内容丰富、语言生动，文章一出，便好评不断。

不跑上层跑下层 不走会场走现场

机关报过去报上层的多报下层的少，泡会议的多到现场的少。走乌江的初衷，就是深入基层、一线采录，近距离、多视角、原生态再现乌江流域的现状与变迁，反映基层百姓的喜怒哀乐。基于此，向泽映同随行的时政记者约法三章：尽量选择贫困县、贫困乡、贫困村作为调查标本；不跑县级机关，不通过会议形式采访，多上山下乡；走到哪就在哪歇，不吃请。

"为确保采访情况的真实，我们婉拒了沿途县市宣传部门的安排，直接走到基层，走到边远山村采访。老总要求我们通过'望闻问切'体验式采访，采集第一手材料。我们每天早晨7点出发，经常是忙到下午三四点才能吃午饭。吃住在农家，是我们采访的一部分，《夜宿瓮安话平安》、《信用比金子还值钱》、《四在农家，好在农家》是这种体验采访的成果，《船工新传：小波掀大浪》是中秋月夜的访问记。"随行记者程必忠说。

在旅行采访中，向泽映十分注重现场实录。他过去公开出版的书籍多以实录命名，如《渝州万里行——当代重庆考察实录》、《中国的红色盆地——当代四川考察实录》等。这次乌江行，他更强调以眼代嘴，以腿做笔，不到现场不采访，不见现场不写文。

9月10日早上7点，采访组听到了酉阳小河镇农民冯光国舍己救人的消息，立即调整当天的采访计划，驱车3小时赶到了小河镇。镇干部介绍了大体情况，说到救人地点需跋山涉水步行几个小时，向泽映一行坚持到现场核实，采访了得救的孩子以及当地的群众，还拿出几百块钱慰问了英雄的家属。采访到天黑，顾不上吃晚饭，又分头进行写作，一直忙到次日凌晨4点发完稿。《他用59岁生命救回9岁生命——记舍己救人的酉阳农民冯光国》通讯在《重庆日报》首发后，上百家报刊网站予以转载。

鲜花常伴泥土香　下里巴人有文章

千里走乌江，发端于"走转改"，契合于"三贴近"，带头摒弃空洞、庸俗的话语体系，倡导真实、朴实、平实的文风。譬如《点石成金发石财》、《边沿转身变前沿》、《寨门对着重庆开》、《鱼庄山庄唱对台》，从标题到内容，都可谓开门见山，质朴无华。《相同印江，不同印象》、《乌江何以成污江》尽管属批评、监督性报道，但有根有据，话丑理端，让读者真正感受到"真实就是力量"。

用小角度反映大主题，用地方话阐释大道理，用百姓的眼睛去观察社会，用百姓的话语去讲述自己的故事，这是"千里走乌江"的又一显著特点。无论是正安烟农、大木花匠，还是远山仡佬、乌漂勇士，甚或瓮安的王猪儿赵猪儿，一个个角色活灵活现，一个个故事婉转动人。这些新闻作品篇篇带着乡村气息、泥土芬芳。

相对干巴巴的官腔官调、洋腔洋调，民谣、谚语、熟语、歇后语更富有表现力。在写道真大塘时记者就引用了民谣："大塘山，山连山，男儿背力下四川，火烧苞谷有半碗，吃不饱来穿不暖，身上烤起火斑斑。"写屯堡人，用"头上一个罩罩，耳上一副吊吊，腰上一把扫扫，脚上一对翘翘"来形容已婚女子，非常形象生动。

"四千"精神访"五区"　走出五个万里行

2011年10月，全国省级党报总编辑聚会重庆，共同交流"走转改"经验。与会代表反映：《重庆日报》老总带头走基层值得推广，精心打造的"千里走乌江"堪称"走转改"中的"大手笔",是思想深刻、内容厚重、艺术性强的精品力作。

事实上,"千里走乌江"系列报道的成功并不是偶然为之,而是《重庆日报》以及向泽映对党的新闻传统长期的遵循和坚守。本次采访,已是向泽映新闻生涯中的第五个万里行。

1987年,为真实反映计划单列市大农村、大农业问题,大学毕业刚一年多的年轻记者向泽映主动请缨,于当年3月1日至1988年10月开展了为时一年半的"渝郊万里行",徒步行程7500公里,走访了重庆市750多个乡镇,磨破解放鞋20多双,被称为"脚板记者"、"胶鞋记者"。当时,《重庆日报》破例在要闻版为这位见习记者开辟了个人专栏《渝郊万里行》。1989年,川东、重庆地区数十区县遭遇百年不遇的特大洪灾,向泽映第一时间深入川东平行岭谷灾区采访,之后,他又到20多个重灾区巡回采访,行程4000多公里。1996年,重庆直辖前夕代管涪万黔三地,作为报社编委的向泽映带队前往万县访峡江,走遍22个区县和部分厂矿企业,发表通讯约30篇。2008年5月,四川汶川地震,向泽映率领记者毫不犹豫赶赴灾区,先后采访了四川30多个重灾县市以及陕西、甘肃部分灾区,发表新闻作品近20篇。

"几个万里行的理念可说是一脉相承,一以贯之,那就是发扬'四千'精神,深入'五区'调研。'五区'即老区、山区、边区、穷区、灾区。'四千',即走遍千山万水,到边远艰苦地区抓'活鱼';历经千辛万苦,在深入调查中发现真相;想尽千方百计,转变作风为民疏困解难;排除千难万险,在摸爬滚打中磨炼意志。"重庆日报社有关负责人说。

　　而在向泽映看来，记者天生是行者，脚板底下出新闻。作为职业记者，就应像唐三藏那样甘当苦行僧，脚踏实地，负重前行，最后才能取得真经。而最让他欣慰的是，峡江行、灾区行带出了一位范长江新闻奖获得者和一位全国抗震救灾先进个人。

（本文作者为中国新闻出版报社记者）

四川广播电视台：进一步深入推进"走转改"活动

川 总 宣

四川广播电视台在第一阶段开展"走基层、转作风、改文风"活动的基础上，进一步全台总动员，各节目中心、广播频率、电视频道继续结合工作特点，以实际行动深入践行活动精神。全台新闻工作者饱含热情，继续走向基层一线，走近百姓生活，进一步转变工作作风，生产出一大批来自基层、鲜活优秀的广播电视节目，"走基层、转作风、改文风"活动的成果跃然声频荧屏。

领导干部继续带队深入基层调研采访

在第一阶段建立健全 50 多个基层联系点的基础上，全台 40 多名频率、频道总监、中心主任，以及制片人、制作人相继带队，组织 200 多名记者深入全省各地多个贫困地区、灾区老区以及藏区、彝区，走近当地百姓，蹲点调研，倾听基层声音，了解民情民意，让真实的生活和平凡的百姓进入话筒和镜头中。2011 年 9 月 22 日，台党委书记、台长陈华同志带队，率新闻中心采访组深入南充市仪陇县进行调研采访，对当地新农村建设中乡村交通、饮用水、沼气利用等突出问题进行了调查研究，采访制作了鲜活的新闻节目。中秋节、国庆节期间，全台 40 多个采访组深入各地基层，记录节日无休的各行各业普通劳动者的生产工作情况。

进一步拓宽活动广度

在新闻部门积极开展"走基层、转作风、改文风"活动的同时，全台文艺、社教、专题等部门也结合各自特点，深入基层，开展"走基层、转作风、改文风"活动。广播电台相关部门和频率，电视的海外社教中心、卫视频道、文化旅游频道、妇女儿童频道以及《黄金 30 分》团队，采取各种形式积极践行活动。有的邀请专家学者开展马克思主义新闻观专题培训讲座，有的对照检查、提出整改方案并具体落实，有的根据节目特点，利用自身资源为基层群众提供服务和帮助。四川卫视《"天籁之音"中国藏歌会》走进交通不便的高山林区、偏僻边远的藏区各地，寻访热爱歌唱的普通人，把感人故事和天籁之音留在"藏歌会"的舞台上，带给观众美的享受和启迪。截至 2011 年 12 月，全台各中心、频率、频道播出深入基层采访制作的新闻 956 条，专题、文艺节目 160 期。

在"走基层、转作风、改文风"活动中，记者们感到受益匪浅，思想素质和业务能力得到锤炼和提升。行走在基层，记者们沉下心来，以脚步丈量大地，悉心体验，用心感悟。走基层，走出了对人民群众的真情实感，改进了求真务实的工作作风，得到了对新闻职业精神的真诚思索。在拍摄新闻、制作节目之余，记者纷纷写下采访心得和感悟。

记者们表示，在三到五天、行程上千公里的基层行中，大家放慢脚步，和偏远贫困地区的基层群众一起劳动生活，和测绘员、维修工、消防兵、草根演员等各行各业的普通劳动者一道坚守岗位，在抗旱、抗洪以及突发事件一线和当地群众、基层干部、子弟兵一道战斗。这些经历让记者对基层群众的真实生活感同身受，对普通劳动者的辛勤奉献心存敬意。经过基层锻炼，年轻记者情不自禁"向大山致敬，向群众乡亲致敬"。

激发了记者们的工作热情

带着情感走基层，激发了记者的工作热情。行走在基层，全身心投入到工作中，融入到现场环境里，新闻工作的"战斗力"上升了。节目中多了体验式、记录式的报道手法，多了生动的场景、朴实无华的同期声，荧屏、声频上多了清新自然、生动鲜活的节目。一些自感遭遇工作瓶颈的新闻人，在基层行中找到灵感，得到突破，节目有了新的变化。一位记者说，"以前做节目，总喜欢垒数据，排列事实。而这一次带回来的节目，细节比以前丰富不少，语言也不再寻章断句，而是返璞归真，在我们的家常话中，让节目自然进行。"

基层的历练促使大家沉下心来思考新闻记者的职业责任和职业价值。一位记者这样写道，"我们用真情实意来感知百姓冷暖；我们不畏艰险，我们是勇敢的历史记录者；我们用老百姓的语言传播党的声音。只有行走在基层，我们才能洞悉民意的指向，体味社会的呼吸，只有用心'走转改'，才能用行动证明记者的价值。"

活动开展以来，台"走基层、转作风、改文风"活动领导小组办公室及时推出了"走转改"简报，得到全台采编部门和编辑记者的积极响应，集体和个人投稿踊跃，各部门积极来稿通报"走转改"

工作进程、工作动态，记者编辑热情交流下基层采访的心得体会。"走基层、转作风、改文风"活动简报成为沟通相关工作动态、加大部门之间交流、分享思想成果的平台。简报已出刊 23 期，刊发来自各节目中心、广播频率、电视频道集体稿件 109 篇，记者编辑的采编手记 76 篇。

华商晨报：制度到达的地方是最安全的

曾 革 楠

8 年前，华商晨报公开向社会承诺并建章立制要求编辑记者"不拉广告、拒收红包"的做法，得到了新闻界的一致好评。如今，这一行为准则已成为报社上下的共识。截至目前，全社干部员工上缴的礼品礼金合计价值超过百万元。今天，在新闻战线"走基层、转作风、改文风"活动中，华商晨报更是以制度的约束来规范新闻工作者下基层的"频率"，并通过不断完善各项规章制度，让编辑记者参与有热情、有想法。

秉承"制度到达的地方是最安全的"信念，《华商晨报》近来悄然发生着变化。在新闻报道上，文风更加清新朴实、生动鲜活、言简意赅。记者们写稿子更善于从群众视角观察问题，稿件的丰富性也大大增强了。"'走转改'让我们尝到了甜头。"华商晨报社社长、总编辑许丽表示。

健全鼓励措施　形成长效机制

作为都市报的编辑记者，有着天然的联系群众的优势，但在新闻实践中，他们是不是真的融入群众了呢？显然，媒体脱离基层的倾向在过去会经常周期性地出现。这其中有十分复杂的原因，原因之一就是一些媒体缺乏坚持原则的恒心，缺乏激励记者走基层的长效机制。

正基于此，华商晨报社从解决问题的根本入手，将"走转改"活动与组稿发稿取向相结合，与考核检查制度相结合，与作品的评价评奖制度相结合，从而建立起新闻工作者扎根基层的长效机制。报社始终强调，要让编辑记者认识到"走转改"活动对于新闻队伍的重要性，通过各种办法，尤其是出台相关鼓励措施，让编辑记者参与有热情、有想法。通过各种竞赛活动，让编辑记者采写的稿件更善于从群众视角观察问题，更善于以群众乐于接受的方式阐述观点，文风要更加清新朴实、生动鲜活。

为促进编辑记者能够将深入基层、深入群众进一步制度化、常态化，8 月 19 日，华商晨报社制定了《关于开展"走基层、转作风、改文风"活动的实施方案》，方案对开展学习教育活动、"百名记者走基层"活动、"编采员工访读者"活动以及"改文风"业务竞赛等作出了具体部署。与此同时，方案还要求此项活动须结合实际、完善学习制度，整合资源、建立调研制度，完善督导检查制度，不断完善基层联系点等。

同时，为了将"走转改"活动落到编采一线工作的实处，华商晨报社建立起长效机制，从 2011 年 9 月开始重点结合报社目前的采编考评制度，有计划、有步骤、有针对性地开展业务竞赛。主要主题如：独家新闻、现场短新闻、都市新闻、好标题、好导语、好版式、精编、写作创新等。竞赛采取日、月逐层评选的办法，每日评选一篇日优秀作品，最后设月度优秀作品一、二等奖。在 9 月末结束的第一轮"走转改"新闻业务竞赛中，报社共有 50 篇作品获得奖励。

参与热情高涨　精品力作频出

基层是新闻报道永不枯竭的源头活水。完善鼓励办法，建立机制，让编辑记者参与热情高涨，也使《华商晨报》推出了一大批优秀的新闻作品。

从 8 月下旬开始，华商晨报社陆续派出百余名记者，深入厂矿社区、田间地头，蹲点采访近 200 次，他们"走下去、沉下来"，用双脚展开田野调查，用镜头捕捉时代变迁，为读者奉献带着记者情感体温的新闻报道。

9 月 17 日，华商晨报驻营口记者佟阳在走基层过程中发现，有一位 70 岁的老大爷创办了雷锋理发室，每次给别人理发只象征性地收取一元至三元钱，随后用理发挣来的钱收集雷锋图片和资料，与雷锋战友一起开设展览馆，被当地人称为"留住雷锋的营口老人"。记者在深入了解到人物背后的故事后，采写了《便民理发 15 年，他把"雷锋"留在营口》一稿，弘扬了社会主旋律，引起读者的共鸣。

"十二运"是辽宁的盛事，以前对全运村的报道，多是新闻发布或项目负责人的讲述。在"走转改"活动实施后，华商晨报记者亲临现场，感受到了那里火热的劳动场面，与工人零距离接触，体会到了他们的辛苦及为了"十二运"所付出的努力，通过现场负责人的讲解并结合自己的现场感受，所采写的报道更具有现场感，更加亲民，拉近了与读者的距离。

深度新闻部主任张爽国和记者李占洲两次深入位于抚顺的联系点——大北岔村，与当地村民同吃同住，了解村支书吕成斌的工作，采写了《大喇叭"喊"出的世外桃源》稿件，以对话的形式反映出大北岔村的特点、变化等，报道得到社会各界的高度肯定。

截至目前，华商晨报社编辑记者已经在全省建立了 11 个固定走基层联络点和数十个日常走基层联系点，100 余名编辑记者累计深入基层近 200 余次，在"走转改"专版专栏刊发相关报道百余篇；建立党政机关、企事业单位学习实践联络点 20 余个，共有 24 名采编干部员工到党政机关、企事业单位脱产学习实践。

列入工作日程　长期坚持下去

通过深入基层采访，使编辑记者对活动意义有了更深的体会，增进了编辑记者为百姓服务的意识，采访作风更加扎实。

辽宁新闻部的记者李占洲为了到抚顺大北岔村深入采访，往返两次，驱车 600 多公里，没喊一声累，觉得都值了；要闻部记者赵矫健在皇姑区辽河街道办事处学习实践一个月，和街道社区的干部都处成了好朋友，对如何做好新闻报道有了更深刻的理解；社会新闻部的卢宏亮在皇姑区交警大队学习实践 3 周，每天工作十多个小时，和交警们一起执勤，感受更多的是知识的增长和对交警工作的深刻理解……

"近 3 个月的'走转改'活动让我们的采编队伍得到了洗礼——培养了不辞辛苦，连续作战的作风，保持了新闻的基本品质，与此同时，我们采编队伍与人民群众的距离更近了。"许丽坦言，都市报是新闻战线的重要组成部分，"走转改"活动是都市报的生命线，华商晨报社已经将"走转改"作为重要任务列入工作日程，长期坚持下去，不折不扣地完成任务。

据了解，华商晨报将进一步加大策划力度，使"走转改"活动富有创造性。下一步拟开展"总编辑百县（区）行"、"带着老板访县长"、"百名老板助学行"等活动。在新闻报道方面，将通过扎实调研，形成精品力作，使报道有新的面貌。在队伍建设方面，把"走转改"活动作为加强队伍建设的重要内容，建立健全考核制度。

"'走转改'活动是融入基层的开始，还需要长期深入的坚持，并融入我们血液之中。用心体验劳动者的酸甜苦辣，真实记录普通人的喜怒哀乐，我们要让他们成为报纸平面的主角。走基层决不是一场走秀，而是长期要坚持的看家本领。"许丽说。

（本文作者为中国新闻出版报社记者）

绵阳日报：

让"在基层"成为常态　让"为人民"成为自觉

李　强

绵阳日报社将"走基层、转作风、改文风"活动作为一项中心工作任务和重要工作来抓，按照中央、省市委宣传部有关意见，全面部署、全员参与、全心投入，制定了周密的方案和计划，在要闻版、视点版开设《记者走基层》、《记者百乡行》等固定专栏，持续刊发"走转改"活动稿件。活动开展以来，全社已建成300多个基层联系点，60多位编辑记者下基层采写了180多篇贴近群众、文风清新的稿件，受到了读者的欢迎和好评，取得了初步的成效。中宣部《三项学习教育通讯》，四川《传媒通讯》、《报业通讯》分别介绍了绵阳日报社的经验做法。

开展"责任大讨论"，让记者铭记职业道德标准

在2008年的"5·12"特大地震中，作为主震区的绵阳遭到重创，伤亡人数最多，受灾面积最大，灾后重建任务最重，伴随而来的是多条战线作战、多种矛盾叠加、多重困难聚集的复杂局面。人心如何安定？局面如何稳定？士气如何鼓舞？力量如何凝聚？作为

市委机关报的《绵阳日报》，特殊时期肩负着特殊使命。也就是从那时起，《绵阳日报》响亮喊出"提笔想着受灾群众，编版胸怀重建大局"的口号，要求全体编采人员深入基层、贴近生活、转变作风，到矛盾突出的基层去，到困难较多的一线去，到难点焦点聚集的地方去，以实际行动在非常时期构建起了主流舆论场。

基层和群众是新闻工作者的情感之根、报道之源，在这次"走转改"活动中，报社通过深入开展编采作风整顿大讨论活动，使全体编采人员更加明白：选择了记者这个职业，就选择了一种责任和担当，记者只有到基层这样的新闻工作的源头汲取养分，才可能知道什么地方的人气最旺，什么地方的线索最多，什么地方的新闻最活。上至报社领导，下到普通编辑记者，牢固树立群众观点，主动深入实际、深入群众、深入生活，接"地气"、补"底气"、树"正气"，用心、用情、用力报道发生基层的人和事，反映群众的呼声，在党委、政府和人民群众之间架起一座沟通的桥梁。

坚持开门办报，广泛吸纳读者意见建议

"心忧百姓品自高"，绵阳日报牢记"面向基层，服务群众"的办报方针，始终把群众当成最好的老师、当作自己的亲人，倾听群众意见、表达群众意愿，为人民群众鼓与呼，在服务群众中实现自身价值。为此，通过设置意见箱、公布邮箱网页、开通读者热线、开展有奖问卷调查、召开读者座谈会等多种形式，开门办报，广泛吸纳读者，特别是基层群众的意见建议。报社围绕采编作风、新闻质量、报纸发行、广告经营等诸多方面，设计制作了《绵阳日报》读者调查问卷"20问"，包括报纸印刷质量、投递服务质量、版面

美观、可信度、影响力等，诚恳征求广大读者的意见建议，共收到读者反馈信件 1170 封，收到意见建议 45 条。报社高度重视，随即逐条进行有力到位的整改。

既做减法又做加法，把更多的版面留给基层

几年来，《绵阳日报》对版面进行大刀阔斧地改革。对基层群众来说，改革给他们最大的感受就是报道基层的版面和稿件不断增多，报纸与基层贴得更紧，与群众的距离拉得更近。绵阳日报通过减少会议报道程式化，压缩一般性工作报道，杜绝关系稿、人情稿，腾出更多的版面，聚焦基层群众的热点、难点、焦点问题。为了加大对基层的宣传力度，在一版、二版增加透视性报道、特写和现场新闻，近三年开设《记者深冬灾区行》、《夜访农家》、《农家过年》等专栏 70 多个，持续推出记者深入基层、深入一线采写的报道。从 2010 年 8 月起，推出《县域新闻专版》，以灵活多样的形式报道县市区新闻，目前共推出 280 期，《县域新闻专版》成为各市县区展示工作的窗口，成为市上了解县市区工作的平台。

坚持"六看"、"六不"选稿标准　鼓励记者多抓"活鱼"、"鲜菜"

最美丽的风景在基层、最感人的故事在基层。只有深入基层、深入群众，才能与群众打成一片，才能获得生动、鲜活的新闻素材。《绵阳日报》对《县域新闻专版》、《现场新闻》等专版专栏稿件的选稿，坚持"六看"、"六不"的标准，"六看"，即：看编辑记者有没有向群众虚心学习，看稿件有没有泥土气息，看有没有用百姓的视角观察新闻，看有没有用群众乐意接受方式阐述观点，看有

没有用群众语言来改进文风，看有没有让人们喜读悦读的宣传报道效果；"六不"，即：选题不典型不行，稿件不生动不行，现场感不强不行，采写没有细节不行，稿件没有感情不行，表达不到位不行。在"六看"、"六不"标准的带动下，全体编采人员主动俯下身弯下腰，一篇篇深入反映基层生活、文风活泼质朴的新闻稿件跃然纸上。

全面推行"1+X"联系制度　领导深入一线"跑"新闻

长期的新闻实践证明，真正有价值的新闻是记者用脚在基层走出来的，不到基层去，冷暖不相知，感情就不够投入，不到基层去，从材料到材料，思考就不够深入。绵阳日报全面推行"1+X"制度，"走基层"成为全社上下的必修课。"1+X"，对单位说，就是至少联系一个社区、一家医院、一所学校、一家工厂、一个村庄制度；对记者来说，一个记者至少联系一个城镇家庭、一户村民、一名民警、一位工人；对党员来说，至少联系一名农村党员、一名社区党员。报社领导身先士卒，充分发挥表率作用，如对北川陈家坝乡樱桃沟村失地农民安置帮扶、北川香泉乡光明村对口帮扶以及涪城区花园南街社区对口帮扶中，党组书记、社长、总编辑李涛，副社长朱建明多次深入调研，实地解决联系点若干难题，帮扶工作取得了实效。不仅如此，报社几名业务领导和编委，带头策划，带头深入基层采访。比如，反映受灾群众温暖安全过冬的系列报道《记者深冬灾区行》，由总编、副总编亲自带队深入灾区现场采访形成，这组报道鲜活生动，获得市好新闻一等奖和中国地市报新闻奖。

在领导的示范带动下，深入一线"跑"新闻已蔚然成风。报社全体编采人员深入田间地头、企业工厂、科研院所、社区庭院，感受火热生活，反映社情民意。值得一提的是，有两名记者常年驻扎在联系村、联系社区，与群众同吃、同住、同劳动，为基层排忧解难，"捕捉"鲜活新闻。

好作风造就好作品，好作品体现好作风，基层的所见、所闻、所感，激发了编采人员的灵感，写就了《东塔镇：干部"长下访"群众"零上访"》、《"温馨提示"拉近邻里距离》等一批鲜活报道。据统计，近三年来《绵阳日报》共有178件作品获得省级以上好新闻一二三等奖，获奖比例和档次连年居全省地市州报首位。这些获奖稿件多数系记者深入基层、深入田间地头写成，不少读者称赞"地气"重，带着"泥土的芳香"。

（本文作者为绵阳日报社记者）

苏州日报：从"走转改"看新时代媒体价值

钱　怡

光阴飞轮快转到 21 世纪，科技大潮后浪赶着前浪，社会每个角落随时随地都可能发生变革，更新我们的知识、丰富我们的生活、改变我们的习惯。对于反映当下、记录当下的新闻工作者而言，要捕捉科技进步的电光火石，踏准科技创新的步点，践行"走转改"理念便是不二法门。2011 年下半年，《苏州日报》推出"走在创新最前沿"系列报道，记者亲临创新现场，亲炙创新者言，亲触创新成果，带着新奇、热情、思辩去见证"苏州创造"的诞生。

创新视角见证"转型苏州"

"十二五"是苏州实现转型升级、创新发展的关键时期，加快集聚创新型人才，加快发展创新型经济、加快打造创新型城市，是实现苏州创新发展新突破的重要抓手。

《苏州日报》作为一份城市报纸，她与城市的发展共命运、共呼吸。在转型升级加快推进的苏州，创新已经成为企业谋求发展的共同呼声。近年来，大量高端人才的集聚，大批高新企业的出现和快速发展，为苏州加快转变经济发展方式提供了强力的支撑。为了激励更多企业和人才跻身创新大潮,《苏州日报》策划了"走在创新最前沿"系列报道,选择具有代表性的苏州科技创新企业,向读者展示他们在各自领域中的不懈努力和最新突破,展示他们独具魅力的创新风采。

报道组召开策划会时,各条线记者特别是驻县市(区)一线记者反映日常采访中,时常会碰到各种科技创新的题材,掌握了不少创新故事,稍稍挖掘就可能是一篇好稿子。有些看起来很专业很冷门,比如氧十八水,可是经过深挖发现,这个"水"经过合成后可以作为"侦察兵"检测到开始病变的癌细胞,因此一滴水比黄金还贵;有些咋听蛮熟却一直缺乏探究,比如传感芯片、太阳能薄膜等,而仔细了解后才知道"内蕴乾坤"。苏州每年都会从数百名创新创业人才中评选领军人才,他们均在不同领域或相同领域不同门类中开创了一片天,只要稍加留意便会有无数的题材供我们反复咀嚼。于是报道组决定以领军人才为"点将簿",启动"走在创新最前沿"系列报道,以创新视角、鲜活故事,折射苏州在转型升级中的勇气和闯劲。

把握科技脉搏"传道解惑"

"走在创新最前沿"系列报道从《滴答一秒,获取信息 10 亿次》起头,到《功能膜,让电容能量增强 5000 倍》收尾,一共 12 篇,跨度近 3 个月。在题材上,以凸显苏州重点推进的战略性新兴产业为导向;对象上,以呈现全市各板块百花齐放格局为原则;体裁上,以成果展示与人物素描相结合;内容上,以说透一个亮点写活一个人物为要旨;笔法上,以晓畅通俗生动活泼为特点;采访中,以客观真实热情思辩为方法，力求创新成果说得透、讲得明，创新人物不刻板、有个性。

系列报道不仅让读者见识了科技能《把太阳能"卷"起来带走》、能让《小车坐着电梯到楼顶停车》、《治病像换轮胎一样简单》，也让读者领略了"走出实验室就犯困"、"夫唱妇随的黄金搭档"、"痴迷创新的拼命三郎"等鲜活的科技人才，更可以了解"隧道磁电阻效应"、"新药临床前评价"、"柔性薄膜太阳能电池"等科技热词的真正涵义，报道不仅反映科技进步，也承担了树立榜样、普及科技知识、营造创新氛围的作用，真可谓"传道解惑"。

报道组发现，科技发展往往从最不起眼的一点突破开始，因此鼓励记者把眼光放在那些目前还没有实现产业化、甚至可能还没有产品的前沿技术上，因为这些研究可能更具基础性价值，未来的潜力巨大，也特别需要媒体的关注，营造宽容失败、理解曲折的社会氛围。比如《抢夺药物"生死判决"话语权》、《灵敏"防癌侦察兵"常熟造》、《药物在体内干些啥一目了然》等这样"见微知著"的报道。

"沉下身子"重铸新闻力量

新时代，媒体核心竞争力在哪里？是独家报道，或是专题策划，是权威发声，或是监督舆情。其实传播学中的"香农—韦弗模式"就已经说得很明白，整个信息传递中位于链条起头的"信息源"最为关键，因为它是整个传播过程的发起者。我们知道新闻报道的信息源头存在于事实之中，如果没有人去发现，并将这个发现上升到"新事物"、"新变化"的层面，那么信息只能存在于事实之中，其本身具有的新特点便可能无法获得快速传播与扩散。因此，记者

第二编　绝知此事要躬行

才是媒体竞争力的核心，记者是否具有真本事、好眼光，决定了媒体的生命力。

"走在创新最前沿"系列报道便是一次锻炼记者队伍、打磨专业技能、重铸新闻力量的活动，也是"走基层、转作风、改文风"的实践。12篇报道只是最后与读者见面的篇数，其实有些报道在批阅审读中被中途拦下，"勒令"记者重返现场再采访，只因为写得不够透彻，经不起主任、总编的连环发问。同时，也因为没有"昨天"、"当天"的时间之限，记者告别了"急就章"，沉得下、蹲得住，为一篇稿子仔细打磨、反复修改，彻底远离隔窗看景的"车轮记者"、闭门造车的"文件记者"、复制粘贴的"电脑记者"这些坏习气。

"脚带多少泥，心藏多少情"，"走在创新最前沿"系列报道让记者感受到了新时代媒体的价值所在。当报道在版面显著位置刊出后，企业因此受到风投关注，老总一天接到50多通客户电话寻求合作，引发新华社、新华网跟踪报道……记者从中体会到信息爆炸时代，真正的新闻力量。

（本文作者为苏州日报社记者）

春城晚报：开拓新闻思维新路径

张　明

2011 年 8 月，中宣部提出开展"走基层、转作风、改文风"活动后。春城晚报立即组织记者编辑学习和讨论这一活动的精神。讨论中，大家仍难免困惑：《春城晚报》是改革开放后全国创办的第一份晚报。30 多年来，《晚报》的报道内容始终以民生关注的题材为主。有记者开玩笑说，《晚报》的口号是"以读者为本"，每天面对大量的读者热线，接触最多的是普通市民。记者身处基层，为什么还要走基层呢？作为《晚报》采访中心负责人，长期身处新闻一线，自己随后即前往州市进行"走转改"采访，但多少也存有疑惑。如何理解"走转改"活动？从一个媒体从业者角度，从新闻实作的层面思考：领会走转改的切入点究竟在哪里？为何转？如何改？

2011 年 12 月 21 日下午，刚从临沧市"走基层、转作风、改文风"采访一周后回来的当天，见到报社所在的新闻路一侧立起了低矮的栏杆，相邻的新闻南路一侧则画出停车位。新闻路云南报社一段，因为附近有大型农贸市场，人流量较大，加之街道狭窄，随意停车现象突出，历来十分拥堵，尤其到了高峰时段。如今这一变化，应该和解堵举措有关。但为什么要设立栏杆？在本就较窄的新闻南路画出停车位，会否增加该路拥堵，或是准备改线单行？有关部门整体的解堵思路如何？

边走边看，脑袋里不断涌动着问号。回到报社一问，我们的记者并未对此采访。我便立即布置记者着手了解，听取周边居民看法，布置随后对解堵举措的报道思路。

此前几天，《晚报》还报道了云南中考改革消息。当时，仍在临沧出差。从报纸上也看到，记者的报道中有改革措施的详细内容，也有读者的不同看法，应该说，反映了各方意见，是一篇中规中矩的合格报道。但此时在我看来，这样报道还能做得更贴近读者。比如在报道时向读者发出建言邀请，让更多读者参与到这一涉及万千考生的大事中来。我开始觉得，此类民生题材，仅有权威准确的客观报道、反映不同意见的内容并不够。作为一张都市类报纸，我们还要想办法与读者贴近一些，姿态更主动一些，身段更往下一些。比如，可以就此题材开设专题建言专栏，收集读者意见后，由《晚报》向教育部门转达，使之听到学生家长更广泛的声音。连续多日热线爆热的事实证明，这样的民生题材，也是老百姓关心的话题，如果我们主动邀请读者参与，会让读者感觉更亲切，报纸的形象也更亲和。

这两个事例带出的感慨和想法，正是"走基层、转作风、改文风"对我从事新闻工作的触动。也正是通过开展"走转改"，以前觉得不起眼的"小事"变得有了价值，以前认为正常的报道，有了新的感触和想法。

转作风是核心：往上走向下沉更好做新闻

刘云山同志在阐述"走转改"活动时提出，新闻媒体要解决"为了谁、依靠谁、我是谁"的问题。我自己思考"走转改"，核心应该在一个"转"字。这个转字里有着大文章，是衔接基层与文风的节点。

如何让群众的所需所想，触动记者的新闻敏感，变成老百姓喜闻乐见的新闻作品，关键在媒体要转变工作作风和操作思路。所谓"转作风"，就是要转变媒体的思维模式和惯性做法。只有解决了"作风"问题，才能更好地认识基层、走进基层、深入基层，改变有些记者浮光掠影，走马观花式的采访。

现在，媒体中存在着"会议记者"、"材料记者"、"简报记者"现象，开完会拿了材料就走，抄抄材料就成稿，这些现象日益突出。这样的记者，无形中学会打官腔，说空话说套话，说专业术语，只会做"传声筒"，不会做"翻译家"。说穿了，文风问题就是作风问题。同样，有些热线民生记者，只会就事论事，知其然不知其所以然，面对群众纠纷或投诉时间一久，缺乏人文关怀，缺乏情感投入，心态麻木，匠气十足，不是一心想着去帮助受困民众解决困难，而是陷入纯客观主义的新闻误区。

开展"走转改"后，我们提出：新闻要"往上走，向下沉"。即民生新闻，要注意从政策制定的层面了解如何更好解决问题，而非就事论事，要看看普通群众碰到的问题，是不是有决策或执行上的原因；时政题材，不仅要关注决策的出台，更要关注执行环节对普通民众的影响。由此，在时政报道中，我们提出了"关联人群、关联部位"的操作概念，即在报道政策出台时，不仅要做到解读本身，还要找到与该项政策关系最密切的人群、部位，要开通渠道，让读者感受到媒体的态度。要充分报道他们对该项政策的看法，报道他们受到的影响，让时政报道更丰满，更具有针对性。

一个案例是，去年云南省第九届党代会的报道上，我们在解读报告关键概念时，除了常有的专家访谈，还开辟了"场景采访"专栏，进行了关联人群或关联部位的采访或资料整合。每天对下一个选题，开通了热线、微博和邮箱等建言平台，并在一版进行预告，提前收集读者的看法。这样的报道形式，把宏大抽象的政策概念，与涉及到的关联部位相结合，不是就报告解读报告，而是有人物、有事例、有场景，如此一来，不仅报道内容更加丰富生动，理解和阅读起来也容易了，记者的文风很自然也发生了改变。这次《晚报》党代会的报道获得了广大读者和主管部门的高度认可，在新闻操作上也是极大的创新。

"走转改"新领悟：宏大决策与民生诉求同轨

回到上文所说的临沧的采访，这已是我第二次"走转改"之行。这次采访，是基于云南省第九次党代会后，提出建设桥头堡战略的宏大布局的特殊背景。临沧市作为云南的边境州市，有多个县位于国境线，有国家一级二级口岸，在沿边开放上具有重要的作用。当地的基层干部如何理解桥头堡建设，有哪些具体措施、办法，面临哪些困难，这些都是探索桥头堡建设之路值得关注的题材。

临行前，结合"走转改"的指导精神，我们认真分析此行目的，确定了把重点放在基层政府机构，重点了解民生问题，通过对建设桥头堡这一国家战略的执行环节的观察，由此明晰了采访思路。

来到有着国家一级口岸的耿马孟定镇，在香蕉大道，我们走访万亩蕉林，向蕉农了解当地产业调整的推行情况，问销路问收入，向当地县乡政府了解开放构想；在镇康县沿边工业园区，我们询问工业用地上山；在著名边贸口岸南伞，我们与边贸公司老总坦诚交流；在临沧市门户云县的翠华村，我们来到当地冬早马铃薯基地，向村民了解发展特色农产品的致富之路，来到保障房工地，探寻城市发展与解决困难居民住房难之间的关系……

在这次"走转改"采访中，无论是蕉农还是边贸商家，从基层干部到普通市民，面对桥头堡建设大局，无不流露出求新求变求上的迫切心态。他们谈论的虽然是自己的切身之利，无形中思考疑虑的，却是与政府宏观决策同步的大政背景与现实。可以感受到，他们关心的基础设施建设、沿边开放政策落实、产业结构调整，他们的诉求和桥头堡建设的前行路径同轨同向。国家的宏大战略，和老百姓的生存发展一脉相通。

"走转改"开展至今，仅短短几个月时间，对媒体而言，尚属逐步摸索领悟的阶段。就我个人感受而言，经过对"走转改"活动的操作性思考，结合一段时期的新闻实践，我深切感受到，新闻为人民服务，党和政府的决策和工作，如果和人民群众的利益需求一致，就能鼓舞起群众为自己的利益奋斗的热情。同样，新闻要依靠人民群众，群众百姓始终是新闻的主体，走入基层，我们就能从看似枯燥的文件背后，找到与群众密切相关的鲜活内核。

在临沧的崇山峻岭乡村集市边贸口岸，整整一周马不停蹄的走访，给了我很大的感触和生动的教育：坐在办公室、会议室里，记者无法透彻地理解政府的决策，也不可能清晰地了解民众的需求和愿望。

"走基层、转作风、改文风"，正在点通社会发展中新闻媒体角色扮演的任督二脉：新闻为了群众，要依靠群众；新闻来源于群众，要服务群众。

（本文作者为春城晚报编委、采访中心主任）

第三编

把新闻写在大地上

——媒体老总谈感悟

导　语

　　在"走转改"活动的宏大队伍中，有一道亮丽的风景，这就是媒体老总带头深入基层"走转改"。从中央到地方的新闻媒体单位负责人率先示范，带头走基层，体验百姓疾苦，反映人民心声。基层应该怎么走？作风到底如何转？文风又要怎样改？围绕这些问题，我们特约请了人民日报、解放军报等媒体的社长、总编辑等负责同志撰写感悟体会，阐述他们在"走转改"活动中的感情体验和理论思考。这是一组生动、真切又全新的文字。

在服务群众中真正转与改

人民日报社总编辑　吴恒权

最生动的实践在基层，最鲜活的新闻在基层，最感人的故事在基层。两个多月来，"走转改"活动在全国新闻战线广泛开展，大批编辑记者走进厂矿工地、深入城乡基层，采写了大量带着温度、沾着泥土、洋溢着深厚情感的新闻报道，在各类媒体的重要版面、黄金时段，这些来自基层一线、反映群众心声的报道带来了一股清新之风。两个多月来，新闻工作者衷心拥护、积极响应、踊跃参与，人民群众亲身见证、热烈欢迎，认为这个活动很有必要、很是及时。这些无疑都证明，"走转改"活动是贯彻落实胡锦涛总书记"七一"重要讲话精神的重大举措，是贯彻落实"三贴近"的重要抓手，也是新闻战线在新形势下树立群众观点、增进群众感情、贯彻群众路线的重要举措，是新闻媒体主动应对舆论格局和传播生态变化、加强自身建设的自觉行动，更是落实十七届六中全会精神的一个实际行动。

"走转改"是一项长期任务，要不断深化、持之以恒、务求实效。"走"是途径、是载体，"转"和"改"是目的、是重点，只有在"走"的过程中实现了"转"和"改"，这项活动才能真正取得实效，只有把"走"、"转"、"改"统一起来，融会起来，贯通起来，才能真正让群众立场和群众观点扎根于心、落实于行、体现于文。而"走转改"活动的最终评判者不是别人，正是广大人民群众。因此，"转"与"改"是否做到了，达到了什么程度，说到底要看我们的工作有没有服务群众，在多大程度上做到了、做好了服务群众的工作。

"走转改"活动应当与解决人民群众的实际困难结合起来。新闻工作不直接从事生产、管理，我们帮助群众解决实际困难重在努力倾听群众呼声，重在发现那些基层群众迫切需要解决也有条件解决的实际问题，通过新闻报道引起关注，探索办法、形成合力，与各级党委政府和社会各界共同推动问题的解决。

"走转改"活动应当与通达社情民意结合起来，用好舆论监督权。我们应当努力通过深入基层、深入群众，深刻体察党情、国情、社情、民情，发现群众的关切点、矛盾的多发点、工作的薄弱点，立足于通过新闻报道维护基层群众的合法权益，立足于帮助和推动基层党委政府发现问题、改进工作，提高执政能力。另一方面，仍要不断增强舆论引导意识，多做统一思想、凝聚力量的工作，多做鼓舞人心、振奋精神的工作，多做解疑释惑、平衡心理的工作，努力形成人民群众、新闻媒体与基层党委政府的良性互动关系。

"走转改"活动还应当与更好满足群众信息需求结合起来。走到基层去、走到群众中，不仅要把感人的故事、清新的语言带回去、写出来，还要真正了解群众对于新闻工作者、对于新闻媒体的需要和期盼，转化为我们创新新闻报道的重要依据，这样才能让

"转"与"改"的实践转化为新闻自觉，长期坚持。

在服务群众中真正"转"与"改"，取决于组织活动的机制，取决于推动工作的措施，最终还取决于我们以什么样的精神状态投入到"走转改"的活动中去。投入不投入、坚持不坚持、创新不创新，产生的效果大不一样。只有带着感情走，带着责任走，带着思考走，带着追求走，带着真诚走，带着信心走，带着自觉走，才能真正提升服务群众的能力，才能推动"走转改"活动深入、广泛、持久地开展，真正实现转与改的要求。在新闻报道中做到转与改并长期坚持，就能团结和组织新闻工作者，坚持中国特色的文化发展道路，在努力建设社会主义文化强国的实践中创造无愧于人民、无愧于时代的辉煌。

有一种呼唤很亲切

——追思执着走基层的 3 位军报人

解放军报社社长　孙晓青

　　践行"走转改"，无论行进在崎岖的山路上，还是置身于火热的军营中，仿佛总有一种声音在呼唤。谁在呼唤？呼唤什么？细听，那声音熟悉又亲切，很像我非常敬重的 3 位军报人。

　　不久前，报社一位退休老同志去世了。他叫周宗奎，上世纪80 年代曾负责《军报》的边海防报道。作为一名编辑，他不是坐等稿子，而是躬身实践，亲力亲为。西藏最艰苦，他一去再去；墨脱不通公路，他约上两个记者徒步走了 3 天，进去后采写出长篇通讯《墨脱军人竞风流》，发表后影响广泛。后来，他们又踏上鲜为人知的阿里高原，第一次在《军报》推出整版通讯《阿里军人》。他说，我是边海防专版的责编，我有责任走遍祖国边海防最有代表性的地方。

　　相比之下，高艾苏名气更大，当之无愧的名记者。他是《军报》第一个到空降兵部队和战士一起跳伞、到海军部队随潜艇一起深潜的记者，写过许多优秀的亲历式报道，还获得过新闻界的最高荣誉——范长江新闻奖。获奖后，他曾向我表达谢意，因为有一次在记者会上与大家交流，我说很羡慕军事记者，可以在军事领域实现自己的许多梦想，比如跳伞、深潜，坐在坦克里冲锋陷阵，等等。说着无意，听者有心。高艾苏真的一一践行，实现了他上天入地下海的职业追求。可惜，他后来死于癌症，年仅54岁，属于英年早逝。

还有就是郭天一。2007年11月，报社组织学习贯彻党的十七大精神的报道，郭天一自告奋勇去新疆采访，不幸在帕米尔高原遭遇车祸牺牲。陪同他的妻子赶往事发现场处理善后时，我的价值观几乎被颠覆：多年来，我一直奉为圭臬的亲历式采访，我一直强调的编辑记者应该深入边远艰苦地区部队的主张，究竟对不对？究竟值不值？究竟能不能、敢不敢承载它可能带来的惨痛代价？

护送郭天一的骨灰回到北京那天，一进报社大门，我立刻被眼前的景象震撼了：夜空下，寒风中，《军报》同人列队肃立，人人手持一支蜡烛，烛光摇曳，像一条光斑点点的长龙，随道路蜿蜒，逶迤伸展，既照亮了亡者回家的路，也点亮了我纠结不已的心。是啊，要奋斗就会有牺牲，是军人岂能怕牺牲！作为军事记者，只要党在召唤，只要国家利益和人民利益需要，我们走向战场、走向边关、走向高原、走向海洋的步伐，就必须是坚定的、执着的、义无反顾的。

这几年，军队的使命在拓展，执行多样化军事任务的机会大为增多。每一次，《军报》记者都是闻风而动、得令出发。尽管记者们都有家庭，上有老下有小，家家都有一本难念的经，但是想到我们的职业，一句"谁让你是军事记者呢"，就啥也不说了。不错，军事记者就应该有这份职业担当。

　　职业精神包括许多方面，既有思想上、品行上的，也有技术上、技巧上的，但归根结底还是责任的延伸，品行的坚守。"走转改"活动的开展，不正是在新形势下呼唤职业精神的回归吗？

　　回响在耳边的《军报》老同志的声音与时代的呼声高度重合，从而让我们更加坚信：接地气，知实情，熟悉部队，熟悉官兵，有点大众情怀，有点平民意识……记者的生命之根必须扎在基层。

回归新闻本源

检察日报社社长　李雪慧

以 2011 年 8 月 24 日在要闻版开设"基层·现场"专栏为序幕，《检察日报》拉开"走转改"活动序幕，四个月过去了，"走转改"强化了宗旨意识，强化了作风建设，强化了采编技能，具体到采编工作上，出现了两大变化：

一方面，报社各个媒体采写刊发了一批鲜活的反映基层检察工作的好作品。另一方面，报社采编人员的精神面貌和工作作风有了深刻变化。尤其值得一提的是，报社领导带头采写基层现场稿件起到了很好的示范作用。一版"基层现场"专栏开栏第一篇稿件就是报社副总编辑亲自采写。编委带头，不放过一个机会去基层，去现场，去报道，成为全体采编人员的自觉行动。

鲜活的报道得益于有力的措施。活动中，我们把活动的成果不仅仅体现在单一的采访报道上，而是融进日常的新闻报道中。切实加强群众路线学习教育，坚持在日常报道中体现群众观点，坚持"讲故事、说新闻"报道风格，大力践行"短、新、实、活"的文风，使中检报业的新闻报道呈现出新的面貌。不仅宣传性报道软了起来，而且特色报道也亮了起来。实践证明，"走转改"不仅仅是

第三编　把新闻写在大地上

改变作风文风的一次活动，更是对回归新闻本源的一次推动。

第一，回归新闻本源，需要扑下基层。一方面，鲜活的新闻来源于事件现场，更来源于基层生活，记者走下去，是新闻的本质要求。另一方面，对新闻工作者来说，作风连着文风，文风体现作风，走进基层才能体现扎实作风，才能带来鲜活文风。所以，我们对于"基层·现场"专栏稿件最基本要求只有一条：必须是记者"走基层"后在一线写出来的稿件，必须体现现场感。记者下沉，接触鲜活的生活，才能以鲜活的方式把鲜活落在笔端。

第二，回归新闻本源，需要硬化新闻。作为检察新闻主阵地，我们的硬新闻，就是检察机关发挥职能作用的、与民生密切相关的、社会关注度高的消息类检察新闻，我们一直在提倡多刊发消息类硬新闻。但遗憾的是，很长一段时间，除了深度报道、通讯类"软新闻"之外，本报一直欠缺这样的硬新闻，导致报纸上"硬宣传"的稿件比比皆是，而"硬新闻"十分缺乏。有时明明是很好的消息，是十足的硬新闻，我们的驻站记者意识不到这一点，想放一放，等有时间再慢慢赶出来，我们的编辑也缺乏新闻价值判断，不能及时指导。所以，要想真正让报纸有影响力，必须狠狠刹一刹"硬宣传"，狠狠抓一抓"硬新闻"。一句话，回归新闻本源，就是抓好"硬新闻"，这是一个硬指标。

第三，回归新闻本源，需要找好新闻和宣传的平衡点。多刊登新闻，多刊登有影响力的新闻，是每一个新闻人的追求。《检察日报》是最高人民检察院的机关报，有不少宣传性和指导性稿件需要刊登。在宣传性稿件多的情况下，如何更好地更多地刊登硬新闻，是我们必须认真思考并付诸实践的事情。基于"回归新闻本原"的考虑，我们将头条更多让给真正的新闻，为了体现新闻性，更要注重提炼新闻要素。也基于"回归新闻本原"的考虑，我们要求夜班在制作标题时，新闻站得住的，必须用实题；新闻性差一些的，也尽量用实题。重要会议消息、领导活动消息等，也不要只体现会议和领导，可以用观点性标题来提升表达。

席卷整个新闻战线的"走转改"活动，涤荡了网络时代飘浮的新闻文风，也吹响了回归新闻本源的号角，对于新闻宣传的影响是历史性的。《检察日报》将以此次活动为契机，沿着回归新闻本源的大路不断前行！

"走转改"：回归与升华

天津日报社总编辑　王　宏

当前，新闻系统"走转改"活动，正如一股洪流，激荡大江南北，席卷各类媒体，雷霆万钧地推进，如火如荼地展开。短短两个月间，一大批来自基层一线、反映群众生活、题材感人至深的报道，走上报纸的重要版面、广播电视的重要时段、网页的重要板块，得到了基层群众的热情欢迎，受到了广大人民的普遍好评，不仅是我们新闻工作者领略其间的震撼与洗礼，社会各界也感受到新风扑面、蔚为大观的"大模样"、"大气象"。

置身于这浩荡洪流，相信所有新闻工作者都会自觉或不自觉地思考：为什么要"走"？怎样去"转"？如何去"改"？正如很多宏大的实践活动都潜伏着简单的哲学命题，仔细审视"走转改"，尤其是在边实践、边思考，我们发现，时下倡导的"走转改"，从本质上讲，是一条回归之路：回归朴素的新闻常识，回归我们熟悉的群众观点、群众路线，回归实践第一、人民至上的基本理念和优良传统；当然，这也是一条升华之路，即深入贯彻胡锦涛总书记"七一"重要讲话精神，着眼于把握新闻舆论正确导向，着眼于提升新闻队伍能力素养，把时代发展的新要求升华为新闻工作者的社会责任与行为自觉。

实践出真知。基层是实践的主战场，基层是新闻的原产地。刘云山同志在"走转改"动员会议上指出："基层一线是新闻工作的源头活水，蕴藏着最鲜活、最丰富的新闻资源，接地气才能有底气、长灵气，深入实践才能富有生活气息，扎根群众才会有现场的温度、才会有清新朴实的文风、才会有打动人心的力量。"走基层，就是让记者深入基层、让新闻回归现场，在新闻的源头吸取"氧气"和"养分"。

新闻工作实质上是党的工作，是群众工作，属于人民，为了人民。

走基层，要踏踏实实地深入群众，充分尊重群众的首创精神。正如实践是认识的源泉，人民群众是实践的主体。坚持实践第一的观点，就必须树立群众本体的理念。走基层，要求走近群众、融入群众，把群众当做最好的老师，把基层作为最好的课堂，从群众那里获取丰富的新闻素材和创作灵感，获取深刻的生活教益和人生启迪。近些年来，交通发达了，通讯先进了，有些新闻工作者与群众的距离却远了，对群众的情感淡漠了，热衷于跑"上层"而不是蹲"基层"，热衷于跑"热门"而不是访"冷门"，这显然是本末倒置、舍本逐末，背离了党的新闻事业的性质和宗旨，新闻工作将成为无源之水、无本之木。

转作风，要站稳群众立场，体现为人民服务的作风。党的新闻工作，应当站在人民群众的立场上，与人民群众坐在一个板凳上，俯下身子、用心倾听、真情投入，切实走进群众的内心世界，深入群众的生产生活，真实反映他们的酸甜苦辣，真切感知他们的喜怒哀乐，真情体会他们的安危冷暖，准确反映他们的所思所想，真诚帮助他们解决实际困难。

改文风，就是要倡导人民群众喜闻乐见的文风。文风不正，始终是困扰新闻媒体的难题。这些年来，我们一直倡导清新质朴的文风，着力抓新闻报道的可读性和感染力，但这一问题没有得到彻底根治。突出表现在：报纸版面上，各种会议性、工作味、送往迎来的新闻多；冗长空洞、言之无物、不切实际的综合性报道多；公文式的官样文章、了无新意的八股文章、刻板生硬的文件语言多。究其原因，很多记者习惯于坐在办公桌前，通过网络、电话采访，没有到基层一线，没有到新闻现场，没能做到面对面倾听群众的声音，更谈不上善于应用基层群众的话语，只能从文件到文件、从报告到报告，最终呈现出一幅拒人千里的面孔。新闻工作者要改好文风，惟一的路径还是走向广阔的实践舞台，拜人民为师，笔端饱含深情，用群众的思路，用群众的智慧，用群众的语言，表达群众的意愿，激发群众的共鸣，焕发最广泛人民群众干事创业的激情。

开展"走转改"活动，是新闻战线一项长期性、系统性工程。尽管这场"只有起点，没有终点"的活动仍在纵深推进，但梳理其理论基础和实践进展，仍可以清晰地呈现：无论是"转"还是"改"，都是一条回归之路和升华之路，即在新的时代背景下，进一步明确新闻工作的定位、找准新闻工作的坐标，更好地履行新闻工作者职责，为推动经济社会又好又快发展、全面建设小康社会营造良好的舆论氛围。

察民情　听民意　求真知

重庆日报报业集团党委书记　牟丰京

只有真正深入基层，才能解决"贴近实际、贴近生活、贴近群众"不够的问题，才能写出真情实感、生动活泼的新闻。我们过去常苦恼报纸上的文章干巴，缺乏故事、没有细节，是由于"贴近实际、贴近生活、贴近群众"不够。2011年3月底，重庆日报报业集团为鼓励更多记者编辑深入到一线去采访，在全集团采编人员中广泛开展了"重报集团千名记者编辑'三进三同'大型采访活动"，收到了很好效果。"三进三同"活动在社会上和全国新闻单位产生了较大反响，受到了中宣部领导的充分肯定。

"三进三同"活动正是"走基层、转作风、改文风"活动的具体实践，要求我们的记者编辑更深入地进社区、进农家、进厂矿，跟广大基层群众同吃、同住、同劳动，要更深入一些，体验更深一些。活动启动时，我代表集团党委提出要求——"四个统一"：行动、栏题、时间、内容。要求集团所有媒体记者编辑要以"察民情、听民意、求真知"为主题，每年必须参加两次"三进三同"活动，两个周时间；领导干部一年一次，每次一周时间。要把触角深入到生活的神经末梢里，每次要写出1至2篇体验性新闻和1篇调研性新闻。各媒体总编、副总编及编委会成员要带头参加"三进三同"活动。不到半年时间，集团各家媒体积极组织，400多名记者编辑不辞辛苦，跋山涉水，深入到渝东北、渝东南，农村、厂矿、企业、学校，写出了大量鲜活的民生报道，非常有成效。不仅磨砺了采编人员意志，锻炼了队伍，转变了作风，更增进了与人民群众的感情，交了许多基层朋友，办了许多实事好事，深受广大基层干部群众的欢迎和好评。记者编辑们普遍感到：深入下去"三进三同"、"走转改"很值得，大有收获！有的同志讲，"三进三同"、"走转改"是自己一生中最珍贵的记忆；有的讲，这才叫当记者，记者不是简单的传声筒，不是文抄公，而是一个神圣的职业，值得所有新闻工作者珍惜！记得重庆商报一位名叫纪文伶的女记者深入到重庆最偏远的城口大巴山"三进三同"，体验野生动物保护区的生活，写出许多生动事例，文章不到三千字，我一口气读完，给予了表扬。因为，"最好的新闻题材，其实就在老百姓的生产生活中"。

活动开展中，正赶上中宣部在全国范围内广泛持久地开展"走基层、转作风、改文风"活动。我认为，这个定位非常准确，别的活动可能是一个阶段，解决一个问题，但是通过"走转改"解决的问题，是新闻队伍需要长期解决的，给了我们很大鼓舞。我们虽然看得比较准，抓得比较早，成效比较好，当然也没有丝毫理由，在"走转改"活动中落在兄弟媒体的后面，我们还要创造新经验，取得更好、更扎实的成效。集团将部署"走转改"活动与集团正在开展的"三进三同"活动紧密结合起来，不断深化，建立和完善深入基层的长效机制。11月24日，我们又邀请全国省级党报总编辑聚集重庆交流"走转改"经验，学习兄弟省市这方面好的经验和做法。

据不完全统计，重庆日报报业集团各媒体共建立了"走转改"基地32个，基层联系点430多个，交基层朋友2000多人；开辟"走转改"等各类专栏、专版250多个，刊发版面960个；有计划分批派出记者编辑1800多人（次）赴基层一线进行采访，与群众同吃、同住、同劳动，发回大量来自基层、生动鲜活的新闻报道和图片，共计2300多篇（幅），写心得体会1200多篇（次）。

"察民情、听民意、求真知"，是新闻工作者实现新闻工作宗旨的一个重要途径。媒体要上情下达、下情上达，就是要让主流的声音，更广泛地传递；让基层的声音，更顺畅地通达，成为党和政府与广大人民群众联系的纽带与桥梁。作为党报集团尤需如此，党和政府的中心工作，民生的改善，都需要我们通过"深入基层"、"三进三同"、"走转改"来宣传。如：重庆的"五个重庆"建设、"唱读讲传"、"打黑除恶"、"民生十条"以及"共富十二条"等市委、市政府的重大决策和部署，广大百姓都非常想了解。新闻工作者如果不能够"深入基层"、"三进三同"，"察民情、听民意、求真知"，真正地"转作风、改文风"，写出的东西可能就是一些干巴巴的东西，与广大读者的需求相差甚远，但如果真正深入了基层，深入地挖掘和发现，"三进三同"、"转作风、改文风"，新闻报道的天地会非常广泛。这样才能真正做到无愧于时代，无愧于做党和人民满意的新闻工作者！

新闻工作的实践告诉我们：基层是新闻工作的富矿，新闻的主战场。"三进三同"、"走转改"，是"三贴近"精神的具体体现；是践行新闻工作宗旨，密切与广大人民群众联系的重要途径；是磨练采编队伍，重塑新闻理想和职业精神的重要途径；是平面媒体应对新媒体挑战，增强新闻竞争力的重要手段。只有长期不懈地坚持"三进三同"、"走转改"，才能从根本上解决报纸同质化问题，才能从源头上杜绝虚假不实报道，真正提高媒体的舆论引导力、影响力和传播效应。

必由之路

厦门市委宣传部副部长，厦门日报社党委书记、

社长、总编辑 李泉佃

人一生都会经历许多事。

新闻记者与常人的不同之处，在于你不能只在乎自己的事。你得时刻关注发生在别人身上的事情，并且把那些有价值的事情挖掘出来、报道出来。

在此过程中，你可能获得远比他人丰富的人生阅历。如果你善于思考，你还有可能从某些新闻事件和采访经历中，得到比较深邃、比较厚重的心灵感悟。你今天用文字和镜头所记录的一切，不仅仅是记录历史，更大的意义，是推动历史的前进。你的人生，因此拥有了独特而丰厚的精神价值。

这，正是我们这个职业的魅力所在。

常有新入行的同事问我：怎样才能比较快地成为一名成熟的记者？或者说，怎么才能当一个好记者？我的回答通常只有六个字：勤跑、好学、善思。为什么要把勤跑放在第一位呢？因为对于一个记者来说，"脚力"才是最重要的功力。好新闻都是"跑"出来的，不是坐在办公室里等来的。接地气，才有底气，有灵气。优秀的记

者都遵循一个共同的信条，那就是：到基层去，到新闻发生的现场去，到人民群众的生活中去。这是一个记者通往成熟的必由之路。舍此，没有捷径可走。

正是基于这样的认识，在"走转改"活动中，我们把对年轻记者的培养作为一个重要的目标，有意识地安排他们到基层去磨炼。比如，我们在《厦门日报》上开辟了"骑迹"专栏，鼓励年轻记者骑自行车到基层、到一线去采访。也许有人会说，都已经汽车时代了，还骑自行车采访，有必要吗？这是不是有"做秀"之嫌？对此，我们不这么看。年长一些的新闻人都知道，骑自行车采访，是许多老一辈新闻工作者的优良传统。可是随着经济的发展，交通条件的改善，这传统被我们不知不觉地遗忘了。想想，在这个世界上，还有多少汽车不能抵达的地方——城里的窄小街巷、乡下的田间地头，而这些地方往往蕴藏着新闻的富矿。事实也证明了我们的判断。年轻记者们骑着自行车、摩托车，穿行在汽车无法抵达的地方，抓到许多鲜活的"猛料"。一个个精彩的故事，一张张生动的面容，在"骑迹"专栏里陆续呈现，让读者纷纷叫好。有一位80多岁的老读者给报社热线打来电话说：能不能在我们社区也设一个"走基层"的联系点？

为了让年轻记者真正得到锻炼，我们特别注重新闻策划的针对性、实效性。记者节那天，《厦门日报》推出了一个整版的"走转改"特别报道——记者体验最辛苦的工种。一群年轻的记者，走进最底层的劳动者中间，和他们一起干最辛苦的体力活。如：记者殷磊穿上包裹全身的厚重塑料服，跟着管道清理工下到污水齐腰深的地下管道去清理垃圾；记者卢漳华跟着手握砍刀的电力巡线工，在险峻的丛林山路上披荆斩棘、艰难行进。然后，他们把自己的体验写出来，把最底层劳动者的形象生动地展示在读者面前。这些几乎从未被媒体关注过的"小人物"，在报纸上大放异彩，受到读者热烈欢迎。在这样的活动中，年轻记者也得到锻炼，精神得到升华。有的记者说，这个记者节让他们终身难忘。

人们常说，榜样的力量是无穷的。在"走转改"活动中，我们注意发现典型，树立榜样，让年轻记者向先进看齐。厦门晚报社区记者戴懿，长年奔波在社区基层。每天一大早，她就自带早餐到各个社区，与居委会工作人员一起上班，帮助居民处理日常事务，用闽南话与社区老阿嬷拉家常。在这个过程中，她与基层群众建立了深厚的感情，谁有困难都愿意向她求助。对待困难群众，她总是有求必应，尽可能提供帮助。在她的努力下，厦门晚报成立了大爱基金，帮助了许多遇到困难的人。她的事迹感动了许多读者，报社社会监督员、厦门大学教授胡南桦专门给报社领导写信，对她提出表扬。我们派人把她的事迹整理出来，刊登在"中国记协网"上，以此带动更多的年轻记者深入基层。

"走转改"活动还在深入进行中。我们高兴地看到，一大批年轻记者在"走转改"活动中锻炼成长，有的已经成为报社业务的中坚力量，在采编工作中当骨干，挑大梁。作为报社的负责人，作为一个从事新闻工作近30年的老记者，我倍感欣慰。我想，让党的新闻事业后继有人，也是"走转改"活动的题中应有之义。在这方面，我们的收获是可喜的；这方面，我们的探索仍在继续。

"深入度"决定一张报纸的表达态度和社会担当

新商报社副总编辑　耿　聆

　　深陷同质化竞争怪圈、缺乏有纵深感的独家新闻，一直是地方都市报面临的共同窘迫，核心问题在于新闻来源的趋同单一，战线热线这计划经济时代报道渠道的"两板斧"，不计受众接受口感，抡用几十年不变。尤其在厚报时代，惯于网络交流的"80后"记者渐成报纸主力后，大量的电话采访、网络采访、雷同通稿占据着报纸的重要版面。同时，报人们必须认识到：与网络和电视丰富的表现手段相比，报纸的叙述语言也保持多年如一日的"讯体"面目僵硬……当报纸的公信力遭严重稀释、可读性耐读性日益匮乏，它的存在根基将被无情撼动。

　　"走转改"活动的大力开展，是一场具有救赎意义的及时雨。对其精神内涵的深刻理解和触及报道方式的革命性落实，更应该是一种融合在每天的新闻跑动中的常态坚持，不该仅仅用前往基层、民间疾苦探访、夜间作秀式出击来诠释"深入"二字。并且，"走基层"最终要落实到作风和文风的改变实处，才能真正表达出一张纸媒体在这个时代的社会担当和文化引领。

　　曾经，同城媒体刊发过一则耸人听闻的新闻：《两个月婴儿活生生被狗吃掉》，此消息被全国各大网站疯狂转载，最后查明是假新闻。记者把道听途说的传言绘声绘色地写出了"现场感"，这类恶劣的采访作风其实在厚报时代，已经"蔚然成风"。

今天的都市报在网络强大的互动功能面前，彰显公信力的优势尤为重要，而公信力取决于采访的深入与否，到不到现场，到了现场后完成怎样扎实的深入，决定一张报纸的表达态度。一张常态 64 个日出版版量的都市报，版等稿的"等米下锅"状况很常见，习惯于网络交流的记者，操作顺手的常常是"微博爆料"的线索获取方式。微博以迅捷丰富成为热线的有力替补，也是突破热线窠臼的渠道拓展，但如果在实践中操作不当、采访作风粗放，很容易重演"婴儿被吃"现象。

事实证明，记者做到了"走转改"，就能在抢断独家的前提下完成报纸公信力的渗透，发挥出媒体的民生关怀作用。

2011 年秋天，大连周遭农村秋菜丰收卖不上价的现象普遍。记者在微博中发现"大连金州新区得胜乡农民老高因 17 亩地 55 吨萝卜销售受阻，把自己的遭遇发到了微博上引发网友热议与力挺"这样一条线索。第二天早晨 5 时 30 分，记者冒着浓雾赶到老高家的田间地头，在露水遍野的萝卜地里与老高对上了话，并亲眼目睹了微博引来的买家前来提货的生动现场。

老高在地里掰着手指头给记者算了笔账：去年萝卜供不应求，6 角钱一斤还是地头收购价。可今年情况完全不同了，上门去送 2 角 5 分一斤，人家还不愿意要。微博求助是听了女儿的建议，没想到还真有收购者上门。短短 10 天，不仅让老高几乎愁白头的难题得到解决，还让他迅速成为网络红人。

带着记者两脚泥的通讯《农民老高微博卖萝卜 成功颠覆传统种植经》第二天（10 月 31 日）刊登在《新商报》上，果然生发出了强大的示范能量，一时间，这种现代网络促销手段被菜农广为利用，大连农民 2011 年深秋纷纷效仿。一篇报道释放出了良好的社会效果。

在实践中，我们绝不鼓励记者去做没有新闻由头的蹲坑守候类报道，而是吃透"基层"的内涵与外延真义，让记者建立起"好新闻"是用腿跑出来的意识。

及时总结此类报道的经验，让记者把"组织指令"变为"我的自觉"。"走转改"实践像一堂堂互为教员的培训课，锻炼了新商报记者跑好新闻的意识和能力，也让《新商报》注重了表达方式上的接地气：报道语言的通俗易读、标题制作的精短可亲，强化短句、短新闻的采写，都让新闻的传播价值得到最大化开掘。

我们深知，"走转改"是一项长期工程，是每个记者必须具备的职业素养，要持之以恒，才能确立媒体关注民生的社会公益形象，才能有源源不断的可持续发展动力。

身入，更要心入

绵阳日报社社长、总编辑　李　涛

"夜宿农家，握一杯热茶暖手，与村民和村干部摆起了'龙门阵'。""走进涪水村村委会，正好碰上支书汪廷文值班。""墙上，挂着一本翻得卷角的《太平乡民情建（销）账单》。"……

上述几段带着浓郁现场气息的文字，出自 2011 年 12 月 2 日的《绵阳日报》上一篇题为《真心办实事，难事也不难》的稿件。这篇稿件一经刊出，很快被"眼尖"的读者发现。读者普遍认为，稿件选题重大、立意新颖、视角独特、文字清新，是一篇来自基层一线的好作品。

这是在绵阳日报社开展"走基层、转作为、改文风"的活动中，我带头采写的一篇稿件。之所以要"带头"采写，主要目的不仅是为了写出一篇好稿件，而是找回新闻人的老传统，给年轻编辑记者"做出样子"，对报社采编业务有所推动。

自"走转改"活动开展以来，我就一直在思考一个问题：对于地市级媒体而言，本来就生在基层，出户几步即可进入工厂，开车数十分钟即可找到农家，可以说，"三贴近"就是"常规"，"走转改"就是"常态"，"走基层"就是工作方式。只是需要注意的，是解决

"身入"和"心入"的问题。

无论是早先提出的"三贴近"原则，还是现在开展的"走转改"活动，一个直接目的，都是为了倡导新闻工作者深入基层一线采写鲜活新闻。特别是处在信息时代，我们固然要充分利用网上海量信息的优势，兼收并蓄，去粗取精，去伪存真。但是，不论网上信息如何丰富，都代替不了亲身感受和直接体验，改变不了新闻是"跑"出来的特性。只有"身入"基层，才有可能捧回带着泪珠和露珠的作品。

这之中，需要警惕的是，"身入"未必"心入"。早些年，我就发现，有极个别采编员人员习惯于事先给基层"通气"；一些基层部门高度重视，精心安排行程，周密制定方案，事先提供通稿。这样一来，记者虽然到了现场，尽管稿件中也不乏"蹲点"、"记者看到"、"民情"、"体验"等"在现场"的关键词，但稿件总让人感觉"隔"了一层，字里行间嗅不到田间的泥土味，听不到百姓的真心话，看不出记者的情和爱。究其实质，在于其经验靠"提炼"，对话靠自编，时间随便改，人名任意裁……这是地市级媒体中容易出现的现象。

"感人心者，莫先于情。"我在思考，中国新闻史上，多少名篇"字夹风雷，声成金石"，一字一句总关情。而今天，为什么交通发达了，通信先进了，我们的新闻工作者却与群众的距离远了、沟通少了？为什么一些新闻报道要尽各种"花活"，看起来亮丽炫目，却依然难以赢得受众欢迎？说到底，是"身入"而"心不入"，对群众的感情淡漠了。"三贴近"关键是"心贴近"。情感冷漠的记者，走进基层的脚步不可能坚定；情感贫血的作品，感染力和影响力不可能有坚实的基础。

有鉴于此，在开展"走转改"活动中，我特别强调，既要身入，更要心入。走基层，要走到群众心里去；转作风，要从采访前的案头工作开始；改文风，要靠现场和细节说话。在采访中，我还有意一反新闻"求快"的常态，让记者适当"慢"下来……"慢"下来，是为了让记者能够全身心地体验。不但倾听群众的谈话，观察他们的表情，更用心地体味他们的内心……让自己真正融入群众的生活，以心交心，以爱换爱，与他们同悲戚、共命运。

正是缘于这一指导思想，"走转改"活动以来，绵阳日报推出了一大批来自基层、清新朴实、生动鲜活的报道，得到了读者的喜爱，引发了社会的共鸣，在以情动人中提高了舆论引导力，实现了传播效果最大化。

第四编

泥土香里酿真情

——"走转改"采访手记

导　语

　　"走转改"活动中，广大新闻工作者深入一线，与基层群众同吃同住同劳动，从基层收获灵感、信任和力量，推出一大批"三贴近"的精彩作品。他们自己在这一过程中也得到了历练和提升，许多记者写下了走基层过程中的采访手记和心得。本部分选录了人民日报、新华社、光明日报、中央电视台、中央人民广播电台等媒体记者撰写的23篇采访手记，讲述他们踩着泥巴跑新闻过程中的感受和心得。

泥土香里酿真情

人民日报福建分社采编部主任　赵　鹏

当我们看到社长、总编辑和其他编委会成员都深入基层蹲点调研、采写稿件，看到"走转改"稿件几乎天天上一版，特别是看到有 22 次出现在头版头条，创造了《人民日报》重大主题报道的历史纪录时，大家到基层去向实践学习、向群众学习的热情更足了；对照党和人民的要求，锤炼自身、提高素质，真正做到在"走"中实现"转"与"改"的决心更大了。

作为一个在地方分社工作 18 年的"老兵"，受这种气氛感染，我的热情也被激发出来。去年 8 月以来，我先后到福建 7 个地市的 10 多个县蹲点调研，采写了多篇报道。其中反映闽西老区长汀县群众治理水土流失经验的报道《十年治荒　山河披绿》一文刊发后，中央领导同志作出重要批示；另一篇反映闽东宁德市基层干部坚持 23 年"四下基层"的《踏着泥泞抓通路》一文也受到中央领导同志表扬。我和我的同事们，也从基层干部群众那里得到了肯定和鼓励。

前不久，山东省宁阳县的一位乡党委书记给报社寄来一封信，他在信中说："走转改"活动开展以来，小到一个村庄的故事、一个普通人的故事也可以登上《人民日报》的头版甚至头版头条，这在以前是很难想象的。从中可以看出，"走转改"这条路走对了，走到了人民群众心中，走进了新闻工作的真谛中。这样抓新闻，这样办报纸，一定会越办越好！

我自己感到，2011年是我驻福建18年来收获最大的一年。和同事们交流，大家也有同感。通过"走转改"，我们在基层找到了新灵感，写出了好稿件。收获远不止这些。当我们真正走到基层干部群众中间，在敞开心扉的长谈中，体味着根植于大地的勇气与智慧。在相濡以沫的相处中，体验着与时代同行的艰辛与奋进。从一个微笑、一次握手，或者是来自基层干部群众的一条短信中，体悟到一种信任、一份期待，更汲取到一股力量。

最美的风景在身边，最好的新闻在脚下

走基层不容易，奔波在路上，顾不上家、顾不上孩子，对于远在北京的父母更只剩下牵挂；到一线不轻松，酷暑台风是伴随我们的风景，天寒路遥是送给我们的礼物，但火热的一线、生动的基层、朴实的群众，却让我停不下这脚步。

群众意识和平民情怀永远不能忘记。在最基层的生活中，捕捉我们的素材和内容，用群众的视角、群众的感受表达对生活的期望与诉求。不是一脚泥泞、一身灰尘，群众是不会把我们当成一家人，也不会把他们最想说的真实想法告诉我们。不是坐在一张条凳上和群众同喝一壶水、同吸一袋烟，群众也不会认为你是来真心了解问题的，人家自然懒得理你，不会给你捧这个场。

采写《踏着泥泞抓通路》时，我被汽车一个个急弯甩得七荤八

素，突下的寒潮又逼得我不得不临时去买保暖内衣，此时我更深切地体会到了几十年来渔村群众对修路的期盼；采写《十年治荒　山河披绿》时，当我和群众一起呼哧气喘，一步步爬上山顶，看到那曾经寸草不生之地如今绿漫山谷、杨梅飘香时，所有的辛苦都化作满身激情，奔涌笔端。我想说，最美的风景在身边，最好的新闻在脚下。

脂粉何如泥土香，质朴自然胜矫情

基层报道不好写，写来写去四季歌。18 年驻地生活，我对走基层并不陌生。文章自有格式，内容早有套路，改文风，该从何处改起？实践告诉我们：新闻报道的源头活水永远来自实践、来自群众。

"走转改"，就是要求记者走进基层"接地气"、深入一线"抓活鱼"，让文字诞生在亲身经历中，让文章书写在广阔天地间。所谓读万卷书不如行万里路，坐在办公室里、看着电视画面、听着干部介绍，自然也能编出文章，但那永远是人家嚼过的残渣。这样的文章，即使再推敲、再修饰，也难以打动人心。

都知道细节好看、真实、动人，可真要找细节时，却并不容易。不猫下腰放低身段，不动员所有感官，我们怎么可能轻易找到？在闽东宁德和干部们一路走基层回来后，每一闭上眼，那逼仄的山路、陡峭的石壁、翻腾的大海，一幅幅真实画面像过电影一样，飞入脑海。由此，《踏着泥泞抓通路》一文，开笔便无拖泥带水、行文自然畅快淋漓。

行走中捕捉新闻，沉淀中牢记责任

"走转改"应成为记者的工作常态。人民日报社领导提出"走转改"要沉得下、蹲得住、坚持好，要在内涵和外延上不断拓展。我理解，"走转改"对我们来说，就是要永远保持倾情人民群众、关注基层一线的观察维度，这是我们自身的定位，也是职业价值的起点。以此为坐标，剪取报道素材，勾勒人生万象。

社会责任、时代使命，要求一个党报记者，既要行走在路上去捕捉新闻，同时永远不能停止思考，特别是在面对变动、变化、变迁，面对复杂多样的社会环境，要时时保持思考的状态。

好的报道可以有很多特征，但至少应该包含四个特征：见人、见事、见情、见理。只要下去了，前两点不难做到；蹲下去了，融入其中，也会情由心生；最难的是第四点：见理。换句话，就是要有思考、有思想，特别是调研型的"走转改"报道。

"走转改"，给了我们思考的根基，给了我们思想的翅膀。我们更应该以此为起点，时时把"为了谁、依靠谁、我是谁"的"三问"放在心中，用自己的实际行动，向党和人民交上一份满意的答卷。

基层离我们有多远？

人民日报江西分社记者　卞民德

对分社记者而言，基层并不是一个陌生的概念。曾经多少次的采访，都是在城市的社区、工厂的车间、农村的田头。江西共有100个县（市、区），3年间我去过的不少于70个，而且不止一次去过那些偏远的山区乡村。

交通条件的改善，给我们的工作带来了极大便利。即便是路途再遥远的地方，基本上也可以做到一日往返。从这个角度说，在空间距离上，基层离我们很近，但在我们的心里，基层到底有多远？

说起来，这次采写《铁路线上的"蜘蛛侠"》，让我从中得到了一些启示。当初做这个选题，可以说有着许多机缘巧合。长期以来，我与南昌铁路局打交道颇多。就在今年春节，我还与铁道部的工作人员一起，深入南昌铁路局的机车维修车间、九江长江大桥养护一线，零距离地接触最基层的铁路工人。可以毫不夸张地说，我熟悉这个行业的点点滴滴，应该算得上是个合格的"跑口"记者。

遗憾的是，3年来，这些离江西分社驻地不过30公里的接触网工们，却从来没有进入我的视野和笔端。恰逢中央和报社大力开展"走转改"活动，使我有意识地去思考周围有哪些被我忽略的角落。

如今想来，当初之所以没有关注这个群体，关键还是自己的判断出了问题：或许是因为总觉得在他们身上发现不了新闻，写不出能吸引读者眼球的热点文章。

采访期间秋雨连绵，站在 6 米多高的平台上，顿时多了一些寒意。或许正是老天爷这样的帮忙，才让我走进了小伙子们的内心世界。对于一次成功的采访而言，这可能也是最重要的一点。因为没把自己当外人，好新闻自然就出现在眼前。

写出一篇有影响的大稿，引得各家媒体纷纷转载，可能是许多记者的梦想。我也一样，但这并不耽误我们把目光放在身边的人和事上。换一个角度、换一个心境，或许一切都会不同。我想，基层离我们远不远，关键就在于我们的心安放在何处。

在"走转改"中锻造时代精品

新华社记者 赵 承

十多天前，一位 72 岁的太行山老农赶了 1000 多里路来新华社探亲——他就是河南林州白泉村支部书记张福根。

去年 9 月，李从军社长在暮色中带领我们走了 1 个多小时山路深入海拔 800 多米的白泉村，在万壑松涛中，倾听福根畅谈带领群众艰苦创业、脱贫致富的故事。这些故事后来被写入长篇通讯《守望精神家园的太行人——红旗渠精神当代传奇》。这位老农从此和我们结下了不解之缘……

自"走转改"活动开展以来，新华社按照中央领导同志要求，深入基层，结交了很多福根这样的亲戚，与群众的感情更近了，采编人员的思想、业务水平进一步提高，推出了一批精品报道。其中，新华社社长李从军领衔采写的《守望精神家园的太行人——红旗渠精神当代传奇》，总编辑何平领衔采写的《在痛定思痛中浴火重生——从瓮安之乱到瓮安之变警示录》广受赞誉。下面，我结合自己参与采写的《守望》一稿，谈点体会。

走基层，在太行深处寻找思想火花

"生活最深刻，群众最智慧。"这一点不走基层，感受不到。我们走进了太行山，走近了红旗渠。从上世纪60年代到今天，红旗渠精神代代相传。当中国从贫困走向富足，我们该怎样对待曾经拥有的那种精神？今天的人们又该如何继续耕耘守望民族的精神家园？

红旗渠给了我们一个昭示时代的平台。这，就是它独特的新闻价值所在。一个多月时间里，我们跟随李从军社长深入太行山，感受这古老山脉的呼吸，倾听老区人民的心声。我们在采访中思考，在思考中采访，采访干部群众40多位，采访笔记上百万字，召开碰头会就有十余次。

在深入基层大量采访的基础上，李从军社长总结出当代红旗渠的"四不"精神：难而不惧，富而不惑，自强不已，奋斗不息。他说："我们就是要用这'四不'回答总书记提出的'两不'，也就是如何做到'不为任何风险所惧，不被任何干扰所惑'。"

《守望》一文连同图片被400多家媒体刊播。在干部群众中掀起了重温和弘扬红旗渠精神的新高潮。有读者说，《守望》一稿切中了当前社会某些地方信仰缺失的要害，唤起了人们心中那份神圣和崇高。

思想的高度，决定新闻的力度。而要达到这样的高度，就要投身火热的群众生活，寻找并回答时代命题。

转作风，将心比心，以爱换爱

有几个场景，我难以忘怀：

一次握手的故事——那是一次在红旗渠上的采访。70 多岁的李顺昌，正在修渠，满头汗水，满手泥水。从军社长走过去，向他伸出了手。李顺昌手伸了出来，又不好意思地缩回去："我手脏。"李从军社长一把抓住："不脏，不脏。"就是这个不经意的握手，打开了老人的话匣子……

为什么群众能够敞开心扉？走基层，要想听到群众心声，首先必须与他们在思想感情上水乳交融。

一碗面的故事——在渠上采访时，李从军社长问村支书王瑞增："你对上面还有什么要求？"王瑞增说："我最大的要求就是水源一定要保障。没水，老百姓会骂，我们要哭的。"李从军社长说："我一定向市委书记转达。这也是我们的责任！"王瑞增听了连声道谢："下次再来，我让老伴给您做碗手擀面。"

在林州，人们探亲谢客都要请吃面。一碗面，是他们表达亲情的最好方式。一碗面，盛的是本色，更盛着我们与群众的亲情。

一次探亲的故事——就是我开始提到的福根的故事。《守望》一稿播发不久，只有小学文化的福根，花了一天时间给从军社长写来一封 6 页纸的信。信里回忆："您走着两尺宽的小路，拉着我的手，扶着我的肩，沿着小道又说又笑，真好，特别好……"

12 月，农闲了，福根给李从军社长打电话说要来北京看他。12 月 27 日，福根不顾天寒路远，进京探亲。"上次见面后很是挂念，就想来北京看看你们。"和亲人再次见面，福根激动得眼圈泛红。

福根爷孙俩受到亲人一样的款待，他们被带着各处游览，品尝小吃。李从军社长知道山里气温很低，除为爷孙俩和家里人添置衣物外，还特意从家里拿来一床崭新的蚕丝被。他说："你盖着它暖暖的，想到我。"

转作风，视群众为亲人，收获的就是真心话，真挚的爱。也唯有此，才能写出有真情实感的作品。

改文风，就要有大胆创新的意识

作风决定文风。在确立了红旗渠"四不"精神的主题后，为更好体现思想内涵，我们找到了"太行"这个意象。意象，本在文学和绘画里常用，我们在新闻通讯中，将之与内容有机融合，对深化主题起到了重要作用。意象找到了，就像是画好了一条龙，我们还需要点一双眼睛让它活起来——

一天凌晨四点，参与采写的总编室主任刘思扬在睡梦中被电话铃声惊醒，是社长打来的。他说："我想到了一个新的题目：《守望精神家园的太行人——红旗渠精神当代传奇》，围绕守望精神家园这条线，可以把整篇文意打通。你看怎样？……"

此前，我们探讨的题目不下十个。改文风，创新报道，需要付出多少心血啊?!

《守望》一稿播发后，有读者说，没想到，新闻通讯还可以这样写。一个多月的"走转改"实践，是一个"痛并快乐着"的过程，其中有与群众情感交流时的畅快，有被群众热情拥抱的感动，有为全面准确传达群众心声的辗转反侧——这样的感觉是我 20 年新闻生涯中所从未有过的。实践中，我认真思考"为了谁，依靠谁，我是谁"的重大命题。我深刻认识到，基层，永远是新闻的源头；人民，永远是我们的老师。作为新闻人，我们要做党的政策的宣传者，群众心声的传达者，马克思主义新闻观的践行者，努力写出有情感温度、思想深度和时代高度的优秀作品。

深入基层，记者成才的必由之路

新华社贵州分社记者　周芙蓉

"走转改"活动开始时，贵州正遭受自1951年有气象观测资料以来同期灾害影响面、受灾程度、灾害损失最大的特大旱灾。从7月下旬到9月底，我先后深入贵州6个地州十余个特旱、重特旱县，采访旱区干部、群众近百人。

在田间地头察看农作物受灾情况，在群众家中看他们的水缸、米缸，倾听他们饮水、农业生产、下半年生活等方面的呼声，了解他们如何在政府的积极引导下开展生产自救、抗旱救灾。通过见闻形式，我采写了20余篇报道，其中8月18日播发的通稿《天不帮忙不气馁，特旱重旱心不旱》成为新华社《走基层　听民声》栏目开篇报道，9月1日播发的通稿《干部包村包组包户：不让一人断水缺粮》，次日在《新华每日电讯》头版头条刊发。

哪里灾情最重，哪里就有新华社记者。深入基层群众，反映群众呼声，是新华社记者切实履行职责的必备条件。作为新华社记者，必须走到一线，深入基层，表群众之所想，言群众之所难，诉群众之所困。

深入基层调查研究，是记者的成才之路。立足省情，着眼全国大局，是新华社记者必备的能力。而这一能力的取得，不是靠坐在办公室、跑机关、泡部门得来的。只有深入基层、深入一线，才能全面、客观了解实际，通过分析分析，把握大局。从深入基层到写出稿子这一过程，就是锻炼记者的过程，年轻记者要多几次这样的磨炼，才能尽快"上路"。

深入基层调查研究，才能炼就朴实的文风。源头有"活鱼"，基层天地阔，只有深入群众，才能用群众朴实、鲜活的语言写出打动人、感染人的稿子，才能用群众喜闻乐见的方式采写报道，才能与群众心贴心。

深入基层调查研究，才能写出有"温度"的报道。人民群众是社会的主体，是我们党紧紧依靠的力量。要始终把笔触、镜头对准普通群众，了解基层动态，反映一线实际，才能准确把握社会脉搏，反映时代要求，采写出有影响的报道。

行程万里探水文　脚踏泥土传真情

光明日报经济部记者　何　平

　　在这次"走转改"活动中，我和另外两位同事王国平、韩寒组成了一支基层水文站调研小分队，用 11 天的时间调研了青海、重庆等五省市的 5 个基层水文站，在《光明日报》大视野版整版推出了"走基层"特别报道《默默芬芳最动人——献给"把脉江河"的水文工作者》，描写了长期工作在高寒边远、潮湿溽热地区工作的水文人的坚守与奉献，反映了他们的心声和期待，在社会上引起强烈反响。

　　稿子见报后，水利部部长陈雷专门做出批示，对《光明日报》关注基层水文职工表示感谢。常年驻守在海拔近 4000 米的黄河上游玛曲水文站站长晁代河说，通过媒体的宣传，水文职工艰苦的工作生活环境会为更多人所了解，基层水文站存在的困难也将会逐渐改善，水文的明天一定会更加美好。

　　自新闻战线开展"走基层、转作风、改文风"活动以来，光明日报社迅速响应，并探索如何进一步深化"走转改"活动。在报社领导的周密安排下，我们的调研小分队打破部门界限，由经济部、策划部、文艺部等编辑部门的三位年青记者组成，发挥团队优势，经过与水利部的沟通，选取了青海循化撒拉族自治县循化水文站、重庆忠县中坪村两河水文站等五个基层水文站作为调研地点。

之所以选择"基层水文站"作为调研题目，原因有两个：第一，是因为水文工作相当重要，但却少为人所知。汛期防洪、枯水期蓄水，以及平时大型水利工程、市政工程的建设都需要水文数据。2008 年汶川地震时我曾经在唐家山堰塞湖采访，抢险队伍撤离后，堰顶只留下了三位水文人在坚守，向指挥部报送堰塞湖排险决策的基础信息，水文的重要性可见一斑。但与水文发挥的巨大作用形成鲜明对比的是，水文人却大多默默无闻，大家对水文人的工作和生活情况知之甚少。我们在江西采访时，有一个水文职工说曾经在网上发过一张他们观测水位的照片，问网友"这是什么工作的场景？"，没有几个人答得上来。

第二，是因为水文工作相当枯燥和艰苦，向社会反映他们的生存状态很有意义。由于采集水文数据的需要，很多水文站都设在偏远地区，那里人烟荒芜，交通不便。他们每天的工作内容基本上相同，枯燥的工作要日复一日、年复一年，搜集数据一天都不能间断，要一直坚持下去，一干就要干一辈子。有一次，我曾经去过西藏阿里地区的水文站进行采访，那里平均海拔超过 4300 米，水文职工次仁尼玛 2001 年从都江堰水电学校毕业自愿到条件艰苦的阿里地区从事水文工作，一干就是十一年整，任劳任怨，从不叫苦喊累，不向组织提任何要求。他们的敬业精神和对工作的执着值得颂扬。

为完成这篇报道，我们行程数千公里，采访历时 11 天，抵达了地理位置偏远的青海省循化水文站，山路难以行进的重庆市忠县

161

两河水文站，交通相当不便、要坐车坐船再换坐小筏子才能到达的鄱阳湖棠荫水文站，以及掌握着全市 200 万人饮水安全的山东青岛崂山水库水文站。

11 天 5 省的采访时间很紧凑，除了睡觉，我们几乎都在不停地和水文人进行沟通和交流，吃饭也成了工作餐，尽量让他们说出心里话，讲述他们自己的故事。有时候盘山公路很颠簸，同事们都晕车了，在用手紧紧拽着扶手保持平衡的情况下，还不忘采访同车的水文人。11 月份的青海已经很冷，一早的气温都能到零下 10 度，黄河上的风也刺骨；但 11 月份的南宁还很热，从测船上岸的几步路，衣服就被汗浸得半湿。而在重庆，我们住在村子里，一墙之隔，外面就是大山。

稿子的四个小标题：水文人说："一天一个点，一年一条线"，是希望通过形象的语言来介绍水文工作的内容和性质；村民说："水文人是鸭子变的吧？"是为了反映水文工作的艰苦和水文人的敬业；孩子说："发大水的时候，我爸爸能上电视"，是为了介绍水文工作的作用；鹩哥说："小郭，测流！"，是为了反映水文人在枯燥的工作中寻找快乐的积极心态。这些标题都是通过与采访对象深入交流得来，相当口语化。

稿子还反映了水文人目前存在的困难。水文人不仅存在地域性和行业性的职业病，例如高原肺气肿、血吸虫病，以及行业普遍存在的风湿、关节炎、胃病等，水文行业发展也面临着后继人才匮乏的难题。

值得欣慰的是，看到报道之后，分管水文工作的水利部副部长刘宁表示，要结合光明日报开展的"走转改"基层水文站调研活动，进行专题调研，解决基层水文站发展中存在的实际困难。前不久，在黄河包头段封凌的关键时期，刘宁副部长带队调研了当地三个基层水文站，专程邀请光明日报作为唯一一家新闻媒体参加。

脚下沾有多少泥土，心中就沉淀多少真情。光明日报社编委会提出，"走转改"不仅是一次活动，更要制度化，经常化。今后，我们将带着真情融入基层，一定会写出更生动的作品、写出更深厚的作品，传递来自老百姓的声音，表现老百姓的喜怒哀乐。

深入"走转改"，我们一直在路上！

"走转改"中的行与思

经济日报记者　齐　平

　　"行与思"，是《经济日报》刊发的调研报告《一个产业小镇转型升级的行与思》中的关键词。其实，对于每一名新闻工作者而言，不断推向深入的"走转改"活动，无异于一次职业精神和职业素质的"转型升级"；而行与思，既是"带着问题采访、带着思考调研"的一种状态，也是在"走转改"的过程中不断探索、坚持创新的一种导向。

　　"走转改"活动开展以来，在报社领导身体力行的示范带动下，经济日报报业集团已有400多人次深入基层蹲点调研，基本做到了全员覆盖。

　　随着活动深入推进并转向常态化、制度化，在确保一线蹲点取得效果的同时，经济日报积极探索把"走转改"活动与重大报道、热点引导、舆论监督结合起来，与报纸的改进创新工作结合起来，在广度和深度上进行拓展，彰显经济报道的特色。载体上，策划先行，创新运用专栏、专版、专题等，使"走转改"报道"拉长"、"拓宽"、"变深"，各类报道的分量更足了。选题上，将党和政府的政策要点、各地各部门的工作亮点和社会舆论的关注点结合起来，直面难点、热点问题，回应社会关切。

"走转改"活动开展以来，报社先后组织过多次对中小企业的调研，我有机会参加了其中的两次，这种"带着问题采访、带着思考调研"的历练，使我受益匪浅。

2011年下半年以来，社会上关于中小企业融资难的各种反映很多，时而传来企业主因资金链断裂"跑路"的消息，不少人认为中小企业整体上有脱离实体经济的倾向。真实情况到底如何？经济日报编委会要求记者深入基层一线，通过全面调研，了解中小企业的生存发展状况，分析存在的问题及成因，在形成对当前中小企业发展的整体思考的基础上，提出可行性解决途径。

2011年9月下旬，社领导带队到浙江诸暨店口镇蹲点调研。我们采访组一共5名记者，在一周的时间里，我们深入十多家民营企业的工厂车间，看产品、问市场、算成本、谈转型，其间还多次与诸暨市和店口镇党政负责人深入交流，倾听他们对当前形势的判断。每天的采访结束后，我们还要开一个碰头会，讨论采访情况，确定稿件主题，选择报道角度。

调研的过程就是这样一个行与思互动的过程。经过这个反反复复的过程，在我们的认知里，中小企业群体的轮廓越来越清晰，地域文化的特征也越来越鲜明。

"到店口镇之前，我们以为当前中小企业最大的问题是融资难。但深入这里的企业后，我们发现缺乏资金并不是他们遇到的唯一难题，吸引人才、研发技术、产品转型、品牌建设等，都是迫在眉睫的问题。"采访感言里的这段话，真实地记录了我们认识的转化。

店口镇调研报告刊发于2011年10月3日。10月12日，国务院常务会议研究确定了加强小型微型企业金融服务和财税扶持的政策措施。我们逐条分析，为调研采访的结论符合中央的精神而感到高兴。

去年11月初，我再次参加了报社组织的"走转改——中小企业调研行"。这次调研从7个新闻业务部门抽调24名记者，其中前方记者20人，组成3个调研组，分赴珠三角、长三角和福建省三个制造业聚集的地区实地调研。在一周时间里，我们进企业、下厂房，分别采访了9个地区的52个企业、44个政府主管部门，采访对象上百人，收集到大量鲜活真实的第一手素材。

行成于思。出发前，报社制定了详细的活动方案，每位记者手上都拿到一份长长的采访提纲，上面罗列了从现实描述到解决方法的70多个具体问题，据此基本可以勾勒出一个企业的面貌。这份提纲是每位记者赶往调研地途中的"手边读物"。

马不停蹄的调研回来后，按照社领导的要求，我们没有立即动手写稿，而是多次召开情况汇报会，各路记者相互交流，对三个地区的相关资料进行分析、归类和总结，找出当前中小企业存在的共性问题。在后期为特别报道《风雨中向前行——我国中小企业聚集区生存状况扫描》统稿时，我感到正是由于前期"行"得扎实、"思"得充分，我们的分析判断言之有物，我们的对策建议言之有据。

我所经历、所参与的，只是经济日报在"走转改"活动中诸多精彩的一个片段，但这段行与思的实践足以使我体会到："走转改"是对新闻本原的回归。"走转改"活动不仅锤炼了我们的职业精神，也提升了我们的专业水准。因为要解答纷繁复杂的经济社会问题，答案永远在路上，永远在基层。走出去、沉下去，才有视野的不断拓宽，才有认识的不断提升。

　　作为一名行进在"走转改"途中的新闻记者，我要和同行们一样，继续练好"扎马步"的基本功，只有蹲的姿态更持久，行的脚步才更坚实，思的羽翼也才更高远。

一次"未完成"的采访

经济日报农村新闻部记者　张　雪

今年9月，我有幸参加报社组织的"走转改"报道活动，前往位于江苏省的东海县蹲点采访了一周的时间。每当回想起那一周见到的人，听到的事儿，很多很多的细节，都会立刻清晰地出现在眼前和耳边。

我们这一次"走转改"的目的地——东海县位于江苏省东北部，是个农业生产的大县，是全国农业综合实力百强县、全国粮食生产县标兵、首批五十个商品粮基地县之一。近几年，东海县的蔬菜、鲜花、水果等特色农业发展的有声有色，直接带动了当地农民的增收致富。我们此次走转改采访报道就是要探寻东海县发展特色农业的经验。

没出发之前，我心里一直都在猜想，究竟这次下去能采访到什么人，遇到什么新鲜事儿，会写出什么稿子……带着兴奋和紧张的情绪，我们采访组到达了东海县。

第一站是北芹村，当地的绿色大棚蔬菜小有名气。我们进村的时候，正好赶上下雨降温，村里的路不太好走，一走脚下就和泥。当地人告诉我们，现在是农忙季节，农民们都顾不上回家，每家每户都守着自己的大棚吃住。听到这个消息，我们采访组放下行李，就直奔了采访的第一现场——蔬菜大棚。老乡们临时住的窝棚条件非常简陋，只有几平米，基本没有下脚的地方。老乡见了我们很紧张，羞涩地直搓手，不知道说些什么。要获得我们需要的采访素材，必须先缓解他们的情绪，顾不上外面飘着细雨，我们搬着小板凳和老乡一起坐在地头，就从最家常的话题和他们聊起，慢慢的，老乡的情绪放松下来，我们终于进入采访的正题。

为了获得最贴近普通农民真实生活的素材，我们尽可能做到和老乡"同吃同住"。有一天早上和老乡吃早饭，小餐桌上摆了几盘小菜儿，说是刚从地里摘下来的新鲜菜，有机绿色，一尝味道果然不一样，我们连连称赞，并顺势就这个话题和村民聊起，他们自然而然地讲起发展蔬菜的经过，这几年的经验是什么，遇到的难题是什么，没想到，在早饭的饭桌上，边吃边聊收获了很多有意思的素材。

北芹村搞蔬菜大棚，谢学军是第一批吃螃蟹的人。2008年，他贷款5万元建起大棚，当年还清贷款。这些年，老谢家的生活在当地政府的帮助下越过越红火。特别是种上大棚蔬菜后，他家生活的变化更加明显。"闺女、儿子结婚，俺各买一辆车。兜里有钱，俺们敢花！"当我提出去他家时，谢学军赶忙喊女婿开车来接。坐在他家的二层小楼里，听着老谢讲起过去生活的无奈，和对现在生活的种种满足，我突然发现，发自内心的、知足的笑是那么的有感染力，这笑或许就是对北芹村这些年发展成果的最好表达。

我到今年工作4年多时间，采访就是我的日常工作，但是坦白讲，并未见得每一次采访都能有机会、有条件、有时间像这次"走转改"一样，把脚步放得很慢，坐下来认真听采访对象讲述自己的故事。坐在老谢的家里，听他带着浓重乡音的讲述，有一刻，我感到自己的内心安静下来了，会随着他的讲述或喜或悲，感同身受。如这般和采访对象建立平等的沟通，听听他们在想什么，在盼什么，这种交流是记者这种职业最享受的时刻之一。

对于我这个年轻记者来说，这次"走转改"是一堂生动的新闻采写课。我们采访组，社长、主任、站长都是非常有经验的新闻工作者。我们白天采访，到了晚上还要坐在一起，汇总白天采访到的素材，探讨报道写作的思路，研究第二天的采访方向。在那几天，一早出门采访、晚上交流、写稿的工作节奏很紧张，但是很充实。实战的方式一举多得，让我有机会观察这些老师们是如何拉近和采访者的距离，如何捕捉到活鱼，如何对稿件字词句的把握更加精准。他们或言传或身教，不光指点我完成了报道任务，更让我体会到新闻行业所需要付出的认真、敬业。我想，对于一个记者来讲，随时随地都可能是采访现场，要学会在采访过程中甚至是在生活里，保持自己的眼睛、耳朵处在一种接收状态，保持好奇心，学会发问，更要学会倾听，学会用心去发觉选题。

在出发之前，我对"走转改"的认识只停留在字面，我总是会想，一趟"走转改"除了采访和稿件以外，究竟会收获什么？短短几天下来，这个问题总算有了答案。

"走转改"绝不仅仅是一次活动，更是对记者一种长期的、基本的要求。每一次采访，只要静下心，做足功课，坐下来和受访者真诚交流，抓住细节，碰出火花，写出鲜活的稿子并不如想象中的困难。我想，"走转改"更像是一种需要持之以恒坚持的工作态度。

同时，我也感到要在短时间内完成好采访，写出合格的稿件，依靠的都是平时的积累。记者是个"偷不得懒"的职业，只有把功夫下在平时，对自己报道的领域多关注、多思考，才会形成自己的认知和判断，才会在采访中敏锐地发掘亮点，写出有独到视角的报道。

　　这次"走转改"的稿件已经完成，但我想，这次的采访却还没有结束。在北芹村，有一个人让我印象深刻——村支书王文辉。在采访的几天时间里，他陪着我们到大棚、进农户，我们采访，他就在旁边听，时不时地插话补充。一天早饭闲聊，他突然问我，"你们记者去过那么多地方，见多识广，能不能告诉俺哪里的经验值得学习，种植、养殖、办厂都行，俺们农民没去过那么多地儿，还想着多了解点致富信息，俺们村儿的下一步发展该咋办，你给出出主意吧！"这话我后来反复听他提过几回，一脸真诚地向我们采访组的每个人"请教"。当时，对于他的提问，我并没有立刻给出答案。

　　但这之后，这个普通的基层干部的发问却反复出现在我的脑海中。我一直在思考，到底我们的一次"走转改"，或者推而广之，一次采访究竟能带给当地，带给被采访者什么，又该带给他们什么？我想这一次次的采访不能仅仅在表面做文章，而是应该通过大量扎实的采访，在表象中发现共性的问题，提出问题并且尝试思考解决之道，总结规律、经验或是教训，为一些老百姓关心、社会关注的焦点问题寻一个答案。

　　像这次到苏北，我能感觉到这些从前并不算富裕的普通小村，已经从自身实际出发，结合市场需求，找到了一条条致富路。但是这仅仅是开始，我们采访到的普通农民都对未来的生活充满希望和想往，他们有很多朴素的愿望，也有一些自己想不清的困惑，就如王文辉一样，盼着有人给他们指条路，或是解个难。我想，这些基层普通人的发问，那些牵动他们喜怒哀乐的事情都该是我未来每一次采访的主题，我应该去关注，去帮他们寻一个答案。从这个角度讲，我的这次采访并没有完结，我会带着这个题继续出发，把每一采访都当作一次蹲点。

追寻心中的太阳

解放军报记者　林贵鹏

一位资深记者曾说："无论一人一事的采访报道，还是大型活动的系列文章，我们触及和感怀的，是那些阳光般闪亮和暖心的主题及内容。"

2011 年 6 月 15 日早晨，我登上延安群山之冠的宝塔山，看日出壮景。后来，我在日记里这样写道："我们就是这样，身体沐浴着现实的阳光，心灵追寻那历史的'太阳'，5 月 7 日从中国共产党党旗升起的地方上海，一路风尘仆仆走到延安的。"

这次"走基层·中国边海防巡礼"大型采访活动，到云南前就已刊发了 50 多期稿件。无论边地新颜，还是戍边官兵精神风貌，都有不少体现。不少闪亮的、暖心的题材，都已见报端。我心中的太阳，究竟从哪喷薄而出？

此前，我曾十分茫然，生怕没有好的素材可采写。而当我走进边防，深入军地、深入基层采访后，才发现处处是看点，俯拾皆文章。那么，该如何选择，怎样采写？

边防军人的故事，并不轰轰烈烈，却暖人心扉。他们的爱，像阳光一样明媚清澈。德宏军分区某边防团六连戍守的边防线，有稻田田埂，有引水沟渠，还有寨子里的篱笆墙。排长刘光良说，中秋那天，他给奶奶打电话，不料老人几度哽咽。来到边关，戍守边防，才发现心中模糊的国境线，原来就像一沟渠水、一栏围篱那样鲜活生动；才真正理解和深爱国与家。刘光良说："忠孝不能两全，每当想起奶奶，我就在心中默默为她祝福。"

他们的爱，至柔而又至刚。某边防连连长陈自武，妻子今年五月为他添了一对双胞胎儿子。他家离驻地不很远，可为了高标准做好上级赋予的后勤生产建设试点工作，几个月来，陈自武带领大家建大棚、盖猪圈，风雨无阻。期间，他只回了一次家，见了两个可爱的宝贝一面。想他们的时候，陈自武就拿出照片，深情端详。

这份感人至深的爱，朴素而崇高。"走基层·中国边海防巡礼"，我所采写的 10 篇文章，都是在这样的感动中完成的。她们宛如水滴，从不同角度，折射出了这份爱的无私和永恒。

中国边海防，绵延几万里，东西南北地理气候差异大。而边海防官兵的这份爱，没有差别。那天清晨，我从阿佤山返回。乳白色的雾霭，萦绕山间。东方，红日染红遥远的天际，一点点、一线线、一片片，渐次蔓延。少顷，红绸帷幕似的天边，拉开了一角，色如炽铁的太阳，努力爬升着……

那一刻，我想起了在延安看到的日出壮景。那一刻，我终于明白，边防官兵博大无私的情怀，就是我走基层、中国边海防巡礼所追寻的——心中的太阳！

八月，被困海拔5400米风雪无人区

解放军报记者　孙兴维

作为一名跑边防的记者，走边防的时间长了，对边防道路的艰险也没有什么"感觉"了。然而，今年8月在喀喇昆仑山采访中，我们一行被困在由空喀山口边防连至甜水海兵站海拔5400米的风雪无人区的经历，却让我终身难忘。

那时，我们刚刚结束了近20天阿里高原之行采访任务，驱车从阿里高原前往喀喇昆仑山采访。8月19日下午，我们从班公湖水上中队出发，前往空喀山口边防连，经过5个多小时的高原跋涉，来到了空喀山口边防连。

此时，虽是盛夏季节，在北京还是光着膀子吃夜宵的季节，但当我们行走在雪山之巅，高原的风吹得让人直打哆嗦，走进连队，一股热浪扑面而来。原来，连队一年四季都要烧暖气。

由于天色已晚，我们决定在连队过夜，晚上还没有睡下，就感觉到胸闷、气短、头痛欲裂，但看到战士们精神昂扬的状态，我们也只能一忍再忍。要知道，我们在这里才过一夜，而他们一呆就是一年。半夜，伸手不见五指，空旷寥寂的天空飘起了纷纷扬扬的雪花。因为高原反应，我们难受得够呛，整个晚上"似睡非睡"了2个

175

小时左右。

从海拔 5040 米的空喀山口边防连出发

好不容易熬到天麻麻亮，我推开窗户一看，远处的大山白雪皑皑，连队门口穿着雨衣的哨兵就像一个"雪人"，我第一个反应，妈呀！8 月份就下这么大的雪！

为了赶路，炊事班兄弟早早起床，为我们准备了一大铝盆稀饭，烙了一塔子香喷喷的饼子，我们也没有什么胃口，每人简单吃了一点就直奔甜水海兵站。

出发时，连队官兵还没有起床。我们一行在纷飞的雪花中出发了。

车行在海拔 5000 米的风雪高原达坂路上，就像在雪地上"跳迪斯科"，窄处，盘旋于冰达坂腰身，左有悬崖，右有峭壁，只有一车之宽；宽处，顺卧在高原平川，有时是"八车道"，有时是"十车道"……这是一条挑战极限的"天路"。

越走海拔越高，空气越稀薄，抬头望去，高山两侧，银嶂高悬，雪山冷峻，让人不禁直打颤。我一上车就头痛、恶心、胸闷、气短，一路昏昏沉沉，一路险象环生。

海拔在一个劲地往上窜，高原的道路状况越来越差，一路上"S型路"、"V型路"、"W型路"，让本来就被缺氧折腾得恶心、呕吐不止的我更是雪上加霜，尽管不停地往嘴里塞"丹参滴丸"，还是无济于事。

在这伸手可以摸到天的地方，汽车就像在高原雪地里"蜗行"，车上 4 个人没有一个人说话。此时，我透过车窗，天连着地、地连着天，天地一片白茫茫，有一种不祥之兆涌上心头……

被困海拔 5400 米的风雪无人区，
成了与世隔绝的"雪海孤岛"

"不行，我们调头回吧！"我提了个建议。这时，我们离开出发地已走了 20 多公里。

"高原的天气就像小孩子的脸，说变就变，再往前走走，试试看吧！"同事们坚持说。

然而，行车不到 1 小时，大雪越下越大，一开始，我们还能靠沙石路边的土堆标记行车，后来大雪把整个标记全部覆盖，眼前的道路越来越看不清了。此时，我们离开出发地已走了大约 60 公里。

好不容易翻过一座冰达坂后，本来想天气会有所好转，但现实并不是我们想象的那样，当我们行到海拔 5400 米的"八一"达坂时，心情再次"跌"入底谷。

雪下得让人睁不开眼，地面看不到一点道路的痕迹，路况、天气更糟糕！此时，连刚上路时还"吹牛"说"天路"上有多少座达坂，多少道坎，多少弯道，多少座山，都能说得一清二楚的驾驶员小王，也是脸色铁青。

"路似朽绳，命如秋叶。"一位诗人走完川藏公路，写下这样的话。而此时，此段路比川藏公路还要险上很多倍，抬头往下看，险沟陡坡让人一眼看不到底。在这一侧是崖壁，一侧是万丈沟壑的悬崖路上，稍有不慎就可能车毁人亡，车再也不敢往前走了……

车终于停下来了。这里属于无人区，我们 4 人的手机都没任何一点信号，冰冷的寒风不停地往骨髓里钻，无情的雪花在一个劲地扑打着脸庞。

"冷！""冷！""冷！"

在这个前不着村、后不着店的无人区，我平生第一次真正感受到了生命的无奈、无助与绝望！

此时，我才明白为什么许多前辈在上高原采访时，有很多时候他们在上山前都写下"遗书"的初衷了。

手机在无人区成了摆设。

叫天，天不应！喊地，地不灵！如果被困这里，没有任何地方可以藏身，时间一长，雪再下大，车辆燃油耗尽后，一晚上就能被活活冻死！

"赶快原路返回！"此时，在前后无路，进退维谷的情况下，大家在最快时间内达成共识。

然而，刚开始还能看见来时的车辙印，没走几公里，车辙印也全被大雪覆盖了。

天啦！

没有路了！怎么办？天上天下一片乌黑。

我们3人当机立断，轮流下车在风雪路中步行，为汽车"带路"，在海拔5400米的高原大雪中，每前进一步都十分困难。

突然，转过一个"回头弯"，汽车绕过峭壁打向路面时，只见明晃晃的一片，还没来得及反应，汽车已驶向冰面，"哧溜"一下打了横，向百米深的悬崖滑去。千钧一发之际，小王冷静处置，把车停在距悬崖仅有半米远的路边。

好险呀！

这时，虽然外面是 -30℃ 的天气，但我们一行的衬衣却被冷汗湿透了。

我们3个人碾着吱吱作响的雪地，"带着"汽车，翻山越岭走了不到1个小时，汽车任凭驾驶员怎么加油都在原地打滑。无奈，我们只好推车，走了两三米，又打滑，没有办法，大家只好脱下棉大衣垫在地下，让车辆通过险段。

险情一个接一个，大家此时都在一个劲地看着前面的道路。返回的路程走了近一半时，大雪又扬威了，路面窄、滑、软。

我们一行嘴上不说，心里都在打鼓。驾驶员小王遇到情况多，但8月像这样的天气还是第一次碰上，但他还是强装着给我们打气："没关系，马上就走出去了！"

只见小王驾车在雪路上，车身左摆右晃，时而贴近山壁，时而沿着悬崖，驶出了这段500多米长的最艰险的"S型"路……

小王告诉记者，这样的惊险故事，几乎发生在我们每一名高原汽车兵身上，没有谁是天生的勇士，天路汽车兵的胆子都是"吓"出来的！

雪越下越大，地面的雪已厚达60厘米，每抬一脚都十分艰难。风越刮越猛，然而我却全身冒汗，双腿也不听使唤，一步三喘。

在翻越一个冰达坂时，我走在前面给汽车趟路，在攀登斜坡时，突然，脚一滑，滑下去十几米远，幸好被一块大石头挡住了，只能趴在冰雪路面上匍匐爬上来，疼得我半天站不起来。坡不太陡，但因为呼吸困难，我脸色铁青，嘴唇乌紫，呼哧呼哧的喘气声像拼命拉动的大风箱。此时此刻，我深刻体会到了"就是死在雪山上，也不想再挪动半步"的感觉。爬上斜坡，我们都一屁股坐在了雪地上大口喘气。

……

就这样，60 公里的雪山达坂路，我们足足走了 6 小时，也没见到一辆汽车路过。回到空喀山口边防连时，我们整整走了 10 个小时。驾驶员小王说："像这样的情况，遇到了就得认，别无选择，谁让咱是高原汽车兵呢！"

我们简单休整后，又沿另一条道路继续采访。

返回空喀边防连，我们另选道路时，
再次被困海拔 5000 米的风雪无人区

经过这次行车经历，我们决定更改行车路线，从空喀山口边防连到班公湖，从班公湖上 219 国道，再到三十里采访我特种兵高原跳伞。

没想到，这条路也是大雪封山，当我们从空喀连队走出不到 20 公里时，再次被大雪困阻。

此时，某边防团工兵连正在进行边防公路维修，工兵连驾驶员吴斌、姚文晋用铲车将我们被困的车辆牵引出来，又在前面给我们开道，让我们得以走出困境。

此次采访一行虽然成功避险，但驾驶员小王的一席话，让我久久难以忘怀。

"新疆人稀地广，有时候车跑半天也见不到一个人影，眼睛里连续多天看到的都是同样的景色，雪山、戈壁、泥巴路，耳朵听不到一丝别的声响，心理素质不好的，真会被憋疯。"驾驶员小王讲起驾驶员的生活，面部表情极其夸张。

在高原哨所采访的日子，我们每天都被边防官兵的奉献情怀感

染着、感动着。这次高原之行，虽然吃了很多苦，经历了很多险情，但我先后采写、拍摄、制作出 500 多篇（幅、段）文字稿件、图片、视频，获得了读者和网友的好评，收获很大。这次采访经历，再次证明了"脚板底下出新闻"。

亲历基层方能探掘文化新气象

中央电视台记者　梁铮铮

　　怎么让农村的大小读者也能"站在书堆上看世界？"近年来，出版界一直在想办法，有很多尝试已经取得了不错的效果。今年9月，我深入浙江、江苏多个乡镇，对浙江的"小连锁"发行和江苏的农家书屋进行实地调研，采制了两篇深度报道《书店开到农民家门口》和《农家书屋：建好更要用好》，在央视新闻频道《文化新气象》栏目中播出。在两周的时间里，我们跑了10多个乡镇，对农村读者的阅读需求、"小连锁"的经营智慧、农家书屋的运行模式等问题有了新的认识。

农村孩子也要看《赛亚号》

　　农村的读者喜欢看什么样的图书？以往人们印象中更多的是农技类图书，看书的主要目的是解决生产中遇到的实际问题。但这次通过实地采访，我们发现，农村读者喜欢看的图书和城市读者其实没有本质的差异。

　　孩子们要看青春文学，韩寒的、郭敬明的，要追《赛亚号》的最新一期。我采访的方奕正和他的同学们就特别喜欢《赛亚号》，方奕正说，因为《赛亚号》里创造了一个全新的世界，他也希望有这样的创造能力。而大人也不只是关心农业技术的新进展，喜欢历史题材、军事题材的读者也很多。生活好了，老年人要看看养生，年轻人要读诗歌，这些都是我们在采访前没有预想到的。

这样的阅读需求能被满足吗？浙江的"小连锁"虽然把书店开到了农民家门口，可怎么保证孩子们能够"同步阅读"？对于已经基本覆盖了江苏所有行政村的农家书屋来说也是如此，在全覆盖之后该怎么跟上读者的阅读需求？在后面的调查中，我们逐步找到了答案。

"小连锁"服务有底气

浙江省开创的"小连锁"的发行模式是由农村民营书店提供场所、人员加盟，新华书店统一配货、管理，把新华书店延伸到了农民家门口。在采访中我们了解到，这种加盟并不是换一块金字招牌那么简单。从铺货、上架、分类、营销，都有县新华书店的专员来进行指导，如果图书卖得不好，还能够向县店退换。

能够实现这种"小连锁"发行的基础是，浙江省新华书店几年前就投资亿元建立了统一的网络平台，有了这样的平台，乡镇的读者不仅能选择门店陈列的几千种图书，还能在浙江省店的几十万种书中自由选择。这样"有活力、有背景"的"小连锁"书店自然会受到农村读者的欢迎。

在采访中我们深刻地感受到，把书店开到农民家门口，改变了孩子们一年只有寒暑假才去县城买书的习惯。现在在一排排书架间，中午和下午放学的时候，经常会晃动着很多小脑袋，从他们入神的眼睛里，我们读到了很多满足感。

"渔家书屋"管理员的心愿

在江苏省洪泽县老子山镇新滩村，我们认识了一位"渔家书屋"的管理员，他叫段成付，是新滩村的村支书，虽然是一位兼职的书屋管理员，但老段的工作可做得一点也不马虎，这个书屋就建在他的"住家船"上，书屋内整洁明亮。几个大书橱背墙而立，除了农技书、文史书，还摆放了很多孩子们看的书。

老段从青年时代就一直特别爱看书。科技类图书帮他变成了养蟹能手，他特别想让渔民们也享受到阅读的乐趣。最初他自己购置了几百本书建起了"渔家书屋"，后来被纳入农家书屋工程，洪泽县文广新局每年都会为他的"渔家书屋"配置新书。现在他的书屋有藏书2000余册、光盘200余张、期刊20种，配置了书架、电脑等设施。

新滩村是水产养殖（包括特种水产养殖）村，县文广新局对他们的书屋侧重提供了水产养殖实用技术类的书籍。在采访中，一些渔民告诉我们，这些新配置的图书包含了很多水产养殖的新技术，非常实用。

老段说，现在他还有一个小小心愿，就是反映市场动态的杂志如果能更多一点就更好了。因为目前的图书杂志有一部分还是统一配送的，像一些种植类的图书他们用不着，老段就通过"手动"的方式找上一级进行调换。如果以后配送系统更加发达了，能够实现个性化定制，那他的这个"渔家书屋"就更具吸引力了。

流转让图书"活"起来

告别了老段，我们又来到张家港探访他们的农家书屋"图书流转"新模式。在不少村子里我们发现，不少时下流行的图书都能在他们的农家书屋里找到。在一些外来务工人员集中的地区，农家书屋里还配置了成功学和生活休闲类图书，特别受年轻人的欢迎。一位年轻人说，他觉得现在在农家书屋里看书和在北京图书馆里看书没有什么区别。

是什么让这些打工者有了这样的自豪感？通过采访调查我们发现，张家港市将市图书馆和农家书屋的资源整合起来，建立了农家书屋图书流转中心，每隔几个月就会把农家书屋中的部分图书回收到流转中心进行调配，就像农村小连锁背靠大新华书店总店一样，小小的农家书屋有了市图书馆的馆藏作为依托，让农村读者有了和城里读者"同步阅读"的感觉。

不过这项新的制度推行以来，由于整个图书馆在数据库系统上还没有完全形成配套，有一些工作还需要靠流转中心的送书员人工完成。比如，一本书到底去过哪些农家书屋，有着怎样的流转过程，计算机现在的系统设置还不能显示，工作人员就通过手工记录的方式弥补这一小小的不足，这自然增加了他们的工作量。但送书员告诉我们，每次到农家书屋，看到老乡们拿到需要的图书的那股高兴劲，就觉得之前的辛劳都是值得的。

品读"阿尼帕的故事"

中国国际广播电台记者　赵　祎

2011年10月，我随中国国际广播电台"走转改"北疆报道组赴新疆阿尔泰地区采访。此时，"走转改"活动正如火如荼地在全国展开，作为一名年轻的外宣媒体记者，能够亲历其中，当真是获得了一次宝贵的学习与实践机会。我们的探访对象是2011年9月在北京接受了第三届全国道德模范荣誉的维吾尔族老人阿尼帕·阿力马洪。"走转改"之行让我感慨良多。

阿尼帕的家在中蒙边境青河县县城的一个小院里。走进主人家的客厅，桌上早已摆满了丰盛的维吾尔族款待客人的茶点：奶茶、酥油和馓子。老妈妈招呼我们入座，并热情地邀请我们趁热喝茶。其实，她并不会讲汉语，也只能听懂一点点。但是，从她的表情与动作上我们完全可以感受到她的热情好客。宾主的沟通是借助一位维吾尔族大叔翻译的。于是我们开始与老妈妈拉家常，在这过程中穿插一些想了解的问题。妈妈很认真地聆听翻译转述给她的话，有问必答，而且，不时地示意我们喝茶，品尝点心。

阿尼帕·阿力马洪，今年72岁。老人一生的"事业"就是做一位"母亲"。从1963年开始，老人先后收养了哈萨克族、回族、汉族 3 个民族的 10 个孤儿，加上亲生的 9 个孩子，阿尼帕共养育了 4 个民族的 19 个孩子。"手心手背都是肉"这句俗话在阿尼帕这里得到了最完美的诠释，因为她认为所有孩子都有着自己的血脉。从前，阿尼帕丈夫工资微薄，难以维持家用，为了不让孩子们饿肚子，夫妇尽可能地找工作干补贴家用，特别是阿尼帕，什么活都干，有时还去做连强壮小伙都不愿干的高强度劳动。那时，家里还有一台缝纫机，阿尼帕就把孩子们冬天的厚衣服拆成单衣，夏天穿，夏天穿完再絮上棉花冬天穿。一件衣服大点的孩子穿完小孩子穿，然后再给更小的孩子穿。阿尼帕夫妇含辛茹苦地将这些不同民族的孩子抚养成人，无论经历怎样的困难，他们始终没有动摇过，在他们眼里，这个家庭没有民族之分，不论亲生的还是收养的，他们都视如己出，一样对待。在这个大家庭里，不管贫穷的过去，还是衣食无忧的今天，他们彼此没有内外亲疏，大家共同享受这家的温暖。

阿尼帕还热心公益事业，多次捐款捐物救助需要帮助的人。她曾荣获首届新疆"十大杰出母亲"、全国"十大公益之星"、2009年度"感动中国十大人物"、全国"民族团结进步模范个人"，入选《中国国家形象片——人物篇》，荣登"中国好人榜"，并多次赴京受到中央领导的接见等等。

是的，在这样一个小县城里，在大山的深处，在祖国的边境线上，有这样一位母亲，她不说，只是默默地做，母爱是她内心的力量，最温柔也最有力。也许，给母爱冠上任何奖项的头衔都略显苍白，在她子女心中，在她的亲人朋友心中，当然也在她自己的心目中，阿尼帕只有一个头衔——母亲。母亲是永远的无冕之王。

如果不是参加这次"走转改"的采访，我可能很难与淳朴的少数民族代表面对面，也没有机会了解生活在祖国边境的人们的真实想法。对这方水土的认识只能停留在盲人摸象，以偏概全的阶段。

曾经有媒体人用"接地气"来形容记者这个职业，我深为认同。如果双脚没有坚实地踩在祖国的大地上，"三贴近"也只是红头文件里的一句口号，不了解百姓生活的记者又将代表谁，为谁发声呢?! 况且，我台的宣传报道还富有特殊性：向世界报道中国。每每我们穿上笔挺的职业装，光鲜亮丽地出入"庙堂"，采访部长、大使，出席各大新闻发布会的时候，偶尔会心生一丝骄傲之情，以为这就是在报道中国。而如何才能向世界报道一个真实的中国呢？真实的中国是什么样子呢？作为年轻的外宣新闻工作者，如果不够了解自己的国家，又怎能向国外受众做出客观真实的报道呢？我认为"走基层"非常有必要性，尤其是对二三十岁的年轻记者，采集生动的第一手资料的同时，也丰富了自己的职业经历和人生阅历，可谓一举两得。套用俗话，不到新疆不知中国大，不走基层不知百姓冷暖。

记者的根在基层　新闻的源在一线

工人日报工会新闻部主任　杨　军

早年，关于记者的认识是：无处不在，无所不知。前者说的是，做记者的永远在现场，在新闻发生的地方；后者说的是，记者的广与博，天南海北，古今中外，文理皆通。参加工作后，我所仰慕的老记者们仍然不辞辛劳不畏寒暑孜孜以求地追求着践行着，并且坚信，"好新闻是跑出来的"。

互联网改变了人们的生活，真的可以像诸葛亮那样"不出家门，便知天下事"。但是对一个新闻从业人员特别是纸媒业者来说，互联网带来的冲击远大于它所带来的便利——如果我们不仅仅从信息消费者的角度来看待互联网信息的话。扑面而来压得人窒息的超量信息，忽然间让我们无所适从，从思想认识到操作方式，从理论认知到具体实践，从技术手段到职业操守，都受到了前所未见的挑战，发生着或明或暗的变化。其中最明显的是，我们模糊了什么才是新闻的"源"，网络信息、名人博客甚至微博，成为新闻追逐的对象。

这种现象当然会带来忧虑与反思。绝大多数媒体从业人员特别是纸媒业者对于当前的部分新闻操作方式和传播效果还是有所警惕、认真分析的，他们努力把自己的双脚牢牢扎根在丰沃的大地上，从基层、从实践当中去发现新闻、挖掘新闻。中央倡导的、眼下在各媒体中普遍开展的"走基层、转作风、改文风"活动，既适应了新闻业者的这种内在要求，也是丰富新闻传播的生动实践。

《工人日报》的根无疑在企业、在工会、在基层。因此，关注企业、关注职工、关注工运事业，始终是我们的根本要求，是我们报道长期不变的主题。正是本着这样的宗旨，工会新闻部一直力行着走下去、到一线体验生活报道生活的实践。从2006年部门成立以来，我们在各地记者的支持参与下，在版面上以《体验劳动者》、《我当一天工会干部》、《走近高温下的劳动者》等为栏题，以体验式新闻报道了一线工人和基层工会工作者的工作和生活。在这次"走基层、转作风、改文风"活动中，工会新闻部承担了走进企业、关注企业发展建设、关心职工生产生活成长的专题报道。事实上，在开展"走基层、转作风、改文风"活动前，我们就设计了"走进八室一厅，关注职场民生"专栏报道规划，只是因各种原因一直没能实现在版面上。这一次恰逢其时，我们报告了这一计划，得到报社领导的批准并要求我个人也要到基层、到一线去。

领受任务后，首先面临选点的问题。在郑州铁路局长治北车站党委书记童永强的帮助下，顺利联系到一个工作和条件都相对典型的基层单位：长治北车站辖内一个四等小站——孔庄车站。为了锻炼队伍，我带上了本部门的年轻编辑张菁一同进基层采访。9月4日，一个星期天的下午，我们出发了。

太行山脉，从地理位置上讲，离北京并不算远，但事实上我们从北京出发到达孔庄车站满打满算还是用了整整一个白天的时间，尤其是到了山西以后，天下起了雨，我们乘坐的四驱越野车在盘山小路上走得还是艰难。这一点，我在报道中有所描写。采访中，我们逐渐体会到，路的艰难其实还不在现实的山里，而是在小站职工的心里。每天守着铁道线，却有路不能走——小站每天只经停一趟慢车，住得最近的职工回一趟家也要占两天时间，远的更不用说了。站与家的心理距离是那么遥远，难以言表。因此，19 名职工，19 条汉子，把小站当成了家。他们把小站收拾得干干净净，妥妥帖帖；把每个人也"归置"得和和气气，通通融融。很有条理，也很和谐。当然这一切都离不了组织上——郑州铁路局和长治北车站的关心与帮助。据介绍，郑州铁路局在小站建设上舍得投入，各二级单位也全力以赴，努力改善基层小站的生产生活条件，同时尤其注重各小站的软件建设，营造和谐向上的企业文化。童永强说，眼下长治北车站正在开展感恩教育，车站要感恩职工的贡献，职工也应感恩组织的关心、同事的帮助，由此打造和谐站区。

采访中，这种感恩的文化也深深感染着我们，感动着我们。都是大老爷们，见了面谁也不会客套，久不见外人，咋一见面甚至还带一点儿羞涩，有点儿不适应。但这种热情从有力的握手中能够体会得到，能够从木讷但努力表达的交谈中感觉得到，能够从前一天就上山采野韭菜为我们——第一次到小站采访的媒体记者高兴包饺子的一举一动中感觉得到。真诚而朴实，让我感觉到，中国工人是天下最好的工人！

当然，在小站，不只是这种感恩的文化氛围深深打动了我们。更让我们钦佩并引起我们深思的是，在快速发展中的中国，还有这样的小站，还有这样的小站工人！是他们默默无闻日复一日地工作，才铸就了高速发展的基石；是他们的无私奉献甘于吃苦的精神，才确保了铁路大动脉的畅通。一个四等小站，19名职工，在深深的太行山里，用他们的平凡谱写着不平凡的人生音符，用他们的勤劳建设着祖国的宏伟大业。

采访很快就结束了，但我们的心情久久不能平静，我们感觉到，这一趟来得太值了！不仅让我们近距离地接触到了一线工人，感受到他们纯美质朴的品质和讲贡献顾大局的精神，更让我们明白了，记者的根在基层，新闻的源在一线。只有我们的双脚牢牢地站在土地上，根深深地扎在基层里，才能不为纷繁缭绕的各种信息蒙住眼搅乱心，才能牢牢地把握住新闻的话语权，发布来自基层的、具有鲜活生命力的，真实生动、可感可信的新闻。

这是我们的职责所在，这是我们的优势所在。

见证一种精神

检察日报新闻中心记者　徐日丹

"离泥土越近，越有生命力"、"接地气才能长灵气"……2011年中央媒体记者走基层，我们不仅是这个伟大时代变迁的直接记录者，更是融入这个时代的亲历者和见证者。亲历无数的感动，见证在艰难困苦中永不言弃的精神。

越是基层的，越是纯粹的

2011年10月，东北已是滴水成冰的季节。

按照中央政治局常委、中央政法委书记周永康"多宣传基层创造的，群众身边的事"的指示，14家中央主流媒体在中政委宣教室相关负责人的率领下一路北上，走基层、见证社会管理创新。

黑龙江省哈尔滨市是采访第一站。

10月22日，周六。我从哈尔滨市政法委相关负责人口中得知，道里区检察院在参与社会管理创新方面亮点突出，遂拨通了该院副检察长王虹的电话。

虽然是休息日，道里区检察院不少业务科室仍有人在加班，王虹也已在办公室等候我。

第四编　泥土香里酿真情

193

王虹的办公室整洁明亮。在阳光的反射下，摆放在书柜里的诸多奖杯闪着耀眼的光。然而，柜子里一张王虹接受表彰的照片却让我内心一震。照片里，王虹一头乌黑长发，体型微胖，在绶带的映衬下，皮肤显得红润无暇。这和眼前短发、清瘦的王虹相差甚远。

"想不到我原来是个'胖子'吧。做了化疗，苗条了不少。"王虹笑着和我打趣道。

就这样，王虹将自己病情一带而过。接着，便兴致勃勃地向记者介绍她主管业务部门的亮点工作：未成年微罪不起诉、附条件批准逮捕工作、刑事和解……

王虹感慨说："在基层，最难办的不是那些大要案，而是那些轻微伤害、过失，以及老年人、未成年人等犯罪案件，需要花费大量的精力做疏导调解工作。"

在王虹看来，一名基层检察官，更多的时间是与群众打交道，让百姓在法律的光芒下，权益受到保障，活得有尊严。

"就好比你们记者一样，只有通过深入基层，才能了解民生，监督政府部门还有哪些工作做的不足，应该如何做百姓才能受益。"一个简单的比喻，拉近了我与王虹之间的距离。

与王虹一样，延吉市委书记金永默是记者走基层过程中最为钦佩的一名领导干部。

在来延吉之前，我便听闻金永默每天凌晨五点准时接访。

10月25日凌晨4时，在闹铃的催促下，我挣扎着起了床。当走出宾馆，透骨的寒风顿时吹散了困意。

在驱车前往延吉市委、市政府的路上，除了道路清扫工，人影少见。然而，令我意外的是，进入政府大楼竟一路畅通无阻，没有出现保安"拦路"的状况。

"金书记说，老百姓找政府是很正常的事，不仅不用拦，还要告诉他们要去哪个部门、该怎样走。"守夜的保安笑着告诉我。

凌晨5时，延吉市政府3楼会议室外，早已有10余名"上访者"在静候。而我在一旁静静地见证了金永默接访全过程。如人所言，与上访人交流时，金永默耐心、细致，没有丝毫傲慢和懈怠，不到一个小时，他便会同信访局、督查局、住建局、供热办等部门共同接待处理了朴忠烈夫妇拆迁补偿和原娇阳养老院无法供热两件信访。

金永默笑着告诉我："书记接访也是有原则的。那就是应办能办尽快办，应办难办全力办，请求无理不能办，有理无理说清楚。越是基层的，越是纯粹的，延吉的老百姓都讲道理，只要党员干部肯俯下身来认真倾听，没有解决不了的矛盾。"

当得知金永默持续坚持5年凌晨5时接访后，我的内心暖流涌动：延吉百姓有福气！

了解群众所思所想，按需服务

"感谢党和政府，让我儿子接受免费治疗，否则我真不知道如何活下去。"在辽宁省开原市孙台社区采访时，我与来办事的63岁的解秋艳偶遇。

解秋艳的儿子方某今年34岁，患精神病多年，发病时到处要钱要物，持械追打恐吓路人，并扬言要杀死年幼的女儿。方某的妻子因无法忍受离家出走。

面对高额的治疗费用和儿子日益加重的病情，解秋艳每日以泪洗面。当孙台社区综治办得知情况后，立即启动了686项目救助机制，为其免费治疗。现在方某的病情得到了有效控制。

通过深入调查，我了解到，所谓686项目，是指2005年卫生部启动的国家重性精神疾病治疗项目启动资金为686万元。

"需要救助的人有很多，686万元可以说是九牛一毛。希望你们媒体多宣传一下，号召全社会参与精神疾病患者防治和管理。"辽宁省精神卫生中心院长王哲求助我帮忙呼吁。

和王哲有同样要求的，还有浙江省诸暨市枫桥检察室副主任叶剑。

作为基层化解社会矛盾、社会治安综合治理的成功经验，诸暨市枫桥镇的"枫桥经验"一直被中央肯定和推广。为了在实践中深化"枫桥经验"，延伸法律监督触角，去年5月，诸暨市检察院设立了枫桥检察室。

"协助基层组织从源头上预防职务犯罪的发生是检察室重要工作职责之一。"叶剑介绍说。由于成立不久加之宣传力度有限，叶剑希望通过我的报道让更多村民了解检察室的职责，同时吸纳更多基层的意见，以便更好地服务于百姓。

作为一名新闻人，我有责任作为党密切联系群众的纽带，深入基层，为群众鼓与呼，了解群众的所思所想，帮助他们实现正当需求。正如一位著名战地摄影记者所说"如果照片拍得不够好，那是因为离炮火不够近"，我们要探明基层这座新闻的富矿，解决的办法只有一个，那就是走基层走得更深些，离人民群众的心更近些。

记录小人物的故事

中国青年报记者　王国强

2011 年，"走基层、转作风、改文风"活动在全国新闻战线广泛展开，新闻工作者深入基层、倾听民声、反映民情，成为一道独特、亮丽的舆论风景。走进基层，方知民间冷暖，走近百姓，体会民生疾苦。

从 9 月起，《中国青年报》在每周四的《聚焦》版上开设系列报道栏目《走基层·百姓生活实录》，以纪实形式记录下一些小人物的故事，通过他们的所思所想、喜怒哀乐，感受时代的发展与变迁。

《走基层·百姓生活实录》的最大特点是对报道对象的选择。栏目开设以来，《聚焦》版主编、编辑和采写这个系列报道的记者每周都会进行讨论，确定下一期的报道对象。大的范围是确定的，就是人们常说的"小人物"，就是生活在基层的普通百姓。每次讨论的重点是具体的选择。虽然我们身边到处都是普通百姓，但作为新闻报道，还是应该选取那些有梦想、有追求，为了自己的事业和生活在不断努力的人。这样选出来的报道对象，也符合我们对于这个系列的一个期望：让读者看到自己身边的普通人是如何在努力，是如何热爱生活，从而受到鼓舞。这是我们这个系列报道的一个重要的现实意义。

在对报道对象的具体选择上，《中国青年报》把触角伸向"不同职业、不同生活"的人们。在已经刊发出去的十多期报道中，报道对象有菜市场卖菜的夫妻，有居民小区里的年轻保安，有数次深入贫困地区调研的普通科研人员，还有自己赚钱建公益图书馆呼吁人们多读书的小老板。近年来，很多媒体喜欢追逐突发事故、舆论监督和名人新闻，像《走基层·百姓生活实录》中报道的这些人，以前几乎是不可能被媒体专门报道的。然而，社会主要还是由这样的普通百姓组成。我们真正需要了解、需要关怀的，首先是普通百姓。只有把目光、心思放在普通大众的身上，新闻报道才能真正做到"接地气"，才能更好倡导社会主义核心价值观。正是无数这样的普通百姓和小人物，支撑着我们这个不断前行的国家和民族。也是因为有了他们，我们所处的改革年代才更加动人和充满希望。

有越来越多的读者对这个栏目表示关注，给予好评。一位央视的主持人表示"没有漏过一期"，并且主动联系《中国青年报》，把报道的"小人物"请进中央电视台，继续进行报道。

《走基层·百姓生活实录》讲的是这样一些平凡的故事：

在饭馆门口摆摊的河北人王福田，上过班，干过很多营生，现在一边"烤串"赚钱，一边学经济知识，从不抱怨；

在菜市场卖菜的山东人李凤格，和丈夫一起带着孩子在城市打拼，生活忙碌而充实，对现在一些年轻人，他们觉得"眼高手低，不吃苦"；

40多岁的工程师燕兆时，为了给一所农民工子弟学校的孩子上课，干脆辞掉工作，直接在这所学校当校长，理由是"为了两百多个孩子"；

社科院博士林燕平，连续多年深入宁夏贫困地区，实地调研当地情况，50多岁的她表示，这样的研究"刚刚开始"；

18岁的山西青年卫胜利，带着做一个歌唱家的梦想来到北京，一边工作一边练歌，不自卑、不放弃；

摄影爱好者王久良，用几年时间，骑着摩托车跑了几百个垃圾场，用作品告诉人们疯狂消费、缺乏环保意识的负面作用；

20多岁的时尚女孩李晶，第一次出远门就跑到贵州的山区小学，在那里支教。她计划以后每年都去支教，还告诉身边的朋友怎么样生活更有价值；

35岁的徐大伟因为读书而成就事业，创办了自己的公司。他出钱建起公益图书馆，在网上劝年轻人一定要多读书，因为他始终认为"读书才能改变生活"；

30岁的王威从学生时代就开始热衷公益事业，到处向人们倡导"垃圾分类、快乐环保"的理念；

年近70的山西人邓老汉，和儿子孙子生活在北京，对于自己认为不合理的事情，总是要去"弄个明白"；

热衷研究历史的王景武，为了寻找成吉思汗的遗迹，在戈壁、大山、荒野里都留下足迹，这样做"不图名、不图利，只为了一个梦"；

……

除了在选取采访对象上下功夫，《走基层·百姓生活实录》的另一个特点就是语言。如今，在一些媒体上，大量"假大空语言"

和"文件语言"既没有考虑读者的阅读习惯，也难以传递更多的信息。整个《聚焦》版都在倡导一种"简洁生动、可读性强"的语言风格。报纸是给人看的，那就应该使用大部分读者喜欢看、看得懂的语言，就应该多使用群众语言。《走基层·百姓生活实录》的系列报道，既然主要报道的是普通老百姓，就更要用普通老百姓的语言，更要讲好故事。经过大家的努力，我们的想法最终在稿件中得到体现。简洁生动的叙述，朴素生动的语言，让这个系列报道形成了一种独特的风格，真实地表现了来自各行各业、有各种梦想的人们的一种生态。

一篇走基层报道，凝聚爱心"小水滴"

中国妇女报记者　许真学

扎根基层，亲身体验基层群众的生活，是中国妇女报社驻重庆记者长期坚持的采访理念。2011年来，大量采访重庆基层妇女干部的稿件在《中国妇女报》的重要版面见报。在走基层的采访报道中，记者总是被采访对象感动着。

在采访重庆云阳县的伟大母亲朱厚英和重庆垫江县8岁开始当家的小女孩邹春容的事迹时，几乎是流着泪采访的。作为记者，不仅要有发现基层群众困难的眼睛，还要有解决群众困难的能力，力所能及地给予帮助更是记者肩上的一份责任。采访后，记者通过多方联系爱心人士，希望为这两个不幸的家庭提供帮助，此次帮扶最终促成了"小水滴"爱心志愿者团队成立。

邹春容是一名品学兼优的女孩。母亲患有间歇性癫痫，5年前，因癫痫发作去逝，两年前，父亲又因心脏病医治无效死亡，成了孤儿的姐弟俩现寄居在姑姑家。因为家里穷，邹春容从8岁起就做起了小当家，负担起家里所有的家务：挑水、做饭、洗衣、浇菜、照顾弟弟。9月23日的这一次采访，记者几乎是流着眼泪采访完的。邹春容的讲述，件件让人心酸。父母双亡后，很多人都鼓励她要坚强地生活下去，她懂事地对记者说："我会坚强，我还要照顾弟弟，我们姐弟俩一定会好好活下去。"邹春容这个 14 岁的小女孩说起话来就像大人一样成熟，但她所担的担子不应该是她这样的年龄所承受的。

而这位 14 岁的小大人是否应该得到她应该有的快乐生活？社会本有力量让这个孩子的脸上重新泛起没有压力的笑容。采访结束后，记者把身上仅有的 500 多元钱全数捐给了两姐弟，还给他们留下电话，有什么事情一定找记者联系。

听完记者转述的故事后，企业家任先生二话没说便答应资助，并决定在 11 月份去看望这个不幸的家庭。10 月 30 日，记者同任先生走进了垫江县邹春容家，任先生给姐弟俩带去了新衣服、新棉被，并承诺邹春容姐弟上高中和大学的费用都由他来承担。姐弟俩高兴地围着前来的客人、叔叔、阿姨地叫个不停。连不怎么爱说话的邹仁杰都多叫了几声"伯伯"。

"重庆地处长江边上，深受长江的润泽，每一颗爱心也就像长江里的一滴水，汇聚起来便可以滋润一方土地，帮助无数个家庭。"这是"小水滴"爱心团队命名的初衷。"小水滴"爱心志愿者团队要求，加入的人一定要不为名利，愿意做长江中的一颗小水滴，为困难家庭默默献出自己的爱心。如今，"小水滴"爱心团队正吸引着企业家、集团高管、妇联干部和农村产业发展带头人，他们都想为需要帮助的人做点事。成员们也积极发动自己身边的朋友、亲人加入到爱心团队中。

我与西海固的不了情

中国社会科学院数量经济与技术经济研究所研究员　林燕平

作为中组部 2002 年"西部博士服务团"的一员赴宁夏社科院挂职，让我有幸结缘西海固。从对西海固的一无所知，到西海固成为我生命的一个部分，已经跨越了十个年头。

2011 年中宣部等五部门率先在新闻战线开展了"走转改"活动，在社会各层面引起了广泛的反响。中国社科院根据中央精神结合社会科学研究工作的特点，在全体科研人员以及新闻单位开展了"走转改"活动。作为一名社会科学工作者，在这里谈三点体会。

社会科学研究要有实感真情

我对西海固的执着有不少人不理解，在我这里却是顺理成章。道理很简单，动了真情。记得第一次走进西海固骆驼巷村是 2003 年春节前夕，那是一个天上飘着雪、地上结着冰、迎面吹着扎脸的风的日子，至今回想起来还是那样清晰。那是我第一次近距离接触西海固农民的生活，孤陋寡闻的我被西海固农民的生存现状所震撼，在他们的生活和我所熟悉的生活之间产生了一种强烈的反差。那时，我萌生了一种从未有过的渴望：亲身感受西海固农民的真实

第四编　泥土香里酿真情

生活。

第一次西海固之行，原本计划去一个星期，目的地是宁夏社科院扶贫点黎套村（固原市原州区张易镇），没想到突降的大雪封堵了去黎套村的路，只好临时决定走访公路沿线的骆驼巷村。从 1 月 31 日至 2 月 23 日，我开始了骆驼巷村的第一次实地考察。在这 23 天里，我走访了两个回族自然村的 120 多户农家，我对眼前、周围发生的事情开始了重新思考，对自身做学问的方法开始产生了怀疑。如果不是因为挂职期间必须如期返回银川的话，那次骆驼巷村的实地考察肯定还会继续下去。

记得 2 月 23 日返回银川的那天，天气格外的好，那是一个在北京少有能看到的湛蓝的天空。我特意让师傅把车开到了骆驼巷村村口处的小庄回族自然村，下车看望了两户农家的病人，顺手把身上的羽绒外衣穿在了一个紧裹着单薄上衣的男娃儿身上。蓝天下伫立着的一些村民和孩子，缓缓地向我走过来，在他们黑黝黝的脸上透出了一种生活的磨难与岁月的沧桑，他们亮闪闪的眸子里透出了一种好奇、一种期待，在与他们挥手告别上车的那一瞬间，看似很坚强的我流泪了。那一刻，我真真切切地感受到西海固的农民是多么渴望有人走近他们、了解他们、关注他们、帮助他们。那个场景让我难忘，我决定用自己的双脚走遍骆驼巷村的家家户户，用自己的双眼观察骆驼巷村的农民生活，用自己的双手记录、记述骆驼巷村农民的农耕细作，用自己的思考读解骆驼巷村的人、骆驼巷村的事。

第一手资料的积累是社会科学研究的基础

我毕业于东京大学综合文化研究科相关社会科学专业。这个学科强调运用多学科的知识和方法，以综合的视角去观察、研究、分析社会问题。我的博士论文《从产业结构、人口结构、教育结构分析中国地区间收入差距》在日本出版（2001 年，日本经济评论社）。然而，当我真正接触到骆驼巷村的农民生活，才感觉到自己花费那么多年时光赢得的那纸"博士学位"显得那么没血没肉，无根无基；才认识到自己对中国本土的认识竟然是那样狭窄浅薄，甚至对乡土中国一无所知。我痛感社会科学工作者认识国情、了解中国社会现状的重要性和迫切性，痛感任何现成的理论和成功的经验如果不和本土的实际情况相结合，如果不和广大民众的实际需要相结合，都是行不通的。

2009 年 2 月，《山村的守望——西海固骆驼巷村实地考察》由方志出版社出版，耗时 5 年多。书中以翔实的第一手数据记录、记述了骆驼巷村 2 个回族自然村、5 个汉族自然村 500 多户农民的生产生活；用鲜活的事例对科学发展农业、计划生育、医疗卫生、教育、交通安全、户籍管理、乡村建设、公共环境、扶贫、诚信等突出的现实社会问题，进行了的剖析。这部学术专著在学界、当地引起了不小的反响。

我执笔的中国社科院国情调研重大课题《关于进一步解放与发展西北农村生产力的难点与问题——甘肃天水市清水县贾川乡董湾村和宁夏固原市原州区张易镇骆驼巷村的实地调查与跟踪》的最终调查报告，以及发表的多篇中间调查报告，都是在村庄实地调查的基础上完成的。

"放下架子甘当小学生"不是一句口号，而是有其深刻内涵的。社会科学工作者只有以一种谦恭的心态老老实实地深入社会基层，从收集第一手资料开始，做深入细致的调查研究，观察鲜活的经验事实，感受社会变迁的脉动，才能够及时发现问题、解读问题。

中国社科院肩负着党和政府的思想库、智囊团的重任，能否深入实地认真做调查研究，直接关系到能否实现由经验决策转向科学决策的问题，直接关系到国家发展的大局。更何况一项好的政策建议被政府采纳，将会有几亿甚至十几亿人民受益，这才是社会科学研究的价值所在。

西海固给我的研究注入了生命力

在很多人看来，深入基层搞调查研究会离所学的专业越来越远，但是我感觉这个实地调查的过程就是学问的积累过程。这种长期的实践与积累过程，对发现问题、认识问题、构筑社会科学的基础理论至关重要。坚持走社会主义道路，主张实现全社会共同富裕的中国，在经济快速发展的同时，地区差距、城乡差距、贫富差距的矛盾日益表面化、尖锐化。如何解决好经济发展中的差距过大问题？如何解决好一国之内的"南北问题"？需要我们在本土的社会实践中认真思考与回答。

社会科学工作者要尊重一个具有数千年历史、960万平方公里的土地、56个民族、13亿人口的国家历史和文化，需要以饱满的热情去观察、记录中国本土的人和事，探讨、挖掘中国本土经验事实背后规律性、本质性的东西。不能总是在名人怎么说、经典怎么说里面转圈圈，要在中国的大地上、民众的呼声里去发现、构筑指导中国社会实践的理论和思想。

我们要感谢这个不断发展变革的时代，正是中国特色社会主义建设的伟大探索与实践，为发展与完善中国社会科学提供了广阔的空间和舞台，为社会科学工作者深入思考问题、回应问题提供了难得的试验场和丰富的素材。我从心里感谢西海固这片黄土地，感谢生活在那里的人们。是他们让我找到了自己学术探索的目标和平台，给我的研究注入了生命力。

我爱西海固的蓝天，更爱西海固的孩子们，我坚信西海固的明天会越来越好。

记者是行者，新闻在路上

北京电视台新闻节目中心《北京新闻》主播　王　业

　　根据中宣部的部署，北京电视台在 2011 年 8 月率先启动"走转改"系列大型新闻行动，我有幸作为一个排头兵，参与了第一集特殊的新闻报道。我们觉得，应该采取一些创新的方法来做好这次新闻报道。

　　到了北京电网电缆公司巡检工段，我们直接见到就是巡检工段的带班工长陈师傅。在现场采访中我们了解到，最艰苦的隧道段在西直门附近，那里的隧道，最窄的地方只有 60 厘米左右见方的一段，里面还放着支线电缆，巡检工人们只能趴着前进，一边爬行一边检测。在其他的条件稍好一些的地下隧道里，工人师傅们也要面对不同的困难，比如有的隧道接近地下水渗漏区，如果遇到大雨等极端天气，如果漏水突然冲进隧道，检修师傅们面对的就将是生死考验。还有在一些曾经做"接头"的电缆部位，每隔几米都挂有一个如西瓜般大小的红色扁球体，这个是灭火弹，遇到火警会自动感应自发爆炸灭火，对巡检的工人师傅们来说，如果遇到极端情况也有可能对人身造成伤害。

　　在我们到达东直门交通枢纽下一个检测工段的时候，给了我们最真切的体会。那里空间狭小、温度酷热，线缆密布，又是重点保障区段，必须由人工去巡查维护，当时我和摄像师还没下井，就感到一股热浪从井下冲上来，下到井里才发现，温度至少有四十多度，空间只够容纳我、摄像还有陈师傅三个人，而且还无法错身，只能顺序摸着前进，在采访中，摄像机由于承受高温高湿，镜头上很快凝结一层雾水，只能说几秒钟话，用纸巾擦一下镜头，勉强能让镜头尽可能的清楚一些。在这样的环境里走过、看过，才会对普通劳动者油然而生一种由衷的敬佩和亲切之情，而他们的工作，很少有人有机会了解。我们作为新闻工作者的职责之一，就是要让更多的人了解到，我们的身边有这么多普通劳动者，他们身上有最美好、最朴素、也是最闪光的底色。

在 10 月的重阳节"孝老爱亲"弘扬传统文化系列报道中，我和记者一起去探访了一位百岁老人的家庭，和老人拉家常、陪老人下象棋、跟老人一起回忆往日岁月、品味幸福生活，节目播出后，老人的家属特意来到电视台感谢我们，因为在那之后不久，老人就在睡梦中安详辞世，家人说正是我们的新闻节目，"给老人留下了幸福并且珍贵的影像记忆"。在 11 月的"寻找北京最美的乡村"文化走基层系列报道中，我和记者一起走进京郊房山，探访那里的"文化大舞台"，在被当地百姓称为他们身边的"梦想剧场"的地方，更真切地感受基层群众文化的热闹、新鲜和充满活力的原生态。我们和观众的心贴得更近了。

2012 年北京电视台春晚主动深入基层、走进生活，用双脚踩在基层坚实的大地上，用双眼去发现生活中鲜活的创作素材，回归自然、真实，来源于人民，服务于人民。

第四编　泥土香里酿真情

　　此外，北京卫视将《身边》节目的录制现场搬到京郊乡村、田间地头，用零距离的设置、更贴近的语言、更鲜活的沟通，探索谈话节目的新思路。为了深入贯彻市委宣传部关于加强和谐医患关系报道的指示精神，12月1日至3日北京卫视《身边》栏目精心策划推出了系列节目"生命缘"。勇敢与担当，诚信与感恩，一次次拥抱，一行行泪水，记录下一段段动人的医患情。在推出三集系列节目的同时，《身边》栏目还发起了"生命缘医患情"征集活动，帮助更多的人找回他至今惦念和感恩的医生或者病人。希望通过我们的努力，带给大家更多的感动和力量。

　　作为新闻主播，在每一个新闻现场里，在每一次新闻播音中，在新闻工作的点点滴滴中，我始终记得一个新闻人应有的职责和情怀："记者是行者，新闻在路上。"关注时代风云、社会变迁、人间冷暖、坚守客观公正的立场，坚守诚实严谨的作风，有如黄金般过硬的专业能力，有如黄金般闪耀的专业素养，有一颗金子般的心，才能无愧于金话筒奖荣誉，无愧于人民赋予我们的信任，才能争取做一名有思想有硬度、智慧有锐度、情感有温度的、更加优秀的新闻主播。

　　通过"走转改"我们能明显地感觉到，北京电视台的广大电视工作者，更加贴近基层、贴近观众、贴近民生，从思想上、组织上、作风上、实践上都迈上了一个新台阶，相信随着"走转改"行动的持续开展，我们北京电视台的节目中还将涌现更多"接地气""有灵气"的精品。我们将继续为此不断努力，使"走转改"系列成为新闻工作中最响亮的主旋律精品力作。

始于一条路　止于一分责

天津日报记者　李萌苏

蓟县距离天津市区 110 多公里，是天津所有区县中最远的一个。五赴蓟县，四进花果峪村，前后四个月，这组报道是所有我做过的报道中历时最长的一个。

从一条路到 27 条路，从 700 米到 29.01 公里，从几百人到几万人，从一个村的生产路到全市村村通油路……这固然是个深入蹲点采访、通达社情民意、解决实际问题的过程，对我而言，又何尝不是认识农村社会、反思新闻职责的过程。

丰　　收

四个多月前，我们第一次来到蓟县罗庄子镇花果峪村，是作为天津日报社"走转改"青年编辑记者小分队的成员，来蹲点采访。那次正赶上脆枣和蜜桃丰收的新鲜。一路闻着四溢的果香，和挂着果实的树枝子打头碰脸，却没见想象中热闹的丰收景象。

"那都是电影里演的吧。"村支书笑着说，花果峪村 152 户人家，家家都有成百上千棵树，除了打工的上学的，留在家里"忙秋"的，每家也就一俩人，哪来的热闹？于是，我们暗笑自己"缺乏常识"。

尝到脆枣的甜，是在"脆枣之父"家的果树旁。"脆枣之父"叫桂俊森，二十来年前，用外村的枣树枝子和本村酸枣枝子嫁接，结出了"新品种"——不仅个头大了许多，而且又甜又脆。贵为"脆枣之父"的媳妇，杨淑枝自己挎个大篮子收枣，边收边告诉记者，她这当地的"果树大户"，一年也就四万块钱的收入。

不到一个月后，社领导跟我们第二次进村。总编辑走进果园，与村民聊天，问收入，问生活，问孩子，朴实的村民大方地把刚摘下来又黄又大的梨塞给我们，却不愿掏钱集资修他们家门口的路。

梨也是蓟县山区的特产，鲜亮，咬一口都是水汽。村民把摘下来的梨用电三蹦子运下山，只要价钱说得过去，他们就出手。离得不远的另一个村子，丰收的李子酷似超市售卖20块钱一斤的黑布朗，外皮黑紫，果肉软实，入口一阵甜香立即化在嘴里。但因价钱低，村民懒得摘，熟透的李子便落在地上喂了鸟。

不愿摘的如李子，摘了卖钱的如梨，还有一个月前丰收的枣、桃、核桃，一个月后丰收的山楂、柿子，也不过都是直接出手，至于运到哪里，市场上能值多少钱，他们不知道，也没想过。这种生产经营方式，几十年没变过。

我们，亲历了2011年的秋天，一个山村的丰收。这个地方享有大自然最好的馈赠——青山绿树，花果飘香；可每家平均三万来块钱的年收入，又让人觉得这个村处在算不上贫困又够不着富裕的"尴尬"境地。

访 贫

棉布帘仍然是蓟县罗庄子镇家家户户最常见的屋子分隔，有薄有厚，简单实用。今年第一次走进罗庄子，恰逢中秋前夕。我们小分队一行背着月饼，采访之余，走访了当地六户生活困难的家庭。撩开一道棉布帘，就是撩开一个家庭的生活，尽管同在一村，风景也各不相同：

这是对没有子女照料的老夫妇，大爷能下地转转，做做饭，大娘瘫痪在床好几年，那个占了半间屋子的炕，是她生活的全部范围。炕对面的柜子上摆着台十多寸的凸屏电视。我们的到来，让老人的屋子显得局促狭窄，这道门帘内很少能一下子进来七八个人。我们坐在炕沿上，拉着大娘的手，把一盒月饼和100块钱塞给她——她的手就在我手里，能感受到皱皱的皮肤；她的脸就在我眼前，能看见眼中白色的一道浊蒙；她的声音就在我耳边，能听懂那些带着乡音的土语——尽管如此，我还是觉得，我离她很远。

她是个15岁的女孩，读初三。我们进家门时她就站在屋外的灶台边，穿着牛仔裤，梳着马尾辫。村支书介绍，她的妈妈在她很小的时候就离家出走，至今没有回来；她的父亲身体有病。村政府和镇政府一直为她申请助学金，保障她完成学业。村支书说："她能读到哪，我们就供到哪。"我们把月饼和钱递给她的时候，她伸出手，却始终没抬起眼睛看。我没撩开她里屋的门帘，尽管我很想看看她的学习环境和学习用品。走出门的时候，我回头望着她向我们摆手，我觉得她离我们好远。

他是个40岁的中年汉子，一身的病让他没办法成为家里的壮劳力，却成了妻子的负担。妻子搀着他，把我们让进屋，站在屋门口，他给我们鞠躬说谢谢。妻子告诉我们，参加农村合作医保，解决了一部分医药费问题。走出屋子，村支书跟我们说："并不是家家都愿意上医保，有些村民宁愿相信自己身体好，不得病。"这句话飘在耳边，却感觉离得很远。

……

我们访问的这些困难户，他们并不缺乏基本生活保障，即使我们不去，他们的中秋节一样能吃上月饼，拿到政府给的补贴金。可这就是他们应该满足的生活吗？这就是我们觉得尽了责任的访贫吗？

修　路

从第一篇《门前的路，为何如此坎坷》，到《修通连心路——本报记者四进花果峪纪实》，不到两个月的时间，在报道的推动和爱心人士的帮助下，蓟县花果峪村修通了自己的连心路。修路现场，不少村民围拢一起，和监督施工的乡镇干部聊天，仔细一听，他们说的是路修好以后的事——

既然路通了，电三蹦子上上下下肯定颠不坏果子了，除了运下去，还可以把人请进来，收我们的果子；

收果子干啥？咱们花果峪这片山水土好，果树茂盛年年丰收，咱把果树承包出去，城里人来种树收果，不就是原生态吗？

原来一条路带来的是如此大的变化。生产经营方式的改变，必将带来生活方式与精神世界的变化。

这，仅是个触碰，是个开始。

我们的报道得到了市政公路管理局、市乡村公路办公室以及蓟县交通局的重视。就在花果峪的连心路竣工仪式之后，我们刚刚离开蓟县不久，几个部门的专家、领导便悄悄赶到现场，踏着一路竣工鞭炮的碎屑，详细考察了这条连心路。随后不到一个月的时间里，他们走访了蓟县北部山区的 27 个村子，以严谨的态度、专业的手段调查了 27 个自然村的道路情况——

据调查全市现有未通油路的自然村共 27 个，集中分布在我市北部山区，总计居住农业人口 2712 人；

过去这些村由于地处大山深处，修路难度极大，多年来农民出行之路就是没有铺油路面的简易砂石路，狭窄弯曲，坑洼不平，极其简陋；

守着花果山，这些村的人们却富裕不起来。去年全市农民人均纯收入为 11801 元，北部山区人均纯收入也达到 9965 元，而蓟县相关部门反映，山区这些未通油路的自然村去年人均纯收入还不到 4000 元；

未通油路的 27 个村都已和既有的公路网络相距不远，拟建的油路都属连接路性质，总计长度 29.01 公里……

经市领导批示，市政公路管理局与蓟县签订了修路协议书。

这，于报道而言，是个完美收官；于村民而言，是打通心路、缩短距离的开始；而我们，旨在用新闻寻找每个起点，见证每个终点，再开启下一个起点。

弯弯送水路　　悠悠拥军情

安徽日报记者　　何雪峰

有一种伟大叫执着，有一种感动叫平凡。在蜿蜒连绵、莽莽苍苍的皖北萧县皇藏山区，流传着一位老汉和两个哨所的动人故事：大蔡庄村附近山上的两个哨所因海拔较高，长年吃水困难，71岁村民蔡香连老汉从1981年起用牛车为子弟兵拉水上山，分文不取，风雨无阻。

一位普通的农村老人，出于最朴素的拥军情怀，用最原始的交通工具，一趟一趟，一车一车，一天一天，坚持了三十年，是怎样一种力量让他如此坚守？为了寻访和证实这个动人的故事，2011年8月25日，天刚蒙蒙亮，我走进了这个山村，一路打听，终于找到了蔡老汉的家。

见到蔡老汉时，头戴大草帽的他正和老伴许翠芝忙着从简陋的自备井里抽水，用水管接到电动三轮车上的一个大铁桶，老俩口眉头紧皱，挥汗如雨。"战士们这几天训练任务特别重，需要大量用水，俺得赶紧送上山去，搞不好这一桶水还不够。"蔡老汉身材十分瘦小，皮肤黝黑，却声如洪钟。

几位路过的乡亲告诉我，30年前，看到山上的战士们因为缺水而每天反复提桶、端脸盆下山取水，十分辛苦，蔡老汉心中不忍，和妻子许翠芝一合计，咬牙卖掉了维持生计的山羊，又跑了50多公里路买回一辆平板车，套在耕地的黄牛身上拉水送上山，从此一送就是30年，这其间黄牛就换了十几头。

如今，牛车已经换成了新式电动三轮车，现在拉水上山省力多了。"黄牛卖了，您老人家自己倒成了永不卸套的老黄牛了。"我的一席玩笑话逗乐了老两口。这时，原本有些羞涩木讷的他们和我已经无话不谈了。

话匣子一开，蔡老汉开始不住地夸驻萧部队的好。"这么多年来，驻在俺村附近的部队修爱民路、打爱民井、筑爱民坝，帮助农民抢收庄稼，为困难群众送米送油，为贫困小学捐学习用品，做了数不清的好事。我们全村有今天的好生活，绝不能忘记共产党的恩、解放军的情！你问俺30多年义务送水图个啥？就图个报恩。"这样动情的话，一路上蔡老汉不知说了多少。我坐在车上默默地听，细细地体会，心中泛起融融的暖意。

"大爷大娘，你们来啦！"一阵叫喊声打断了我的思绪，只见巡逻在密林深处的两位身穿迷彩服的战士一边兴奋地喊着，一边飞也似地冲进哨所拿接水的桶，一旁的军犬见着老熟人不仅叫得欢而且蹦跳个不停。

哨所很小，只有两张床铺。山上没河没沟，山下的水又抽不上来，30多岁的战士刘洪贞就在这样艰苦的环境下坚守了14年。他说："大爷大娘平时每隔两三天都要送水上山，部队忙时，一天还会送来两三趟。他们还经常还捎带来家里炒的花生、黄豆，临走前还帮我们打扫卫生。老人家最早帮哨所拉水时比我大不了多少，现在都 70 多岁了，仍然坚持送水上山，真叫人感动。"

"大爷，您考虑过谁来接班吗？"临行前，我问出了一个憋在心里许久的问题。"有一天俺老得走不动山路了，但俺家的拥军情可不能断，这辆拥军车无论如何也不能停。俺孙子孙女都保证过了，他们中谁以后要是回乡了，一定接着送水。哈哈哈——"老汉爽朗的笑声在山谷中久久回响。

多么朴实的一番话，无需雕琢，只需忠实记录就是这次采访的点睛之笔。难怪穆青曾对年轻记者意味深长地说："人民群众特别是农民有那么生动的语言，你们几辈子学也学不完。"

这篇《30 年不断"送水路"》的稿件刊发后，感动了许多人。今天的社会，我们需要许许多多普通的好人、身边的好人，正如白岩松所说，有他们在，我们会觉得生活得更踏实。这些平凡普通的好人好事，像一颗颗种子，能催开善良之花；又如一根根火把，能照亮人们的良知，增添社会的"温度"。

在走基层的过程中，我深入田间地头，来到工矿企业，走进街道社区，坐着三轮车，吃着农家饭，睡着木板床，试图用火热的心、用温暖的笔，触摸时代的脉搏，感受和传递基层的心声。而这其间，最令我难忘的是这一次和蔡老汉送水上山的艰辛而快乐的历程。

在蔡老汉的身上，我感受到的是一种深沉的情感，是一种执着的力量。我们新闻工作者走基层不正应该秉持这样一份情怀吗。深入一线采撷真知真情，沉到基层体验民生苦乐，俯下身子接受群众召唤，是时代赋予我们新闻工作者的崇高使命，也是我们新闻工作者永不止息的追求。走基层，只有起点没有终点。走基层，我们永远在路上。

千里基层　文风归真

四川广播电视台记者　寇志鹏

今年以来我参加了多次"走基层"采访报道，就在不久前，我和我的搭档刚刚结束了在巴中为期5天的"走基层"采访任务。这一次新的基层行走，再次让我受益良多。

在这5天时间里，我最大的感受就是——走基层真的要迈开双腿，真的要走很多路。到巴中后，为了找到合适的人物故事，我和我的搭档彭晓转战巴州、通江、南江多个区县，终于确定了一位路桥测绘员作为采访对象。由于测绘工作起早贪黑，又常常是野外进行，采访地点往往不通公路，所以我们不得不早上5点钟就扛着摄像机、脚架出发，走上接近3个小时的山路，去和正在工作的采访对象碰头。8月的巴中，酷热难当，等找到这位测绘员，我们已经大汗淋漓。

虽然辛苦，但后来我知道，像这样的山路，测绘员们每天都要走上好几遍，而且风雨无阻。虽然这项工作平凡无奇，但正是这种耐得住辛苦的平凡坚守，深深地打动了我和我的搭档。而这种感染力，恰恰就是我们需要的新闻点。如果没有这3个小时山路的感同身受，我不可能体会测绘员们在平凡岗位上的执着，也不可能清楚地认定这条节目的落脚点应该在哪。

走基层，不光是因为要寻找新闻线索、制作节目而在基层奔波；在基层行走，就如同在基层生活，需要我们用心去体验。

在采访测绘员老张时，我一度将自己当成了刚刚毕业的实习测绘员——和老张一起扛着沉重的测绘仪器翻山越岭，一起工作、休息。体验固然非常重要，但同时要不忘为挖掘新闻题材多留一份心思。这次采访由于在路上就要花费大量时间，采访时间非常有限，我们必须尽快地掌控现场，迅速找到切入点让拍摄工作进行下去。而"走转改"提出的新的、更高的节目要求，也使得我们不能一味追求采访拍摄速度，要沉下去，用心了解、细心感悟、纪录式拍摄。我对测绘员老张的采访大多都是随机的，不少直接成为了节目的一部分。譬如这段——"快到中午了，野外的天气越发炎热，老张说他'舍不得'下山，因为这个时候如果再下山吃饭，那今天的工作可能就完成不了了。一瓶小小的矿泉水，就是今天中午的午餐。"而这个"舍不得"正是我和老张闲话时，他的感慨。我想，这样的现场思考，不仅能保证新闻制作的顺利进行，还可以把自己放到和采访对象相等的条件中去，在这样的语境中采访，往往能有意想不到的收获。

就这样，我们顺利完成了这一次的"走基层"采访任务。前后总共行进路程超过上千公里。和以往工作量较大的采访不同，在采访结束后，我和我的搭档还一直讨论节目的细节。在车上争论的时候，我们还时不时地打开摄像机回放，相互印证。高涨的工作热情，一度让我忘了当天在烈日下负重行进的 5 个小时山路。当我们真正把全身心投入到工作中，融入到现场环境里，"战斗力"自然也就上升了。最重要的是，我这个参加工作两年多时间，就一度感觉自己遭遇工作瓶颈的新闻新人，终于在这上千公里的"走基层"中，让自己的节目产生一些新的变化。以前做节目，总喜欢垒数据，排列事实。固然直观，却让节目大而化之——热闹有余、精彩不足。而这一次带回来的节目，我相信细节已比以前丰富不少，语言也不再寻章断句，而是返璞归真，在我们的家常话中，让节目自然进行。虽然不少地方仍然生涩，但我想这是一个难得的开端。

　　在基层的历练中转变作风，让脚踏实地的作风带来朴实无华的文风，让返璞归真的文风更好地体现基层面貌，发出基层的声音。相信，"走基层、转作风、改文风"对于每一个新闻工作者来说，都不仅仅是一个更高的要求，它同时也为我们追求业务能力的提高，开辟了一片更广阔的天地。

第四编　泥土香里酿真情

爱的刻度，决定新闻的温度

齐鲁晚报记者　张　刚

2011 年 12 月 24 日，感恩节。《齐鲁晚报》的《张刚大篷车》栏目联合济南市慈善总会，在舜耕山庄为济南市 50 名特困家庭发放过冬衣物，这已是"张刚大篷车"第二届寒冬送暖助贫迎春活动了。

正在发放过程中，笔者的手机短信提示响了："张老师您好，我是去年被咱报社"张刚大篷车"救助的白血病患者张京花的家属，一年多了病情比较稳定，今天是感恩节，我代表我的家人，谢谢您，谢谢你们拯救了我的家庭，没有使之破碎，谢谢！最后祝你们身体安康、家庭幸福，工作顺利，好人一生平安。郭承杰。"

说起郭承杰和他的爱人张京花，就不得不提"张刚大篷车"。在 2010 年寒冷的冬天，齐鲁晚报"张刚大篷车"启动了寒冬送暖活动，郭承杰带着六十多岁的老母亲和五岁的女儿也来到现场，他来给女儿领一件羽绒服。他们向齐鲁晚报记者讲述了亲属张京花得白血病却在医院无钱医治的困境。随后，我们对郭承杰白血病妻子张京花急需要救命钱一事及时进行了报道，爱心企业给他捐助了15 万元左右的善款，张京花也得到了及时救治。

这只是齐鲁晚报张刚工作室这个社区新闻记者团队为民办实事的一件实例，类似这样的例子举不胜举。爱的刻度，决定新闻的温度。一名记者，不仅要有热情、良心、正义，更要有吃苦耐劳为社会服务的精神。齐鲁晚报的编辑记者们，不仅把爱写进了新闻报道中，更是把爱带到百姓身边。

　　社区记者林媛媛，刚进报社一年，就和社区居民结"穷亲"。市中区王官庄居民申全例，丈夫早逝，她儿子在省实验中学上学。林媛媛记者知道后，不但给她儿子捐助学习用品，而且定期到她家里去，在申全例父母亲相继去世时，林媛媛记者以亲属的身份前去慰问并帮他们一家人处理老人后事。申全例说，《齐鲁晚报》就是她一家人的靠山，林记者就是她的亲人。

　　为什么我们要把根扎在人民群众中去？因为人民群众需要我去帮助他们解决各种困难，因为我们的事业，离不开群众的支持。人民群众给了我们新闻工作者不断前行的动力。人民群众是智慧的源泉，只有把自己融入到人民群众中去，我们的记者才有根、有家。

踩着泥巴跑新闻

厦门日报记者　卢漳华

　　我来自漳州一个小山村，深知务农的辛酸。也许就是这样的经历，让我对农村题材的新闻报道更有感触。从某种意义上讲，媒体人和农民一样，我们有广阔的耕耘天地，这里充满汗水和欢乐，而我们能做的就是不停地劳作。

　　作为一份都市型党报，民生新闻一直都是《厦门日报》关注和报道的重点。而同安区农村分布广，农业特色突出，农村题材很自然地成了我关注的焦点。一直以来，报社领导以身作则关注"三农"资讯，指导记者采写相关新闻，新闻中心领导层层把关，让"三农"新闻更有广度、深度和服务信息。虽然工作时间才两年，我深信，用脚体验，用心观察，用情写作，我就能第一时间聆听民声，传递民意，服务基层。

用嘴聊出农村的新线索

　　先聊，再挖掘，这样一来，我也能更全面地将村民们的生活生产面貌如实呈现。因此平日里一有空闲，便骑着摩托车，深入田间地头，听老农晒晒"农经"，或者走进村民家中和他们聊聊天，每

224

次总会有意外收获。

最近的天气是播种的最佳时机吗？农民的收成好不？卖的价钱是否合理？这些攸关农民利益的新闻线索，我都十分关心。走进农民家中，用共同的语言进行沟通交流，能更好地打开村民们的话匣子，就能挖掘出好的新闻来。在很多人眼中，科技创新通常认为是科技人才和技术工人的事，似乎与普通农民无关，其实这是一种偏见。创新来源于生产、生活，来源于丰富的社会实践，农民群众也是创新的主角。

8月22日，记者就从一位农民口中得知，同安区五显镇上厝村的农民叶碰大家里来了一位特殊的客人——福建省农业科学院院长刘波。奇怪的是，这位农民能以何种魅力吸引省农业科学院院长的关注呢？在还没见叶碰大时，觉得他应该是一个农业专家，或者是个合作社的领军人物，然而见到后，却出乎记者的意料。

眼前的叶碰大，黝黑的皮肤，干瘦矮小，很平凡很普通的农民。然而这时，福建省农业科学院院长刘波竖起大拇指"啧啧"称赞，说："农民能有这样的意识了不起啊。"原来，叶碰大自己研发了有机肥，却无法知道是否合格，今年7月底他给福建省农科院写了一封求助信，没想到8月中旬就有专家亲自到家里取走样品去化验，而院长此行则送来了该有机肥各种含量通过国标的喜讯。

用脚丈量农村的新变化

很多新闻"假大空套"现象突出，主要还是因为不熟悉情况、没掌握实情，而俗话说"巧妇难为无米之炊"，没有素材，再能写的人也犯难，这就要求记者要做"三沉式"记者，沉下心、沉下身、沉下力。平日里一有空闲，我便骑着摩托车下基层——要找到我，不是在田间地头，就是在去农村的路上。

而在印象中，同安区埯炉村就是一个平凡且普通的村庄，那里同各地农村一样，牛舍、猪圈，堆着破破烂烂的杂物……真正踏上埯炉村的土地，呈现的是一派欣欣向荣的新农村景象，平坦洁净的水泥路、错落有致的红砖小楼、小花园般的公共设施，让人眼前一亮。记者亲身感受到了新农村的变化——一条条排水管道，将农户的污水排走，一座座整洁的公共厕所，取代简陋的碉堡式茅房，而入夜还有一盏盏路灯、公园灯；一路走来，5条水泥路、4个小公园、4个篮球场，村图书室藏书量近1万册，综合性文化活动中心，配备了阅览室、娱乐厅、电脑室、棋牌室、茶座室、健身房、民乐室等，已对村民免费开放，形成了新村建设中的一大亮点……

用脚"丈量"出的新埯炉村，和之前了解的旧埯炉村形成了鲜明的对比，也让我下笔时，写出了一个更有血有肉的社会主义新农村。

用心提供最及时的帮助

要想最真实地了解农村农民的生活生产现状，反映农村概貌，就必须要抢在第一时间，赶到第一现场。同时，一名合格的记者需要不断调整自己的位置，以平等的姿态对待每一位采访对象，还应该具备正义感和大局意识。

去年12月2日，同安区水洋村村民反映，水洋村有20多个小学生在同安莲花中心小学读书，每到周五中午，公交专线车就会把孩子送到村旁的大路口，但那里离村还有8公里，途中要经过小坪水库，孩子好奇心很强，经常爬到栏杆上玩。村民很担心，希望公交专线车能延伸到村里，把孩子安全送回家。

为此，我迅速赶往莲花中心小学。该采访的人已经全部采访完了，新闻素材也全部齐全了。到底要不要跟他们走一趟呢？没有走这一趟，就不能感受到学生上学路上的危险与艰辛。然而最大的收获却不仅仅在于此，在跟几个学生家长聊天时，有了更大的收获，村路不畅通，不仅阻挠了学生的回家路，更给同安莲花镇水洋村村民带来经济压力。由于交通不便，外来收购商少，茶叶运输难，导致成本增加，基建材料、生产肥料等必需品都得绕道安溪。

记者第一时间将村民反映的情况传达给同安区交通局，工作人员表示，之前曾制定多套交通改善方案，但因为一些原因没有实行，很快将联系多个部门再次到实地查看，寻求新的解决办法。与此同时，报社了解到这个情况后，也积极寻求解决茶叶滞销问题。

关注农村孩子的疾苦，只是集报社之力，发挥报社的影响力，为农民解决实际问题的一个缩影——这样的例子在我们的日常新闻操作中还有很多。在"走进厦门日报社"读者开放日活动中，报社也特别邀请五显镇的菜农、养猪户等前来参加，报社并请来市农业和林业局、夏商集团等相关人员，和农民面对面地话农经，聊农产品流通，给农民提供更多增产增收的经验。而日报大篷车，作为报社一个品牌，它是一部满载希望之车，哪里有需要就开往哪里，帮助有需要的市民解决实际问题。

走基层——我一生的职业追求

辽宁省丹东市广播电视台记者　刘　彤

我来自中国最大的边境城市——丹东。我是 1997 年从一个区委秘书转行为广播记者的，转眼间 16 年了，回顾这 16 年的记者路，我最直接的感受是：只有记者"下去"，新闻才能"上来"。

起初我参与编辑 10 分钟的农村节目，那真是在等米下锅，通讯员送来的都是"长寿稿"，每年就春种、秋收那点事儿，基本改一改数字就寄过来了。不用吧，节目"开天窗"，用吧，又老掉牙了。没办法，我被逼走基层。现在我负责《民生早报》节目中的《刘彤走社区》专栏，还担任《民生热线》的导播和外采，每年采写民生稿件 500 多篇，帮助群众咨询、沟通的问题 2000 多件。多年在基层沉淀下来，我的手机里存了 400 多个老百姓的电话，他们常常主动给我打电话、发短信，提供线索，有时一天就达 30 条。

在过去的记者生涯中，前十年，我钻山沟、跑田间地头，走遍了丹东市最偏远的宽甸县 22 个乡镇，那里的 250 多个村走了有 200 个，最远的往返一次 400 公里，一走就是十天半月；近五年，我走社区，跑百姓民生，市内 183 个社区都去过，粗略统计直接为百姓办的实事有 200 多件。

走基层，我真是尝到了甜头。走到底，走到边儿，你会发现，新闻多到都打自己的腿；而且，因为人接地气，文章便也有了才气和灵性，这些年，我先后有近百部作品荣获各种奖项，其中14部获得省级评比一等奖。

多年来，一辆破旧的自行车陪我走街串巷，进户到院，我对它充满了感激和不舍。如今，自行车外胎已换了无数条，隔三岔五就得"保修"一次，定点给我修车的崔本祥师傅说，这是丹东史上维修最频繁的自行车。我觉得，当记者就是一个给老百姓跑腿的角儿。你开大奔，老百姓还信你吗？我体会，走基层，要带着对群众的尊重走，必须走到采访对象的生活中，走到他们的心里去，真切体验他们的酸甜苦辣，他们才会信任你，才会和你交朋友。

我采访从不用人家车接车送，那样最容易走马观花。不舍得吃苦，好新闻不会自个儿找上门来。跑宽甸农村时，我总是坐早上5：30的第一趟班车，保证在8：00前赶到目的地马上进行采访。采写《互联网上卖鲜桃》，我在河口村跳上一辆顺道的拖拉机，到达卖燕红桃的现场，山上山下忙活两个多钟头。《功德碑前的思念》历经三天采访，一句句经典语言，都是我踏破"铁鞋"硬生生地从大山沟里仅有的几户人家的讲述中"抠"出来的——"有一年，俺们小队都搁面袋子往回拿钱"、"俺们这儿，二十来岁往上的都有媳妇儿，俺们有钱呢！"

多年来，我把体验式采访作为深入基层的采访常态。秋菜上市，和农民一同卖白菜；大年初一，零点的钟声还未敲响，我便在漫天的礼花中跟环卫工人一道扫大街；三伏天，我跟搬家工人一起爬楼搬运重物；跟社区保洁员一道起早冒着大雨清掏楼道口的生活垃圾；太阳底下，跟下岗职工一起坐在马路边"靠活"；建筑工地上，与农民工一起推车、捆钢筋；还是三伏天，我换上一双布底鞋，穿了一件长袖衫，跟城肥站工人一起掏粪挑粪一整天。我的这次体验报道播出后，得到市委、市政府的高度重视，今年，在城区彻底消灭旱厕，已被列入政府为百姓办的十五件实事之一。你说我这粪挑的，多带劲。

走基层，还要带着对群众的感情走。多年深入基层采访，我结交了数不清的平民百姓。现在，百姓的日子越来越好，但难免还有贫困人群。比如残疾复员军人李文田，患脑血栓后，老婆带着孩子走了，他身心俱伤。我长期帮扶他，为他协调解决了很多生活难题，改变了他"没有关系受不到照顾"的抱怨心理。前两天，我买了米面油，把李文田家的小仓库装得满满的，而且我老婆说，今年三十到他家给他包饺子，让他倍感日子踏实有过头儿。

走基层，更要带着记者的使命走。我理解，越是把话筒交给百姓，就越有利于党和政府为民理政。在丹东，有个铁矿沟小区已经纳入政府棚户区改造计划，按常理就不再确定具体维修项目，但有一道险墙汛期又时刻威胁几户人家的安全。这墙到底修不修，这笔钱花得值还是不值？一段时间内这一问题悬而未决。我先后五次跑街道跑部门，上下沟通协调，连续跟踪报道。终于，相关部门重新砌了挡土墙，成为了百姓与政府的"连心墙"。再比如，我采写了《对话卖菜哥》，反映农民进城卖菜难问题，市政府调研论证后，决定在近郊建设一处大型蔬菜批发市场，缓解农民进城卖菜难和城市居民买菜贵的矛盾。今年，丹东市政府承诺为老百姓办 15 件实事，其中有 4 件与我的采访呼吁有关。搞了这么多年基层采访，我体会，作为主流媒体的记者，不仅仅可以当好党和政府的喉舌，还可以当好耳朵和眼睛，当好助推职能部门转变作风、服务群众的有力助手。

还有一件事想和大家分享，就是我泥腿走出《记者铭》。元旦前，三位市民饱含真情地为我写了一篇《记者铭》，我收下了，因为我觉得这是对我们这个职业的一种肯定——位不在高，想民则名；权不在大，为民则灵。斯是记者，心系百姓。谈笑皆民生，往来皆民情。田间地头走，话筒进街庭……责任当使命，真爱作准绳。百姓云："泥腿记者。"

第五编

最美的风景在基层

——"走转改"优秀作品选

导　语

　　"走转改"活动开展以来，涌现了一大批接地气、有人气的好栏目和好作品。本部分收录的是 18 篇较有代表性的优秀作品。值得说明的是，这些作品是人民日报、新华社等新闻单位特别为本书推荐的优秀文章，每篇均配有推荐语。这些描写不同行业发展、讲述各种精彩人生的文章，从各个角度生动反映了多姿多彩的基层风貌，展示了广大新闻工作者走访基层取得的代表性成果。

《人民日报》推荐作品

《边城新记》   /吴恒权　胡　果　刘晓鹏
《我是村里百事通》   /彭　波

　　推荐语:《人民日报》从 8 月中旬便开始推出评论员文章，并在要闻版开设《"走基层、转作风、改文风"》专栏。记者通过各种方式深入田间地头、城市社区、厂矿企业等基层一线，走进群众实际生活，走进群众心灵世界，记录寻常百姓的真实生活，反映普通群众的真情实感。《边城新记》以群众的语言，细致的描写，让读者再次真实地感受到社会发展的巨大变化。《我是村里百事通》文章不长，却生动形象，一个勤于学习、乐于助人的季大爷形象活灵活现地展现在读者面前，这样的人物报道可亲、可敬，朴素真实，能感动人、感染人。

边城新记

吴恒权　胡　果　刘晓鹏

这里是湘西。大山中盘旋，不觉到了中午。平坦处停了车，寻家路边小店，吃个饭，歇歇脚。

也许是饿了，一锅不起眼的小鱼，入口却有说不出的鲜美。年轻的女主人笑了："我家的店一脚跨三省，这菜就叫'三省一锅'！湖南的鱼、贵州的豆腐、重庆的腌菜一起炖。这鱼我们喊做'黄鸭叫'，刚从门口的河里捞上来的！"

主人家继续指点：河叫清水江，酉水支流，上游是贵州松桃县迓驾镇，对岸是重庆秀山县洪安镇，河这边叫茶峒，属湖南花垣县，五六年前改叫"边城镇"。

茶峒？边城？

心中有根弦被轻轻拨动，沈从文《边城》里的文字，一下子流淌出来：由四川过湖南去，靠东有一条官路。这官路将近湘西边境到了一个名为"茶峒"的小山城时，有一小溪，溪边有座白色小塔，塔下住了一户单独的人家。这人家只一个老人，一个女孩子，一只黄狗……

近了，近了，白塔依旧，溪水依旧，只是一户单独的人家，变成了一个小村。

村里有些寂静。沿石板路前行，拐弯处敞着门，是家小小的米粉店。午后 3 点，没有食客，一个中年女人拿块抹布，守着一张矮桌，几只方凳。

"村里田土少，青壮都出去了。"女人招呼我们坐下，说老公姓华，老早就跑到贵州打工去了。小叔子和弟媳妇六七年前也去了宁波，在一家服装厂，一个给老板开车，一个在车间里做衣服，家里就剩她和年逾古稀的婆婆，还有两个侄女。

说话间，两个侄女儿放学归来。姐姐怡鑫上六年级，12 岁，乌溜溜的眼睛，小脸晒得微黑，让人想起翠翠——《边城》里那个和外祖父相依为命的女孩。妹妹小彤上四年级，和姐姐一样好看，一样沉默。姐妹俩挤坐在一起，问她三句，答上一句，和年龄不相称的寡言，叫人看了心酸。父母离家六七年，每年顶多回来一趟，她们最近一次见到爸爸妈妈还是前年春节呢。让姐妹俩找张全家福出来给我们看看，"没有"，姐姐低下头，半天答道。

见有客人，奶奶也过来坐下。老人家说儿子隔两个月会寄 700 块钱回家，平时大儿媳看米粉摊，她照顾家里几亩地，种点包谷，种点菜，挑粪浇地都还行，生活不成问题，就是太冷清。

"想儿子吗？"

"想也是空的了！"老太太摇头。

听说北京的记者到了村里，支部书记和村委会主任赶了过来。原来小村叫"隘门"，248 户人家，1280 口人。400 多劳动力，一半在外打工，像小怡鑫家这样只有老人带着孩子在家的占了三四成。

"我们心疼啊，也在想法子。可是不出去行么，人均五分地，比联合国提出的耕地极限还要低，都守在这里咋个办？"连干了六届村委会主任的华如启，已经 58 岁的村支部书记石九桃，最着急就是肩上这副担子今后谁来担，最盼望就是村里人在离家不远的地方就有活干，有钱赚。

寂静的边城渴望梦想。有梦的边城也走过弯路。

九桃支书告诉我们，清水江两岸盛产锰矿，人称"锰三角"，而无序开采乱排乱放，让环境遭了殃，那时的河水，"拿毛笔蘸蘸，就能写出墨字来"。

醒过味儿来的边城人，更加稀罕绿水青山。"现在从县里到镇上都在推旅游牌，隘门村也不能坐着等啊。"说到这个，村委会主任华如启兴奋起来，今年村里想方设法筹集 100 多万元成立了旅游服务公司，现在清水江里的游船，就是隘门村承包的。

悄悄调转船头的边城招来越来越多的目光。黄永玉老人来了，牵着黄狗的翠翠雕像就立在河心小岛上。沈鹏先生来了，领着 102 位来自全国各地的书法名家，一人一段，将一部《边城》书写下来，镌刻墙上。小小边城还引来更高的关切。中央主要领导先后四次批示，湘黔渝三地携手治污、携手开发，"三不管"变"大边城"，清水江中又见游鱼……前两天遇到镇党委书记、边城景区管委会主任，主任说了句话，让华如启心头热乎乎的，"主任说，大边城，大旅游，最要紧就是让每个村民的利益和景区发展捆绑起来，一同受益。"

告别边城，重新上路，不远处青山间一桥飞架。司机说，那是湖南省重点建设的吉（首）茶（峒）高速，年底就要通车。

边城不边。清水江会有梦想的勇进，也会有滋润的乡情！

（《人民日报》2011 年 09 月 05 日）

"我是村里百事通"

彭　波

"广大村民请注意!"9 月 25 日 14 时，河北省任丘市季家铺村村头大喇叭一如既往地传出熟悉的声音："有些肥要按照配方来施，这样庄稼才能长得更好。"

正在广播的是季树伟老大爷。在村委会破旧的广播室里，季大爷猫在一角，对着话筒侃侃而谈，手头连个提示稿都不用准备。"驻守"村广播室六七年，季大爷早就习惯了通过广播向村民传授农技知识。

季大爷今年 73 岁，一直潜心农业科技知识的研究和推广。从 1996 年开始，他就自费订阅《人民日报》、《河北科技报》等报刊，阅读之外还做学习笔记。15 年来，季大爷的笔记已超 30 万字，剪辑农业科技等方面的材料集近百本，摞起来足有 2 尺高。

这也让他成了远近闻名的"百事通"。村民碰上问题，都愿请他当参谋。季大爷也乐于帮忙、出主意。他曾经主动出资 1300 元，印制农技明白卡，免费发给大家。有时候，他还不定期地举办培训班，教大家实用技术。村民边伟先的棉田长了蚜虫控制不了，他帮着买药，还教给打药的时机和喷洒方法，蚜虫一扫而光；村民们对付不了玉米"钻心虫"，他教人家"要掰开玉米，往芯里洒药"，果然虫子一扫而光。

"村里谁家庄稼有问题，都乐意找他。"村民季乐说，"有些30岁出头的年轻人想种蔬菜，可是没技术也没经验，都是他帮着给带出来的。"季家铺村主要以种植蔬菜为主，在季大爷的带动下，缺技术不再成为困扰大家的难题。

（《人民日报》2011 年 09 月 28 日）

新华社推荐作品

《**流动菜场送惊喜**——北京市周末车载蔬菜市场见闻》

/ 雷　敏　陈雅儒

《**干部包村包组包户：不让一人断水缺粮**》　　　/ 周芙蓉

推荐语：新闻工作的根在基层、源在群众。贴近实际、贴近生活、贴近群众，这是践行群众路线的根本要求，也是做好新闻工作的根本要求。走入基层就是要了解人民的疾苦，了解百姓的冷暖。《流动菜场送惊喜》《干部包村包组包户：不让一人断水缺粮》的报道以记者现场采访体验的方式，生动体现了"只有把群众放在心上，群众才会把我们放在心上"这一理念，充分反映了真实的生活。

流动菜场送惊喜

——北京市周末车载蔬菜市场见闻

雷 敏 陈雅儒

又大又红的辣椒、又绿又嫩的黄瓜、闪耀着露珠的大白菜……27日清晨六点多钟，北京市北航校区周末车载蔬菜市场的摊位前就排起了长长的队伍，居民们都在等着抢购新鲜、便宜的蔬菜。这已经是周末车载蔬菜市场第六次开进北航社区了。

"这里的蔬菜就是新鲜、让人放心，每次来我都会买很多回家。"居民杨奶奶边说边打开她装菜用的手推车，里面有各种蔬菜：青椒、芹菜、茄子、土豆……

"周末车载蔬菜市场的菜比别的地方便宜。西红柿只卖1.2元，而别的地方都在2块钱以上。一次至少能够节省10元钱。"家住北航小区的陈奶奶脸上洋溢着喜悦。

据了解，8月6日率先营业的北京市海淀区北航社区周末车载蔬菜市场，销售品种达20余种，平均价格比超市同类蔬菜价格低20%至30%。

产地直供，最大限度降低流通成本，社区居民受惠的同时也增加了京郊菜农的收入。

"我们收购蔬菜的菜价要高于市场价的10%，因此菜农能够直接受益。"负责经营北航社区周末车载蔬菜市场的北京绿富隆农业股份有限公司董事长张会臣表示，他们采取"公司＋合作社"的运营模式，农户提供安全新鲜的高质量蔬菜，公司负责销售，力求经营效益最大化。

　　周末车载蔬菜市场以便宜的价格、新鲜的质量、较低的流通成本深受买卖双方的青睐。但记者在采访中也发现，周末车载蔬菜市场一周只有一次，很难满足消费者的需求，露天排长队买菜也耗费了居民大量的时间和精力，还有许多地方需要完善。

　　针对这一情况，北航物业的一位工作人员告诉记者，他们会进一步完善管理措施，使周末车载蔬菜市场更加规范化、常态化。"随着天气逐渐变冷，周末车载蔬菜市场会迁移到室内，提供更宽敞的场地，减少居民买菜排队之苦。"

（新华网北京 2011 年 8 月 28 日电）

第五编　最美的风景在基层

干部包村包组包户：不让一人断水缺粮

周 芙 蓉

8 月 30 日，贵州思南县热浪袭人。上午 10 时，枫芸土家族苗族乡政府大院里，乡、村干部 50 余人、30 余辆载着水的摩托车和一辆送水车，分别向干旱受灾的乡村出发，给饮水困难户送去饮用水。

10 时 20 分，乡安监站站长梁健开着摩托车将两桶 100 斤水送到青山村松木林组 72 岁村民张宗娥家，并将水倒进老人水池。老人高兴地说："前两天送来的水刚吃完，今天正好接上。"

张宗娥老人说，今年持续干旱已致村周围水源点全部干涸，她曾到两公里以外的地方挑水，回来路上摔了一跤，至今膝盖上的伤还没有完全好。"多亏了干部们，两三天来一趟，送水送粮的。不然这么大的旱灾，可能还要吃很多苦啊！"

今年以来，思南县遭受春夏连旱，目前全县有 60 余万人受灾，32 万多人发生临时饮水困难，其中有 16 万人需要送水救助。县委县政府把保障城乡居民饮用水作为首要任务，实行县级领导包乡镇、乡镇干部包村组、村组干部包农户的责任制，责任倒查。

根据安排，梁健不仅要包村里4户特殊困难户的饮水吃粮问题，作为乡镇干部，他还要包4个村民小组。"旱情持续加重，群众生活困难，必须对他们进行动态跟踪。8月初以来，我每天还要到包村包组的农户家，看他们的水池和米缸。没有水的按时送去，缺少粮食的向政府反映，及时发放救济。"

枫芸乡政法委书记罗用信说，全乡有3400多人缺水，乡村干部60多人、35辆摩托车和一辆可以运送5吨水的小货车，每天轮流给群众送水到人口相对集中有水池的村，把水运到水池，大家去取。108户特殊困难户均有干部包到户，确保不漏一人。

一个多月来，思南各级干部积极帮助群众渡难关。青山村村委会主任冉军一人包8户困难户，每天要自掏腰包花20元油费给群众送水，他说："大灾当前，能为老百姓解决困难，自己花点钱算不了什么。"他包的8户村民居住分散，一天只能送4户人家的水。8月6日开始，他每天早上6点出门，除了把水送到户，还要及时了解村里其他村民的生活情况，到晚上7点才能回到家。

家住思南县城的乡林业站站长雷恒一个多月没有回家了，他除了包8户困难户和6个村民小组外，还要负责森林防火的相关工作。他说："群众6月份就开始出现饮水困难，为了取水他们肩挑背扛要往返几公里。并且农村老人多，自救能力弱。当前最为迫切的是饮水问题。下半年由于粮食减产，救灾工作任务还会更重，我们都已经做好打持久战的准备。"

尽管烈日当头，酷热难耐，思南县广大干部每天都活跃在抗旱一线，为16万困难群众送去一桶桶"及时水"、一包包救济粮，及时为民解难。

思南县委书记王开禄说："大灾之年，县委县政府千方百计确保困难群众有水喝、有饭吃，绝不让一个群众断水缺粮！"

（新华社贵阳 2011 年 9 月 1 日电）

《光明日报》推荐作品

《六访黎明村——走进宁夏盐池县一个曾被风沙逼得四分五裂的村庄》 　　　　　　　　　　　　　　　　　　　／庄电一

《金怀波和他的放映队》 　　　　　　　／赵秋丽　孟昭福

推荐语：《六访黎明村》是记者庄电一13年间多次在偏远的宁夏盐池县调查走访的最新结果。他亲眼见证了黎明村从一个风沙蔽日的孤寂小村成为一片生机勃勃的防沙绿洲，实施详实，文笔生动。记者赵秋丽采写的《金怀波和他的放映队》，讲述了默默坚守在乡村一线的基层电影放映队的一群人。他们深入一线，与老百姓拉家常、同吃住、共劳动，以清新朴实的语言把自己亲眼所见、亲耳所闻、亲身感受、亲自领悟记录下来，文章亲切感人，堪称新闻佳作。

六访黎明村

——走进宁夏盐池县一个曾被风沙逼得四分五裂的村庄

庄 电 一

"希望你六访黎明村，你到黎明村还会有新发现！"几个月来，记者先后三次接到宁夏盐池县县委书记刘鹏云、县长赵波、副县长王学增的邀请。

8月10日，记者驱车200公里，再次踏上这个曾被风沙逼得四分五裂的村庄。自1998年以来，记者曾5次踏访、多次报道过这个只有48户的小荒村。这次，还能写出新意吗？

黎明村又像一个村了

1998年，黎明村为躲避日益紧逼的风沙，被迫分成了四处，几个庄点"隔沙相望"。风沙不仅分开了朝夕相处的乡亲，也阻隔了曾经深厚的乡情、亲情。最近几年，随着环境的改善，人们重新聚合的愿望也越来越强烈了。记得2009年五访黎明村时，记者在报道的最后特意写道："黎明村会再次搬迁吗？记者希望在六访黎明村时能够得到答案。"

果然，记者在"六访"中找到了答案：冯记沟乡党委副书记强永军、马儿庄村（黎明村为其管辖的一个自然村）党支部书记冯立珍告诉记者：我们已在公路边的"北梁"规划了新村，"南梁"上的 12 户已经全部搬进来了，"东梁"上的 19 户也将在明年搬过来。

借助宁夏危房危窑改造的扶助资金，黎明村的新居实现了砖瓦化。建得较早的几间平房，也在政府的帮助下完成了"平改坡"，更换了铝合金门窗。

噩梦般的记忆难以抹去

"过去的黎明村，'滥杆'（方言：很糟糕的意思）得很！沙子堆得比房子还高！墙基都让沙子掏酥了！"20 多年前到黎明村当上门女婿的贾云，至今忘不了刚来时的印象。

由于过度放牧、乱采滥挖甘草、无休止地向大自然索取，位于毛乌素沙漠边缘的盐池县曾经严重沙化。

"有时吃完饭，碗底会留下一层沙子！""一场风就把沙子堆成山，3 岁的娃娃轻轻松松就到了房顶上！""一年到头用毛驴车往外拉沙子，总也拉不完！"乡亲们七嘴八舌地向记者诉说当年风沙肆虐的景象。村文书白学宝告诉记者：农村人娶媳妇，女方家常常要问那里风沙大吗？风沙大的地方，连媳妇都不好找！

盐池县环境保护和林业局局长路关对风沙也有很深的感受。有一年，路关在一场大雨后清理堆在墙外的黄沙，还没等清理完，房屋竟在夜里坍塌了，房梁掉在家具上，路关拉起睡在炕头的奶奶就往外跑，这才躲过一劫。过后，奶奶每次提起此事都心有余悸。

10 多年过去，这种景象已难觅踪影了。

为了遏制沙化，盐池县不仅采取一系列有效措施制止乱采滥挖，而且于 2002 年在宁夏率先封山禁牧，他们还坚持"生态立县"，尽全力改善生态环境。

采访中，路关带记者看了他们去年在狼洞沟治理的 35000 亩流动沙丘。所见所闻，让记者为那里的治沙奇迹惊叹不已。看来，盐池县近年来获得的"全国造林绿化模范县"、"全国防沙治沙示范区"等荣誉，真是名至实归啊。

黎明村人的脸上看不到忧愁了

这次采访黎明村，记者始终被一种欢乐的气氛笼罩着。记者问村民：担心不担心生态环境再次恶化？他们都说不担心，因为黄沙已经被彻底制服了，谁也不会再干自毁家园的蠢事了。

"现在的政策好！"这是接受记者采访的村民挂在嘴边上的话。村党支部书记冯立珍和几个村民争先恐后地说，现在，种粮有补贴，封育草场有补贴，退耕还林还有补贴……各项补贴加在一起有 560 元呢！

69 岁的崔福香，是记者在黎明村多次采访过的老人。她告诉记者：就在十几天前，她和老伴带着两个孙子高高兴兴地去北京旅游。"坐了飞机、坐了火车、坐了地铁、坐了大巴，看了古迹，看了高楼大厦，还看了毛主席纪念堂，我都是头一回！"说到这次难忘的经历，这位此前只去过一次银川的老人，脸上洋溢着幸福和满足。

生态环境好了，干很多事都有条件了。在各级政府的扶持下，黎明村大力发展舍饲养殖，全村 20 多个养羊大户，一年就有 4 万只羊出栏。王学增副县长告诉记者：今年，盐池县又从有限的经费中挤出 5000 万元，彻底解决禁牧、舍饲中的各种问题。

前些年曾在外面闯荡的白学宝，是崔福香的四儿子。这个善于学习的高中毕业生，经过多年的外出经历，觉得还是在黎明村创业好。他现在养了170只羊，一年可以有五六百只育肥羊出栏，纯收入达10万元。他说，我真正过上好日子是最近这10年。在黎明村干，并不比外出挣钱少，黎明村越来越有前途了！

据了解，现在黎明村的人均纯收入在盐池县已处于中上水平。

黎明村的新"黎明"

"重组"后的黎明村，马上显示出原来分散时没有的优势。原来要拉五六公里长的电线，现在只需拉两公里，省去了很多无谓的支出；原来信息闭塞，现在有事都能及时告知，黎明村与外面世界联系更紧了；曾经疏远了的亲情，也接续、恢复了。

黎明村的前景越来越好。强永军告诉记者："东梁"上的人家搬过来后，黎明村将统一规划，再建200个养殖温棚，将居住区和养殖区分开，人畜分离将更加干净卫生。村里将修建小广场，安装各类健身器材，还要装宽带、装太阳能热水器。再过两三个月，经过净化处理的黄河水就通到各家各户，彻底结束远途拉运和饮用苦咸水的历史。

"你们还有什么希望和要求？我可以代为转达。"虽然记者一再"启发"，黎明村人除了称赞政策好、称赞党和政府的关爱多以外，什么也说不出来。

最后，还是崔福香老人提了个要求："能否帮我贷上两三万元，我也要养几十只羊呢。因为我想给国家、也想给儿女减轻点负担。可现在，因为我年过六十了，银行就不给我贷款了！这个规定能不能改一改呢?"

　　好一个争强好胜、自力更生的老人! 从她的身上,记者看到了所有黎明村人的精神面貌。

(《光明日报》2011 年 08 月 17 日)

金怀波和他的放映队

赵秋丽　孟昭福

"当前西红柿常见病有叶斑病、细菌性斑点病和病毒病，叶斑病需用 500 倍液大生 M–45，加上征露 1000 倍液喷洒叶面……"

8 月 15 日夜，天气闷热，挥汗如雨，但山东省聊城市东昌府区沙镇二张村中心大街上挤满了看电影的农民，他们正在观看数字电影《西红柿栽培管理技术》。坐着的、站着的、靠近银幕前面蹲着的，足有六七百人。这是金怀波和他的农村电影放映队正在给村民放电影。

金怀波是聊城市东昌府区电影公司经理，他痴迷电影 30 年。他曾瞒着家人拿了 6 万多块钱给员工发福利和工资。他的电影放映队，无论刮风下雨，都不会耽误事儿，有一次甚至为一名观众放映到深夜。他被评为全国农村数字电影放映先进个人。

上世纪七八十年代到九十年代初，在电影院工作，是一件令人羡慕的事情。1980 年，21 岁的金怀波从部队复员回来后被幸运地分配到了东昌府区红星电影院，那可是份儿体面的工作。4 年后，由于表现突出，金怀波被调入东昌影院，担任党支部书记、业务经理，一个月的工资有 400 多元，这在当时算是高工资。

1993 年，全国电影体制改革，可是后来，电影无法和新兴媒体抗衡，开始走下坡路。1995 年，金怀波所在的电影院职工集体下岗，他和同为影院职工的妻子双双失业。第二年，为了生存，夫妻二人带领单位几名下岗职工，开始卖早点。之后，头脑活络的金怀波专门做起了"粽子"生意，并创造了年销"金三角"粽子几十万个的奇迹。"做生意虽然让我衣食无忧，但是，我的内心一直牵挂着电影。"金怀波说。

2005 年，东昌府区电影公司濒临破产，难以为继。当年 9 月，按照区委区政府的安排，金怀波接手电影公司，最让他头疼的是，公司账户上居然没有一分钱。"正赶上中秋节，公司十几号职工眼巴巴地看着我。我瞒着媳妇，把几年积攒的 6 万元钱拿出来，给员工们买了油和面，让大家过了一个快乐的中秋节，剩余的钱充当了公司的流动资金。"

让金怀波非常兴奋的是，2006 年初，中共中央、国务院下发了《关于推进社会主义新农村建设的若干意见》，将先前国家广电总局农村电影"2131 工程"明确纳入农村公共文化服务体系，开始正式实施电影下乡工程。

撂了多年的电影放映梦重新拾起。2006 年 11 月，金怀波将自己关在办公室内整整七天，苦苦思索电影放映的出路，终于写出一份报告，递上去后，区里十分重视，被列入政府预算，2007 年 4 月份，财政拨款到了位。金怀波购买了 7 套先进的电影放映器材，在全区 980 个行政村放映电影。截至目前，他们共放映 2940 场，场次和观看人数都是全省县级市第一。

金怀波说，公司经营很艰难，员工既是管理人员又是放映员，但大家积极性非常高，因为十年的下岗生活让所有员工都感受到工作来之不易，只有投入百分之百的热情，才能服务好群众，不辜负党和政府的重托。

金怀波说起了 54 岁的放映员王保华。2007 年 7 月，王保华在道口铺办事处高马村为群众放映电影时突然晕倒，老乡们要把他送到医院检查，苏醒过来的王保华无论如何也不让，说这是老毛病了，休息一下就好，一直坚持把电影放完，才由自己的队友送到医院治疗。

金怀波的放映队里，这样感人的事还很多。有一次，放映员李玉杰在朱老庄乡南杨集村放映农村科技片时，突然电闪雷鸣，下起了大雨，观众纷纷散去，只剩下一名观众还在津津有味地看，李玉杰就和这位观众沟通，建议转移到他家去放，于是就把设备安在他家的大门洞里，影像投放在白墙上，为这位唯一的观众放完了整场电影。

（《光明日报》2011 年 08 月 20 日）

《经济日报》推荐作品

《边检站的红旗在帕米尔高原飘扬》/ 张曙红　赖　薇　姜　帆

推荐语：这是一次不寻常的采访，这是一次极为艰苦的采访。这里是平均海拔 4000 米的"生命禁区"的帕米尔高原，"天上无飞鸟，地上不长草，风吹石头跑，氧气吃不饱，六月下大雪，四季穿棉袄"，记者走进了这个让人望而却步的地方，切身感受着这里的生活，把最真实故事传递给读者，让读者感到着心灵的"震撼"，感受到战士的崇高。这就是基层的魅力。

边检站的红旗在帕米尔高原飘扬

张曙红　赖　薇　姜　帆

在平均海拔 4000 米的"生命禁区"帕米尔高原，"天上无飞鸟，地上不长草，风吹石头跑，氧气吃不饱，六月下大雪，四季穿棉袄"，多少人望而却步。被国务院、中央军委授予"模范边防检查站"荣誉称号的新疆红其拉甫边防检查站就常年驻守在这里，承担着红其拉甫和卡拉苏两个国家一级口岸的边检任务。记者日前慕名前往探访。

营区如家

走进红其拉甫边检站营区，10 座排列得整整齐齐的温室大棚引起了记者的注意，只见大棚里西红柿、辣椒、茄子挂满枝头，生菜、小白菜鲜嫩诱人；大棚旁，鸡满舍，猪满圈，池塘里还有 150 多只鸭子悠闲自得地嬉戏。如果不是营房四周环绕的万仞雪峰，记者还以为来到了物产丰饶的水乡江南。

红其拉甫边检站所在的塔什库尔干塔吉克自治县，由于海拔高、气候恶劣，当地群众没有种植绿叶蔬菜的习惯。以前战士们要吃蔬菜得到 200 多公里外的喀什去拉，路不好走，还常遭遇塌方泥石流，几天回来肉也臭了菜也蔫了。为了让战士吃上新鲜蔬菜和猪肉，炊事班的战士们开始了高原种菜、养猪的尝试。

战士们从营区挖走3000多立方米的沙石，又从上百公里外拉来细土，搬来羊粪，建起5亩综合种养殖基地。经过几年的摸索，克服了高海拔、大风、严寒、冰雹等难题，第一次在高原种出了蔬菜、养活了畜禽，将餐桌上白菜、粉条、罐头"老三样"换成了搭配科学的营养餐。如今，边检站的猪肉、鲜蛋已100%自给自足，蔬菜自供率也超过60%。

战士们的餐桌丰富了，营区的生活条件也有了大的改善。2009年以来，边检站累计投入800多万元改善营区基础设施，添置了健身器材，安装了太阳能洗澡设备。

营区巨变是观念转变的结果。边检站政委谢柱说，"新的时代为红其拉甫创造了新的条件，也赋予了红其拉甫精神新的内涵。过去红其拉甫人特别能吃苦、特别能忍耐、特别能战斗，如今我们提倡特别讲政治、特别守纪律、特别能奉献。生活条件改善了，但艰苦奋斗的精神没有丢。"

国门如铁

由于毗邻巴基斯坦、阿富汗等热点地区，红其拉甫口岸成为新疆反恐维稳、缉枪缉毒形势最为复杂的口岸。1993年口岸下迁到塔什库尔干县城后，红其拉甫又成为全世界孔道最长的陆路口岸，监管难度大为增加。

为了为祖国把好大门，官兵们时刻睁大着警惕的眼睛。他们总结说，"没有国门稳固就没有经济发展。守护国门是一场艰苦的持久战，一刻都不敢松懈。”

如果说“三股势力”、枪支毒品还是边检站官兵看得见的敌人，那么恶劣的自然环境就是需要他们时刻抗争的看不见的敌人。

距离红其拉甫口岸 73 公里的卡拉苏口岸，由红其拉甫边检站代管。卡拉苏的维语含义是“黑水”，因为这里不仅海拔高，而且地表辐射远远超出安全标准，地表水和地下水都不能饮用。就是在这样的环境里，战士们依然每天守在室外检查每一辆出入境的车辆。卡拉苏口岸办公室主任迪丽拜尔告诉记者，2010 年通过口岸的车辆达 4308 辆次，算下来，战士们每天攀上爬下不下 50 次。

来自江苏连云港的女检查员刘静已经在卡拉苏口岸工作了 6 年。年仅 30 岁的她这几年每次检查身体，心肺指标都不正常，原本秀发浓密的她现在也只能束起一根细细的“马尾”。

爱民如亲

今年 7 月的一天夜里，红其拉甫前哨班的战士们送走最后一辆出境车辆正要就寝，突然看见一辆客车从国门处匆匆开来。执勤战士孙洪意迎上前去，一问得知，原来是一名中国路桥公司的员工在援建巴基斯坦公路工地上受重伤，急需送回国抢救。

救人要紧，特事特办。带班领导马上决定暂不查车，让孙洪意先把伤员送到口岸。凌晨 3 点，孙洪意护送伤员经过 132 公里的孔道，终于到达口岸联检大厅。已接到通知的边检站卫生队医生和检查员早已等候在此。经过初步检查和护理，客车留在口岸办理入境手续，边检站派出车辆将伤员紧急送往医院，终于为挽救生命争取到了宝贵的时间。

其实，这已经不是战士们第一次向路桥公司的员工伸出援手了。自 2008 年援建巴基斯坦公路改扩建工程开工以来，边检站先后 20 多次临时开关、多次开通"绿色通道"，确保赴巴务工人员、工程车辆及建筑材料及时快速通关，共跨国救助危重伤病员 30 多名。

在边检站荣誉室，记者看到奖状、锦旗、感谢信多得没地方摆、没地方挂，只能翻拍成小照片陈列在橱窗中，或者封存在柜子里。每面锦旗、每张奖状、每封感谢信后面都有一段感人的故事。

提高边检服务水平，为对外开放、经济发展服务，是新时代赋予边检官兵的新任务。为此，战士们打造了高原生命驿站、孔道 110 热线电话、服务信息网等特色服务品牌。据不完全统计，近 5 年来边检站救助被困车辆 570 多车次，为旅客提供饭菜 1300 多人次，提供住宿超过 300 人次，抢救危困病人超过 120 人次，助相关企业增收近 2000 万元。

如今的红其拉甫边检站，营房整齐，绿树繁茂，繁花点点，群鸽飞舞。条件改善了，但新一代红其拉甫边检人保持忠诚奉献的精神不丢，创新发展的劲头不减，让这面模范旗帜在帕米尔高原高高飘扬。

（《经济日报》2011 年 12 月 25 日）

《解放军报》推荐作品

《练即战：让暴风雨来得更猛烈些——东海舰队加快转变战斗力生成模式新闻调查》　　／张海平　武天敏　李义保　方立华

推荐语：《练即战：让暴风雨来得更猛烈些》选题重大，材料鲜活，事例典型，文笔清新，激情洋溢，特别重视"用新事实阐明新道理"，说理不落俗套，讲事生动形象，在用亲历式笔调采写调研式深度报道方面进行了成功尝试。此文刊出后，全国主要新闻门户网站转载了此稿。

练即战：让暴风雨来得更猛烈些

——东海舰队加快转变战斗力生成模式新闻调查

张海平　武天敏　李义保　方立华

从"练为战"到"练即战"

东海，一场暴风雨袭来。

这时，一艘艘舰艇驶出军港，告别近岸浊黄的海水，直到舷边沸腾翻滚的海水变成深绿、墨蓝……

在那波涛汹涌的海洋上，一场场实兵对抗演练进入高潮。东海舰队首长告诉记者，今年的对抗演练有个变化——从"练为战"变为"练即战"。这种变化，用他们的话说就是："让训练更贴近实战，让暴风雨来得更猛烈些。"

上战舰，走东海，记者一路在观察：练即战，他们面对的是怎样一场风雨？

一场考核杀气腾腾，两位舰艇长海上对决红了眼。舰队首长下了决心：不能等到"街亭"失了再"挥泪"——

"马谡"今天就要"斩"

"起航！"某驱逐舰支队"三明"舰舰长何锋，率舰去捕捉潜伏在水下的一条"大鱼"——某潜艇支队的一艘潜艇。

此次远航训练不一般，这是何锋全训舰长合格考核的一次攻潜考试。

指着一张偌大的海图，何舰长说："那艘潜艇已经出航七八天了，现在它在哪片海域、深度多少、什么航向，我是一问三不知。"

一问三不知，还必须抓住它。何舰长说，一旦在规定的时间内对手溜掉，或者被对手发射鱼雷"击中"，全训考核就会前功尽弃。

要命的是，潜伏在海底的对手，恰恰也是一名参加全训考核的艇长：某潜艇支队331艇艇长朱爱根。一旦他被何舰长抓住，他将面临同样的命运。

不管双方如何优秀，这次考核一定要"PK"掉一个。于是，考核变得杀气腾腾，两位舰艇长未曾开战已经红了眼。

然而，曾几何时，考核却并非如此。

——考核真正的比拼不在海上，而在纸上。复习考题上千道，复习资料几十本，书桌一张，间隔五米，考官游动，考纪严明。考前背题大汗淋漓，考后忘了十有七八。所考内容重操作、轻作战，考来考去，舰长变成了"船老大"。

——海上实装考核划定"攻潜区"，圆规一划，尺子一量，海图上巴掌大的一片海域，潜艇就在下面"藏"着。"说是藏，往哪藏？那片海区下面是沙子还是石头我都知道，抓不到才奇怪！"何舰长说。

——如果舰长和艇长恰好认识，还是好朋友，考核没准会变成一场"比拼秀"……

如今，一切都变了。

——双方谁也不敢拍胸脯。此前尽管他们答过无数的题、做过无数的卷，今天写在纸上的"满分"统统"归零"，且看海上比拼谁胜谁负。

——双方同时被装在一个巨大的"黑箱"里。对手在哪里？对手会怎样打我？我该怎样攻？怎样防？一连串的考题变成生死攸关的战场决策。

——双方都是"考生"，谁也不敢"放水"。因为放过对手就意味着自己"出局"，双方谁也输不起，两人头上都悬着一把剑。

"这种考核对他们很残忍，但必须这样考。否则他们虽然当上了'合格舰长'，会不会是明天战场上的'马谡'？"舰队司令部一位领导说："考核成败就是打仗输赢。所以舰队首长下了决心：为了不在打仗时'街亭'失了再'挥泪'，'马谡'今天就要'斩'！""斩马谡，就是要改变脱离实战的考核。因为不从这里下刀，天长日久，关羽、张飞、赵云也会被考成马谡！"

此次对抗谁赢了？截至记者发稿时，对抗仍在进行中。

明明是"空中开花"，怎么说"拦截失败"呢？靶子的变迁史，让某驱逐舰支队官兵发现——

"敌人"绝不是"木偶"

说起那天的演习，某驱逐舰支队"福州"舰舰长赵国胜记忆犹新："对空雷达屏幕上突然出现大片雪花。我们抓住'敌'电磁干扰间隙发射导弹。'轰'地一声，大海上空闪现一团火球，'敌'来袭导弹被击毁！"

然而，就在赵舰长向编队报捷时，另一枚加装了干扰源的靶弹，又向战舰高速袭来，该舰被判"拦截失败"。原来，对手玩了一招"螳螂捕蝉，黄雀在后"。真相大白，官兵们惊出一身冷汗！

"训练酷似实战，原因在于靶子变了。"长久以来，海上演兵时经常听到"导弹来袭"的警报，但人人都知道其实"啥也没有"，导弹是带"引号"的，敌人也是带"引号"的。"后来，防空演练中有了靶机。"赵舰长回忆说，靶机其实就是用真飞机拖曳的航模："它不会拐弯，不会机动，速度又慢，充其量是一个空中信号反射源。"

"只要锁准目标，导弹一般情况下会百发百中。打靶其实考验的是导弹的质量，并非打仗的水平。"赵舰长说："以往多少次，我们打掉的就是一个个'木偶'。被'木偶化'的敌机，甚至还不如一只活蹦乱跳的鸟！"

如今，靶弹登台了。记者看到，这种靶弹是用某型实弹改装的，除了没有安装"战斗部"，与真实的导弹没有什么差别。而且，导弹上还安装了干扰装置。

"防空导弹打靶弹，好比针尖对针尖。何况，对方向我们发射的并非一枚导弹，而是一下子发射四五枚，在空中连续飞来，你要辨别哪枚是诱饵弹、哪枚是真正威胁你的导弹，还要逼着你把所有靶弹打下来，你说，难不难？""福州"舰对空导弹技师蒲小刚说。

"靶弹变了，靶船也变了！""杭州"舰对海导弹发射技师熊九金告诉记者："传统靶船抛着锚被动等着挨打，新型智能靶船能遥控机动，靶船上还加装了电磁干扰设备，诱导来袭导弹偏离航向，非常难打。"

靶子的变化，让实战化训练终于变"实"了。然而，让"木偶"

变成"活蹦乱跳"的敌人，并非一蹴而就。敌人真的不再是"木偶"了，打"砸"了就成了常有的事，演练不再是皆大欢喜的结局。

"伤心总是难免的，我们却是一往情深。"赵舰长幽默地改了一句歌词，如此注释："平时瞄什么样的靶子，决定战时打什么样的仗！"

敌人"活蹦乱跳"又"神出鬼没"。几场演练中，岸基、海上和空中电磁迷雾笼罩，电子干扰由单一向多元、由平面向立体、由阶段体验向全程覆盖拓展。某驱逐舰支队王建勋支队长回忆说："雷达屏幕上一片花白，每艘舰平均收发信息多达上千条，舰长眼花缭乱。如何拨云见日？如何在海量信息中去粗取精？步步是坎，惊心动魄，现在的舰长真的不好当！"

"研讨式训练"对一次发射给出颠覆性评价，启示指挥员把"靶场思维"转到"战场思维"上来——

千方百计寻找"我哪里不行"

在驱逐舰某支队组织的"研讨式训练"中，有这样一个案例——

一次演习中，"连云港"舰发射防空导弹抗击靶弹，第一枚导弹没有击中，紧接着又发射了第二枚，靶弹空中开花。

然而，此次补射当时非但无人喝彩，"连云港"舰还受到批评。批评者说他们"违反要求"，因为按照预案，"连云港"舰没有击中时，应该由编队的其他战舰来拦截，借此锻炼"体系作战能力"。

当时，这种批评大家觉得都对。现在，大家有了反思——"连云港"舰这样做该批评吗？能这样理解"体系作战"吗？演习就是打仗，第一颗子弹打空，"再扣一下扳机"有错吗？

"除非是靶弹飞出拦截射程，或是兄弟舰已经处于饱和拦截状态，否则这个'第二枪'开得无可厚非。这就是打仗！"谈及此事，支队长黄新建说："一些同志讲实战标准，仅仅停留在不要弄虚作假，这实在是一个太低的标准。其实更重要的是，到底什么是实战标准？"

"明确实战标准，关键是要把'靶场思维'转到'战场思维'上来。"黄新建认为，"靶场思维"更多的是关注"我很行"，在"满堂彩"中击掌欢呼；而"战场思维"特别强调关注"我哪里不行"，在反思中痛定思痛。他说："实战从来没有'剧本'。如果我们平时训练只想证明自己如何过硬，而不是发现问题，那训练对于打仗而言还有什么价值？"

捅破了这层"窗户纸"，很多颠覆性的理念便由此产生。

"平时训练再'行'，打仗也可能'不行'。"舰队司令部军训处处长杨卫忠举了一个例子：上世纪 50 年代初，美国一所大学统计了 300 万份伤亡报告后发现，在战场上真正由轻武器精准瞄准射击造成的伤亡比例极少，大多数伤亡是由密集射击或流弹造成的。

"没有天生会打仗的战士。"某潜艇支队支队长马立新记得，一次潜艇在水下远航时，艇长随机设置了一个"意外情况"——空气再生装置突然烧炸了。"咣"地一声，旁边一个战士一下子吓懵了。"不能笑话我们的战士，那是人正常的心理反应，谁也不是天生的钢铁神经。"话锋一转，马立新说："也没有天生会打仗的艇长。比如潜艇紧急上浮时有一连串的处置动作，艇长就一个不能错。老百姓开车有时都会把油门当刹车，艇长不行。这靠什么？也靠训练！

今天舰队党委提倡练即战，就是千方百计让靶场与战场、训练与战争划等号，让我们千方百计去查找'我哪里不行'。"

"像作战一样训练，像训练一样作战"。这两个"像"字，前一个是在平时写的，后一个是在战时写的。只有写好第一个"像"字，我们才能在未来作战中写好第二个"像"字！舰队首长向记者说了这样一番话。

扫雷舰出海去扫真实的 "战雷"，引来一片哗然。舰队首长一锤定音：没有硬碰硬的打仗本领，安全想守也守不住——

不能不碰风险这颗"雷"

一纸演练命令传到某扫雷舰大队：此次训练扫真实的水雷，科目叫做"实扫战雷"。

起初，官兵一片哗然。"我们都怀疑自己听错了。"某扫雷舰大队战士卢伟说："战雷有多厉害我们最清楚：500 吨、1000 吨的船它可以轻而易举地炸成两截，就算是四五千吨的驱逐舰，它也能让你瞬间瘫痪。所以过去训练都扫不装炸药的'哑巴雷'，如今要扫战雷，不要命了?!"

面对议论，上级领导不为所动：从古至今没有听说过胆小的军人能打胜仗。对于军队来说，越是和平日久，越是要锤炼不怕死的精神。安全是练出来的，不是守出来的。胜利是打出来的，不是等出来的。假如我们今天不去面对生死考验，明天战争来临时，我们拿什么去保国家的平安?!

于是，官兵们心服口服但又忐忑不安地出航了。"第一次扫战雷，头天晚上很多人一宿没睡，出航一路上没人说一句话。水雷在什么位置？什么时候会爆炸？大家心里都没有底。"某扫雷舰大队战士谭爱峰回忆说。

海面上，扫雷舰渐渐接近水雷。400 米，水雷像睡着了一样。300 米，还是没反应。150 米、140 米、130 米……突然，"轰"地一声，一个 60 多米高的水柱冲天而起。

教科书上说，这种水雷距离 400 米就可以引爆。但是，扫雷舰实际引爆的距离，远远小于 400 米。面对这个结果，官兵们倒吸一口凉气："如果不是试这一下，一辈子都会被蒙在鼓里，要是用老数据去打仗，不知道会发生什么事情！"

这一点，某潜艇支队的官兵们深有同感。他们通过极限长航训练，居然发现洋底一个水道的水流方向和教科书里写的完全相反。"冒险训一下有可能知道，否则绝对不知道。现在我们体会到，实战化训练不但可以激发大勇气，还可以换来大聪明，产生大智慧，避免大灾难！"支队长胡武波说。

突破心障，就走近了战场。东海舰队航空兵组织远海低空飞行突袭演练，飞机在深夜贴着海面飞。谈到一次次历险，东海舰队航空兵参谋长魏华彬说："过去我们常说'平时多流汗，战时少流血'。现在要看这汗是什么汗，这汗不该仅仅是累出来的热汗，也包括'惊'出来的冷汗。"

万组数据支撑一份演练总结报告。官兵发现，"李逵"式的打法不行了，打赢的都是"智多星"——

"练即战"为啥这么灵

一艘潜艇出海训练回来，一份包含 12500 组数据的《海上某科目训练总结报告》上报支队党委："某舱室战位温度 18℃，30 分钟共搜索到目标 51 个……"

"过去的训练总结报告大多是做法、经验、教训几大块，现在完全不同了。"艇政委胡维汉告诉记者，潜艇出海训练时的舱室温度、湿度、气压、电压、电流等数据均记录在案，千呼万唤的精细化训练成为现实。

所为何来？为了打仗。现在，艇上优秀的声纳兵不仅能听出舰艇，还能分辨出是哪条舰艇——数据库中有对方的"声音指纹"。进而言之，对方指挥员姓甚名谁、性格特点也有数据在案，因为"仗是人打的，知己知彼的最高境界是知道对方习惯怎样出牌。"

练即战，让官兵懂得算"效费比"了。"就算潜艇停在码头不动窝，消耗加折旧也不少。"某潜艇发射技师王朝说："算算账，真心疼。心一疼，观念就改变了。过去潜艇一出大洋，就有飞机和舰艇来侦察，我们觉得它们很讨厌。现在很'欢迎'，我们不用花一分钱组织，有人就来当陪练，这样的好事不干就是傻瓜了。"

练即战，让官兵"胃口适应战场"了。记者看到，一艘潜艇潜航期间，官兵就餐非常简单但营养丰富。"吃饭也是实战化训练课题。"某潜艇支队政委王岳忠说："打仗出海，不能像在陆地上煎炒烹炸、七个碟八个碗地摆，汤汤水水的是上不了战场的。再说，做饭很复杂容易产生较多的生活垃圾，潜艇抛射垃圾极易暴露目标。用'练即战'的眼光看改变饮食习惯，就没有必要费一堆话来解释了。"

练即战还改变了什么？某作战支援舰支队政委雷根法说："出

海训练，指挥员的精力很少用在部队管理上。为什么？因为实战摆在那儿，实实在在按制度办事，目的是减少官兵伤亡，依法治军从严治军就顺理成章。练即战也让战士们知道，打仗环环相扣，一个无能的兵就能葬送一条舰，他能不刻苦训练提高技能吗？"

练即战就这么灵？雷根法的回答板上钉钉："就这么灵！"

练即战的"灵"，还表现在官兵的脑袋越来越"灵"。

这天，东海舰队航空兵一场超视距"红蓝"对决在海天间打响。外行看热闹，内行看门道。团长杨勇指着监控屏幕上一条条纵横交错的战机轨迹说："瞧，每一次攻防都说明双方飞行员在天上斗智斗勇！"

一场激战，红蓝双方不相上下，胜负无分晓。"又是一场平局。"杨勇告诉记者，过去摆练，拼的是战机的性能；现在自主对抗，较量的不仅是装备，还有"脑袋"。"李逵"式的打法不行了，打赢的都是"智多星"。

一次在领海线上的遭遇让将军永生难忘。放眼大洋，东海舰队的官兵们看到了实战化训练更远的风景——

不行万里路岂知风雨狂

这天，海上风更猛，雨更大。望着苍茫的海面，一名将军讲了一个故事——

"那年，一艘外军军舰来访，我方派出一艘军舰迎接。到了领海线上，我们的军舰升旗欢迎，外舰却左等右等不来，我们打开雷达搜索，也不见对方的踪影。突然，我们的雷达屏幕一片迷茫。怎么回事？正在大家困惑的时候，海平面上出现了外舰的桅杆……"

"原来，对方收到我们的雷达信号，不是回应，而是马上释放电子干扰。这是打仗的程序，这说明，在外军的眼里，任何陌生人首先都是敌人！"

听了这番话，大家都陷入了沉思，耳中只有海浪拍击船舷的轰鸣……

"我们这支军队，几十年不打仗了，有时候看看外军，对我们很有启发。""常州"舰舰长梁阳，曾在联合国总部任军事观察官，被派到北非利比里亚维和部队当过营长，手下3个连：一个瑞典连，一个爱尔兰连，一个英国连。说起外军同事，梁阳印象深刻："他们都有实战经验，开车进入雷区后不慌不忙，顺着车辙把车倒出去。3个连队尽管不是来自一个国家，但所有的军车，大到装甲车小到吉普车，使用的都是一种油料，战时保障非常方便……"

"海军是国际性军种，实战化训练要有国际视野。"这不仅仅是梁阳舰长的感悟。东海舰队官兵见多识广，某驱逐舰支队的护卫舰群全部参加过亚丁湾护航任务，90%的舰员出过国，出国最多的军官达到10几次。

放眼大洋，启示多多。关于舰艇长全训考核的残酷"PK"，在东海舰队也有外军参照系。舰队政治部一位领导告诉记者：在真正指挥一艘皇家海军潜艇之前，英国潜艇艇长们需要通过一系列近似实战的测试。测试有一个名字：毁灭者。胜利者自不待言，而失败者将接受考核教员奉送的一瓶威士忌，并被护送上岸。从此，他永远再不能踏上英国海军的潜艇！

"让一切不适应战争的事情毁灭在平时，才能胜利在疆场！"

他说。

风未停，雨未歇。记者站在舰桥上极目远望，高尔基的《海燕》跳出脑海："在苍茫的大海上，狂风卷集着乌云。在乌云和大海之间，海燕像黑色的闪电，在高傲地飞翔……"

（《解放军报》2011 年 12 月 19 日）

中国国际广播电台推荐作品

《和平方舟再远航　中国情谊与和谐理念一路同行》

　　／王庚年　肖中仁　刘轶瑶　张一夫　张　晖　马博辉

　　推荐语：这是由中国国际广播电台台长王庚年亲自带队下基层的一次大型采访活动，通过随行采访，用声音等手段描述了"和平方舟"号医院船的远航生活和工作状态，让听众了解了一个真实的海洋军人们的生活故事，语言朴实、感人。

和平方舟再远航　中国情谊与和谐理念一路同行

王庚年　肖中仁　刘轶瑶　张一夫　张　晖　马博辉

（音响一，启航汽笛声出，压混）

汽笛声声，中国首艘自行设计制作的万吨级医院船"和平方舟"号，在祖国 9 月暖阳的照耀下，缓缓驶离浙江舟山某军港码头，赴古巴、牙买加、特立尼达和多巴哥以及哥斯达黎加，执行"和谐使命——2011"出访暨医疗服务任务。在未来的 100 余天里，中国精湛的医术、优质的医疗服务、博大精深的传统文化、对拉美国家人民的深厚情谊以及对"和谐世界"理念的不懈追求，都将随着医院船的航迹，穿越太平洋，横跨巴拿马运河，直抵加勒比海沿岸，与拉美友人分享。

按照国际惯例，"和平方舟"号医院船以白色涂装，两舷和甲板上的红十字标识分外醒目，鲜艳的五星红旗和白底红十字旗迎风飘扬。这艘被誉为"现代化海上流动医院"的中国医院船，医疗设备的配置相当于中国三级甲等医院水平。它到底有着怎样优良的性能？此次拉美之行又将完成什么任务？启航前，在"和平方舟"号的驾驶舱和甲板上，本台记者带着这些问题与副船长谢小军进行了一番对话：

（音响二　王庚年与谢小军对话出）

王庚年：我们知道这条船不仅是我国我军的第一艘（万吨级医院船），同时也是世界上第一艘。请为我们介绍一下这艘船的基本情况。

谢小军："和平方舟"是 2008 年 12 月服役的，全船总长 178 米，宽 24 米，满载排水量 14300 吨，最大航速可以达 20 节以上，巡航速度 18 节，可以连续航行 5000 海里。这是我们船的基本情况。

王庚年："和平方舟"号马上就要启程远航了，请副船长为我们介绍一下这次航程的情况。

谢小军：我船计划前往拉丁美洲，进行四国友好访问暨医疗服务。途经夏威夷，经过巴拿马运河，到古巴、牙买加、哥斯达黎加等四国进行友好访问和医疗服务活动。

王庚年：谢谢副船长同志，祝你们一路平安，凯旋归来。

据了解，此次航程将创下中国军事交往史上的多个"第一"：这将是中国海军医院船首次到访加勒比地区，首次访问古巴、牙买加、特立尼达和多巴哥以及哥斯达黎加，也是中国与上述国家首次开展海上医疗合作。

"和谐使命——2011"任务海上指挥员邱延鹏少将在接受本台记者采访时表示，这一次任务有许多新特点和新挑战。

（音响三　邱讲话出）

"一是，这次任务是我国舰艇首次到访加勒比地区，意义非凡。二是，这次任务航程远、海区生疏，而且恰逢台风的多发季节，对任务官兵和装备都是极大的考验。三是，到访国经济医疗条件相对发达，对服务的内容和质量提出了更高的要求。"

针对这些新特点和挑战，中国军方在健全机制、完善方案预案等方面进行了精心准备，医院船还有计划、有重点地进行直升机着舰、国外医疗服务部署等针对性训练。

（音响四　解放军军歌出）

伴随着雄壮的中国人民解放军军歌，"和平方舟"号医院船开解缆绳，缓缓驶离码头，416名官兵在甲板上与祖国挥别。挥手间，医院船驶向深蓝，开始了23000多海里的远航。

然而，为了确保医院船的正常行驶，不少官兵无法经历这挥别祖国的瞬间。比如，医院船机电长成建荣上校。启航的瞬间，他正在舱内专注于动力准备和事故排查。职责所在，无论驶离或者抵达，他永远无法第一时间看到热闹的港口。

（音响五　成讲话出）

"我们心里有这种体验，他们在外面挥手的时候，我们在机舱里面早早把机器准备好。比如说，我们要准备好动力部分，空调准备好。我们只能是幕后的，（但是），我是这条船的机电长，我永远感觉到一份荣耀。像我这么多年了，执行的远航任务很多，看到外面的世界却是不多的。当我们的船靠好了，也能看到外面的世界——原来是这个样子的；或者从记者的电视镜头里看到，心里去体会，一样的高兴。"

这位有着28年军龄的老兵，虽然工作在舱内，噪音极大又非常湿热，而且很少能见到波澜壮阔的海景，但他依然视船上的各种机械设备为家人。怕妻子不开心，他总爱将机械设备比喻成自己的子女。在他看来，自己的心与职责同在。

（音响六，成讲话出）

"我是1984年底入伍的，现在快28年了，干机电的，（工作环境）噪音，潮湿，辛苦。船在动，心也在跟着它在跳，为什么，你的职责在那，就必须要完成使命。"

随"和平方舟"号医院船远航的官兵共计416人，其中医护人员107人，均是来自军队各医疗机构的骨干。与军医们同行的，除了医院船上原有的CT、眼科显微手术系统、数字X射线成像系统等先进设备外，数字单兵信息监测系统、手术模拟仿真系统、远程心电系统和机器人遥操作脑立体定向手术等10多项新硬件系统和新技术也将首次亮相。海上医院携带的药品共计70类1512种。此外，一架医疗救护直升机也随船远航。

行前，此次任务海上医院门诊部主任、海军总医院普通外科副主任姜福亭做了大量准备。这位经验丰富的军医坦言，为了更好地和拉美地区的患者沟通，医生们花了不少时间强化英语并学习西班牙语。

（音响七，姜讲话出）

"我们队的人员英语基础都是很不错的，每个人都根据接诊或者跟病人术前谈话等情景做了一些针对性的准备，比如准备了一些相应的视频和音频材料。目前海上医院会讲西班牙语的人比较少，可能语言交流有些困难，我们也有预案，做一些西班牙语的关键词，通过文字交流弥补语言交流的不足。实际上我们在日常工作当中也遇到过像乌克兰或者其他一些国家的患者，语言也不通，但是最终通过各种交流，都能够完成任务。我个人认为医疗无国界，决定医疗成功与否的因素并不是语言。"

值得一提的是，为了更好地为拉美四国患者提供医疗服务，"和平方舟"号医院船特意从中国国际广播电台借调一名西班牙语翻译，以增强沟通交流的力量，无障碍地与拉美国家人民"零距离"接触。

医院船设有收容300个伤病员的床位，可以同时展开8台手术。船上建有检验室、特诊室、重症监护室、X光室、手术室、牙医室等医疗专用舱室。据姜福亭介绍，海上医院精心挑选了不少医疗服务项目，除了开诊治病外，还将为拉美四国的民众进行大范围全面体检。

而"和平方舟"号医院船所到的古巴等国，有着雄厚的医疗基础，因此，双方还将开展深入的学术交流。姜福亭透露，在外国人眼中略显神秘的中医疗法将随船亮相拉美。

（音响八，姜讲话出）

"交流最根本上来讲是文化交流。我想就是把我们优秀的传统文化介绍给这几个国家的人民，让他们对我们有更深的了解，这对增进相互的友谊是有帮助的。比方讲，我们这次来的有传统的医学项目针灸、理疗等，还有中西医结合的针刀技术。据说这几个国家的人民都很感兴趣。拿我本人来讲，也准备了一个题目是'太极文化和太极拳'。我本人有几十年太极拳的实践，我准备了一些素材，像图片、影像，还有这次要用英文交流，太极的术语翻（译）成英语还是有难度的。"

此次远赴拉美是"和平方舟"号医院船第二次开展军事外交。去年，这艘医院船曾前往亚丁湾、索马里海域，为在那里执行护航任务的中国海军官兵进行巡诊，并为孟加拉、肯尼亚、坦桑尼亚、塞舌尔和吉布提五国民众提供医疗服务，受到了当地各界和国际社会的广泛赞誉。

在中国军方高层看来，海上医院的远航，将推动中国与各国人民的传统友谊。启航仪式上，中国海军副司令员徐洪猛中将表示：

（音响九，徐讲话出）

"'和谐使命——2011'任务是建设'和谐世界'、'和谐海洋'重要思想的具体实践，对促进与加勒比地区国家和人民的传统友谊，提高海军执行多样化军事任务能力必将发挥重要的作用。"

（音响十，海浪声出，压混）

海风海浪一路相送，当文明之师与红十字同行，当和谐世界理念与救死扶伤精神携手，在未来的 100 多天中，拉美人民将与中国医院船有着怎样的交集？又会产生多少故事？敬请关注本台"和谐使命电波传情"后续报道。

（中国国际广播电台 2011 年 9 月 23 日播出）

《工人日报》推荐作品

《19 条汉子的温馨小站》　　　　　　　　／杨　军　张　菁

推荐语：长治北车站是郑州铁路局最为偏远的线路区段，孔庄车站交通闭塞、信息不畅、吃水购物困难，是这条线路上最为艰苦的车站。记者对车站的生产生活状况和思想实际进行客观真实、积极地报道，在车站引起强烈反响，振奋了人心、鼓舞了士气。车站还专门向工人日报写来感谢信。

19条汉子的温馨小站

杨 军 张 菁

天空下着时疏时密的雨，低垂的乌云把晋东南的太行山脉包裹得严严实实。出了长晋高速公路，汽车拐进太行山，在湿滑泥泞且只有一条车道的盘山路上勇敢而艰难地行驶，有时，我们乘坐的四驱越野车甚至要倒行到稍宽点的地方，才能让对面的车开过去。行驶中，每个人都不禁抓紧了面前的把手。

一个多小时后，颠簸的汽车停了下来。

"到了？""前面没路了，要穿过这些铁道，再往前走几百米才到孔庄车站。"和记者一起走基层的郑州铁路局长治北车站党委书记童永强说，"稍等一等，车站来人接，一起把车上带的青菜和猪肉运进去。"在郑铁局和长治北车站有个传统，无论哪级领导到孔庄，都要带些新鲜的蔬菜，因为交通不便，车站职工吃菜难。"到最近的晋城市买一次菜最少也要一整天，还得在晋城住一夜，因为一天只有一趟客车经停孔庄。"

说话间，六七位车站职工从铁道对面高一脚低一脚地穿行过来。大家七手八脚拎起菜、肉，跳下铁路穿过一根根铁轨，向郑州铁路局最偏远的小站——孔庄车站走去。

孔庄车站是长治北车站管辖的一个四等小站，共有 19 名职工，是清一色的男子汉。小站地处太行深处，山高谷深，地形复杂，铁轨弯成一个 U 型大拐弯，车站位居中间，两边进出站的列车相互看不见，被称为太焦线上的咽喉，牢牢控制着晋煤外运的南通道，每五六分钟就要通行一趟列车，长治北车站一年 6800 万吨煤炭南下华东、华南方向，必经此站！所以，小站的责任特别重大。车站 19 名职工以安全为使命，克服交通不便、信息不畅、寂寞孤独等常人难以想像的困难，忠实履行职责。"到 9 月 5 日，车站已安全运行 10473 天。"孔庄车站站长扈红宣说。

　　在信息时代，我们走进了这个闭塞的山区小站。说它"闭塞"，一点都不夸张，不仅道路阻塞，而且连网络也不通！为了让职工能够上网浏览新闻、聊聊天，长治北车站专门买了无线上网卡送来。像这样既实用又体贴的投资在小站里处处可见。"这些年建生活线、文化线，局里和长治北车站没少花钱，弟兄们上班和休息的地方改善了不少。"从参加工作起就在小站的扈红宣还不大习惯说"标准话"。

　　一进小站，迎面看到的，就是一幅"自强不息，埋头实干，立足孔庄，勇创一流，努力建设精品中间站"的大红标语。

　　穿过走廊，我们来到了生活区。窗明几净的环境着实让我们吃惊：十几个汉子能把这里打理得如此井井有条真不容易——

　　职工活动室内，陈设着乒乓球台等健身器械，手痒的我们忍不住上去挥了几拍。会议室里摆放着卡拉 OK 设备，图书阅览室有各种书籍、报纸、杂志等，喜欢运动的助理值班员苏畅山说他也喜欢看书，"最爱看趣味性的讲故事杂志了"。职工宿舍内整齐的床铺，洁净的地面让大家工余有了一个舒服的休息空间。推门走进一间宿舍，下夜班刚睡醒的助理值班员马占东正在看电视，"每间宿舍里都有电视，这是我们获取外界信息的惟一途径。"

餐厅不大，只有4张桌子，但足够19个汉子在这里聚个餐、喝个酒。储藏室内的货架上摆着各种食物，还有几箱方便面以备不时之需——一旦遇上天气不好下不了山，就拿方便面充饥。扈红宣说，以前，车站吃水最难，先吃站底河沟里的水，河水污染了就只能到几百米外挑水吃，当时规定下夜班的人必须挑上一挑水才能回宿舍睡觉。前两年，路局投资200余万元，在站旁打了一口600米深的井，彻底解决了吃水难题。

厨房内，几个小伙子正在包饺子。他们说，车站从邻近的村里请了一个厨师，平时吃饭不成问题，可遇上包饺子，弟兄们是都要来帮忙的，大家难得在一起热闹一下。"你们是有小站以来第一批到这里采访的媒体记者，我们包饺子欢迎!"小伙子们包出的饺子形态各异，还不时地炫耀着自己的"作品"。我们也忍不住加入进来，一边包一边煮，不一会儿香喷喷的饺子就出锅了，山上采来的野韭菜做的馅味道就是不一样!

齐全的硬件设施极大地改善了职工们的生活质量，大家在工余能够安心、舒心、开心，工作时就能专心、细心、尽心。采访中我们了解到，尽管守护着交通线，但这里的职工却是交通最不便的人。孔庄站职工基本上家住站外，最近的在晋城市，路程也要半天;最远的在山东东明县，来回一趟就得两三天。我们到的那天，就没能见到童永强一再提到的年龄最小、家住最远的青工邢友信，他下夜班正在睡觉。小伙子23岁了，人挺帅但至今没有对象。工友们说，如果按正常上 4 天班休息 4 天，他到家呆不上 1 天就得回来。来自河北廊坊的宁春山也有着同样的困难，所以，站里为这些职工安排连续上班十几天，这样就有更长的休息时间。

或许常人不能理解每天都上班的困难，但对小站职工来说，多在山上呆一天，就意味着更长时间的与外界隔绝。马占东无奈地说："在这里呆久了，啥都不知道，回家后不适应，和朋友聚会，只能带着耳朵去听。"

"来以前就听人说这里苦，怎么苦没有体会，住了一个礼拜，感觉到最大的苦是交通不便和信息闭塞，这些制约了岗位的吸引力。路局和长治北车站不断加大生活线文化线建设力度，就是要给艰苦站段职工一个舒适的工作生活环境。现在，职工进了车站不感觉烦，不憋屈。"在小站工作了近 20 年的值班员田语录从当初说到了现在。

童永强介绍，这几年，郑铁局开展建精品、创一流活动，改善职工生产生活条件。局领导明确提出，建精品工程，就是建民生工程、民心工程，因此越是艰苦的站区就越要加大投入。长治北车站落实局领导要求，仅 2011 年对孔庄车站的整修投入就达 29 万元。职工们说：建的是精品，赢得的是民心，职工们有了自信心与积极性，便能收获铁路的安全与畅通。

（《工人日报》2011 年 09 月 15 日）

《检察日报》推荐作品

《珠穆朗玛峰下的检察院》　　　　　　／戴　佳　傅　伟

推荐语：作者克服高原缺氧，在西藏海拔最高的基层检察院进行采访，实地了解当地检察干警的工作情况，送去了对边疆少数民族地区检察官的关心和支持。开篇与结尾独具匠心，全文语言简练却涵盖了大量的内容，表述层次分明，做到达物、传情，给人留下深刻印象。

珠穆朗玛峰下的检察院

戴　佳　傅　伟

　　站在海拔 5210 米的加吾拉山垭口，玛卡鲁峰、洛子峰、珠穆朗玛峰（被誉为"世界第三极"）、卓奥友峰四座海拔 8000 米以上的高峰依稀可见。"这里不仅仅是瞭望'世界第三极'的窗口，也是我们检察机关维护边疆稳定的阵地。"西藏自治区定日县检察院副检察长扎西顿拉的话从寒风中透过稀薄的空气传来，让记者听到了检察官发出的"最高"声音。

　　每年 3 月，从定日县城出发，经武警鲁鲁边防检查站，驶过 40 余公里的盘山沙石路兼搓板路，从海拔 4300 多米一路颠簸到 5210 米，定日县检察院全院 15 名干警轮流在加吾拉山垭口驻扎下来。

　　"为了防止外来人员偷越国境，干警们 24 小时轮流值班，有的干警一连三四天吃住在山上。"定日县检察院副检察长赵航科告诉记者，加吾拉山垭口只是该院在 18 个通外山口、通道和 41 座寺庙开展边疆维稳工作的地点之一。每年，该院干警在履行检察职能的基础上，深入乡村向群众进行爱国主义教育、宣传党的民族宗教政策和有关法律法规，为百姓办实事解难题，并积极参与到当地政府维护边疆稳定的各项工作中。

9 月 27 日，当记者从加吾拉山垭口返回定日县，途经措过乡吉翁村的一片农田时，定日县检察院检察长达瓦次仁指着汽车行驶的道路告诉记者："以前，这里的农民一旦灌溉，这个路面就会塌陷，车辆根本无法行驶，今年我院帮助村民在路面下修了一段 4.5 米的水泥管道。现在农民灌溉时，水从管道流出，上面的车辆可以正常行驶了。"

到达定日县检察院正值晚饭时间，由于县城电力供应不正常，记者和干警们一起共进了"烛光晚餐"。席间，达瓦次仁告诉记者，今年该院办理了两件玩忽职守案，填补了从未办理过自侦案件的空白，在跳跃的烛光映衬下，他眼中闪耀的喜悦格外灿烂。

（《检察日报》2011 年 11 月 18 日）

《中国青年报》推荐作品

《县委政府旧房办公　中小学生新楼上课》 ／张文凌　雷　成

　　推荐语：这其实是一个已经被其他媒体报道过的故事。但《中国青年报》再次报道后依然引起很大的影响，以至于连原先报道过的媒体又都重新派记者进行采访报道。其成功在于他们没有满足于"看材料"，"听介绍"，"谈认识"，而是深入现场，实地察看，多方打探，才有一个接一个真实可感的细节，鲜活具体的描写，大大增强了报道的说服力和感染力；他们没有仅仅限于报道"县委政府旧房办公"，而是根据基层真实的情况和深入了解，同时写出了"中小学生新楼上课"。两者形成强烈反差，强化了传播效果，生动无比。

县委政府旧房办公　中小学生新楼上课

张文凌　雷　成

云南昆明市嵩明县教育局的办公环境称得上是全县党政机关中最好的，暂借在嵩阳镇第二完全小学一个综合楼里办公的教育局，由于"沾了学校的光"，局长蔡华的办公室要比县委书记、县长的办公室大两倍。

距昆明市区 50 多公里的嵩明县，是昆明市下辖的八县之一。在嵩明县，记者有两个"没想到"——

一个"没想到"是，县委、县政府至今还在上个世纪 70 年代建的老房子里办公，书记、县长的办公室都是"蜗居"，只要进去 3 个人就转不过身来；另一个"没想到"是，从 2007 年以来，全县财政收入大部分投入教育，迄今已建成 44 所农村中小学标准化学校，有的学校的环境甚至超过了大学，即使县里最偏远的农村学校，其教学条件也和城里一样。

办公楼 40 年从未改扩建，八九任县委书记在此办公

靠 GPS 导航，记者才找到坐落在县城最老的东街上的嵩明县委和县政府大院。这条街上商铺林立，县委、县政府的大门"淹没"

在花花绿绿的招牌中，看上去有些"寒碜"。

县委"大院"的"主体建筑"是建于上世纪六七十年代的小楼。记者看到，这两栋小楼都是水磨石外墙，各种电线裸露在外，杂乱无章。楼道陈旧逼仄，随便推开一间办公室的门，10多平方米的空间里拼了四五张办公桌，如果有人来访，连坐的地方都没有。

记者更诧异的是，县委书记的办公室竟然在两栋楼中一栋相对更陈旧、更小的普通老式居民楼中。县委宣传部副部长花开明说，近40年来，至少八九任县委书记在此办公，除了一些小修小补之外，办公楼从未进行过大的改扩建。

离这两栋楼不远的地方是县委的停车场和一栋六层高的楼房，曾经是嵩阳镇第一初级中学的操场和教学楼。两年前，县里为嵩阳一中盖了新楼。学校搬走后，县委对已成危房的教学楼进行了加固，让部分职能部门搬进去办公，稍微"改善"了一下县委的办公环境。

和县委一样，记者看到，县政府也"体面"不到哪里去。在政府大院，汽车掉个头都要小心翼翼，否则就要被刮蹭。四层高的政府"大楼"没有一个卫生间，想要"方便"，只能穿过院子去一个老式公厕。分管教育的副县长姚晓怡的办公室被隔成了里外两间，里间办公，外间待客。里间一个不大的桌子占据了大部分空间，进去两个人就显得拥挤不堪；外间接待室里两对沙发相对摆放，客人一坐下，膝盖就抵住了中间的茶几。

在县委、县政府，记者碰到的每一个人都说："我们的办公条件不好，我们的钱都投入到教育里去了。"

这个才刚刚摆脱"吃饭财政"的贫困县，"钱袋子"还没有"鼓"

起来，就干了一件"大事"：从 2007 年开始，筹资近 8 亿元，新建了 44 所农村标准化学校，成为全昆明市唯一一个让全县中小学都拥有一流教学环境的区县，真正从硬件上实现了城乡教育均衡发展。

像抓经济一样抓教学

那个将危房"留"作县委办公用的嵩阳镇第一初级中学，如今面貌大变，比一些大学还要气派。这所总投资 1 亿多元的学校，占地面积 183 亩，比原来大了 6 倍。

嵩阳一中的新校舍设计科学，所有大楼都可抗 8 级地震，校园宽阔大气，分为教学区、生活区和运动区。教学区有艺术楼、实验楼和实验附楼、5 间多媒体教室和 3 间计算机教室；运动区有 1 个标准足球场、9 个室外篮球场和全县唯一的室内综合性运动场。校园里还安装了 130 多个摄像头，整套监控系统 24 小时运转，为师生安全提供保障。

离嵩阳一中不远处，是嵩阳镇第二完全小学。校长先莉虹把学校标准化建设前后的变化形容为"翻天覆地"。与过去狭小昏暗、设备设施短缺的学校相比，去年竣工的新学校占地 73 亩，功能齐全，有了她"以前想都不敢想"的实验室、计算机室、教师集体备课室，以及投资四五万元的心理咨询室、沙盘游戏室和学具训练室，使学校 100 多名寄宿制学生特别是农村留守儿童感受到家的温暖。

据悉，即使是在嵩明县最偏远的、只有 540 名学生的牛栏江镇花箐小学，县里也投入 700 多万元，让学校拥有了一流的校舍和教学设备。迄今，全县七成农村学校有了和城里一样宽敞、漂亮、安全的校园环境。

"教育涉及千家万户，一个接受过教育的孩子将会为家庭提供最大的支撑，教育才是最大的民生。"嵩明县教育局局长蔡华告诉记者，县委、县政府大手笔投入教育，使教育部门压力日增。"优质的校舍要配得上优质的教育质量，要像抓经济工作一样抓教学工作，才对得起这份重视。"他说。

为此，县教育局出台了"三年优质工程"、"课堂之星大比武"等一系列措施和活动推动教学发展，对全县教师进行差别化星级管理，高薪激励年轻有为的教师脱颖而出。此外，县教育局还组织全县183名中小学校长赴上海华东师范大学学习，提高校长管理水平。

一系列措施使嵩明县教学质量大幅提升，今年全县的中考成绩位居昆明市前列，高考上线率由50%升为70%，并且文科成绩名列全市第一、理科成绩名列全市第三，重点院校上线人数也由去年的81人增加至139人。

"如果只考虑眼前，就不是科学发展观"

记者在采访中获悉，嵩明县一直都有重教育的传统。当地流传着一段佳话：多年前，小街镇得到了一笔烤烟生产的奖励，镇政府没有用这笔钱改善政府工作条件，没有买车，而是盖了3所学校，让学生有了安全的校舍。

由于农村寄宿生每月生活补助费只有75元，伙食难有保障，县里一些农村中小学把校园内的空闲地利用起来，让学生们勤工俭学，自己种菜。一些学校所在村委会还把村里的集体用地拿出一部分给学校，支持学生自给自足，改善伙食。

从今年起，嵩明县又为每个住校生每月增加 25 元补助，让学生每天吃顿肉。县财政将为此每年多投入 150 万元。

据悉，2010 年，嵩明县一般预算性收入 4.5 亿元，其中投入教育 1.8 亿元。2011 年计划投入教育 2.3 亿元。

"2008 年，县里的财政收入才两个多亿，我们就拿出一半的财政收入来投入教育。有很多人不理解，说县委、县政府还在危房或老楼里办公呢。但我们认为，做事如果只考虑眼前，就不是科学发展观，就不是好领导、好班子。"嵩明县县委书记王春燕说，"'农村最好的房子是学校'这句话喊了多少年，但真正做到的地方有多少？如果不为老百姓着想，我们盖个大楼让自己办公就是了，何必还要负债盖学校？我们为什么落后，就是许多老百姓没有接受过教育，没有技能。如果只是产业发展了，而最后群众却就不了业，还谈什么民生?!"

王春燕说，城乡统筹就要舍得在教育上花钱，而不是简单地刷房子、搞硬化。要为农村的未来投资，年轻一代有了良好的教育，就有了竞争力，群众就会致富。

"有些事情现在做看起来吃亏，发展慢了，数字不好看了，但从长远看却是大手笔。"王春燕说，事实上，为未来投资也不是"无效劳动"，政府建好学校不可能是"负债经营"的。2008 年嵩明县财政收入仅两个亿，2010 年就达到 4.5 亿元。嵩明的发展不仅没有落后，反而红红火火；教育推动了发展，发展又反哺了教育。

（《中国青年报》2011 年 10 月 22 日）

《中国妇女报》推荐作品

《钟静霞：做义工很快乐》　　　　　　　　　　/ 林志文

推荐语：钟静霞只是江门庞大义工队伍中的普通一员，本文体现的只是她平常一天的普通志愿工作。由于普通，所以具有代表性。她同时又是义工大军中的佼佼者，透过她普普通通的日常工作，读者能看到人物身上的闪光点。本文选题、选材具有代表性，贴近老百姓生活，写作生动，是一篇记者走基层的好作品。

钟静霞：做义工很快乐

林 志 文

每到周末，广东省江门市 70 岁的退休干部钟静霞就会来到象山社区家庭教育辅导站当义工，帮助那些有需要的家长和孩子。象山社区有 1700 多户人家，6000 多名居民，穿行在社区，不时有居民和她打招呼，或者拉着她聊上两句家常。"我每周六都到辅导站，久而久之，社区里的居民就都认识我了。"钟静霞笑着告诉记者。

钟静霞年轻时曾在幼儿园任教 22 年，其后在市妇联任职。退休第二天，她就来到社区"报到"，表达了自己想当义工继续发挥余热的想法。10 多年来，她退而不休，先后担任江门市关心下一代工作委员会理事、象山社区关工小组副组长、市离退休女干部联谊会理事、市妇联法律咨询服务分队队长、校外辅导员、象山社区家庭教育辅导站副站长等多项职务。

在社区做义工期间，钟静霞喜欢带领社区居民开展文娱活动，活跃社区文化，也愿意与家长、儿童谈心，解答实际家庭教育中的疑难问题。这些年来，社区里得到钟静霞帮助的人和事不计其数。

象山社区有一名女青年小蔡，在象山新村管理绿化工作。28岁那年，小蔡结识了一位男友，当二人决定结婚后，小蔡的母亲坚决不同意，母女竟在社区内大动干戈。钟静霞得知后，对小蔡母女及小蔡未婚夫做了一整天的思想教育工作。在她的劝说下，小蔡母亲终于同意将户口本交给二人登记结婚。围观群众深有感触地说："只有钟老师才有这样的耐心去关心教育他们。"钟静霞说："能够为有需要的人做点儿事，我觉得很快乐。"

记者在采访中获悉，钟静霞只是江门庞大义工队伍中的普通一员。2001 年，江门市妇联在市区成立了首支巾帼志愿者队伍，2007 年成立了江门市巾帼义工分会，有 1204 名义工，下辖 7 支义工服务队，全市共有各类巾帼义工队伍 79 支，巾帼义工 4000 余人。她们积极深入社区、学校、乡镇开展公共服务，成为妇联参与公共服务和社会管理的得力助手。2010 年，巾帼义工开展了广场、社区服务活动、义医义诊、政策法律咨询、妇女维权法律服务月活动、千名"爱心父母"牵手困境儿童志愿行动、单亲特困母亲"四援助"工作等等。巾帼义工热心社会公益事业，涌现了一批像钟静霞一样的道德模范和优秀义工代表。

展望未来的发展，巾帼义工分会会长陈丽娟表示，要提高巾帼义工对工作的认识，做快乐的义工；要树立品牌项目，提升巾帼义工的社会影响力。

（《中国妇女报》2011 年 9 月 2 日）

《天津日报》推荐作品

《门前的路，为何如此坎坷——又进花果峪村》

／王　宏　李萌苏　于春沣　汪宗禧　王　睿

《修通"连心路"——津报记者四进花果峪纪实》

／王　宏　汪宗禧　李萌苏　于春沣　王　睿

《告别坎坷走坦途》　　／于春沣　吴　迪　李萌苏　汪宗禧

推荐语：这是充分反映天津日报"走基层、转作风、转文风"活动成果的一组连续报道，我们摘选了其中三篇。这组报道运用大量生动事实，以丰富的群众语言，直观地表述，让群众听得懂，看得明白。随着这组报道的陆续刊发，社会各界对花果峪这个小山村的关注逐渐深入，不仅有多方出资为村里修好了路，而且相关部门又调查梳理全市农村公路通行的底数，并确定在2012年完成建设任务。这就使一个山村的事情上升为全市农村整体的工程，具有了全局意义。

门前的路，为何如此坎坷

——又进花果峪村

王　宏　李萌苏　于春沣　汪宗禧　王　睿

9月11日，本报记者发回来自蓟县罗庄子花果峪村的蹲点调研报道。时隔一月，我们再次走进大山。花果峪的秋忙完了吗？这个全靠果树营生的小山村今年收成还好吗？

还是那条坎坷村路，从一平如镜的国道发了个枝杈，弯弯曲曲爬过村民门前，爬上山坡果园。一进路口，正碰上村民桂俊然，他正骑着"电三蹦子"，拉着最后几筐酸梨去国道边摆摊呢。"今年收成好着呢，卖了好几万斤果呢。"桂俊然说。说起收入，桂俊然却叹道："跟往年差不到哪儿去。多好的水果在这条路上一颠，拉到国道就不值钱了。今年的大桃多好呀，都糟践在这条路上了，几分钱一斤都没人买。"记者特意上车体验了一番颠簸的滋味，休说这鲜桃嫩果，即便是人坐在车上，也得把你的五脏六腑翻腾几遍。

一说路难行，众村民纷纷上前控诉这条路的"罪状"。这条路是花果峪的主干道，是全村百多户人家往外运销水果的必经之路。山上水果丰收，山民喜上心头，可看看这路，却又愁上眉头。一逢下雨，路上更是泥石俱下，沟坎纵横。往山下运果的老乡，往往是一边骂路难走，一边又责怪果子娇贵。果农桂俊然指着园子里那一片片烂成果酱的大桃说："我看这路实在走不得，就不费那个劲收了，一园子的桃都落在了地上，一脚下去就粘鞋底上好几个呢。你说心疼不心疼！"

果农史大娘说起来就更是痛惜不已："这破路忒招恨了，硬是把脆枣颠得裂开了嘴，把鲜桃颠成了烂桃。"桂俊然扳着手指一算："这条路一年糟践我上万元的水果呢。"桂俊然是村里中等户，如此算来，全村150户人家，每年被这条路颠飞的收入就有百万元之巨。

修这条路需投入多少资金呢？村书记杨斌说："我早就算过了，十几万块钱就能铺成水泥路。"投入十几万元，每年就能挽回上百万元损失，那村里又为何迟迟不动呢？杨斌说："村里没企业，一分钱的进项都没有，村干部工资还都是上头给发呢。"村里是穷，可村民手头却渐渐宽裕了，好多人家都垒起了高门大院。蓟县山区早就实现了村村通公路，山民的经济命脉早就通达山外，可就这条不足千米卡在嗓子眼上的村路，村民为何就不能集资自己修呢？这可是他们自家门前，这可是他们自己的经济命脉呀。杨斌急忙摆手："我不是没想过，可你去问问那几个大户，最多的只答应出一二百块钱。至于那些中小户，你就别指望打他们兜里抠出个渣来。"记者随口问路边村民愿不愿意出钱修路，众人皆红脸闪避。一个老农小声嘟囔了一句："公家的路，我出钱修它做啥？"

杨斌记得村里通自来水那阵，政府出钱都把主干管道铺到各家门前了，就进院入屋那点儿管子钱，众家还是不掏，害得这个可怜的村官只好红着脸皮再去化缘，有村民还打趣他："看你那腿儿，跑得比水管子都细了。真想不开，大家通不通水有你啥事呀。"如今在这条攸关全村命脉的路上，村民腔调依然如是：大家都走的路，有我个人啥事呀！杨斌苦笑着说："我又得化缘去了。"

看样子，修不通的不只是一条路。观念打通，心路修通，这条路才算真正通了。

记者手记

几千年来，农民习惯了一家一户的小农经济，习惯了关起门来过日子。可是，这世界已进入公民时代，每个人在对公众付出责任的同时，也享有了这个公民社会带给每个人的惠泽和利益。如果还是一味固守在自家天井之内，连门前的雪都不扫，连门前的事都不管，再平坦的路都会变得坎坷，再顺畅的管道都会堵塞。可喜的是，从当地政府到各方人士眼下正多头筹措资金，力争为花果峪老乡修通这条路。我们期望此举不只能打通山民的经济命脉，更期望能慢慢打通他们的眼界和观念。每个人都该尽早让自己的小管道，接通公民社会这条大管道。

（《天津日报》2011 年 10 月 11 日）

修通"连心路"

——津报记者四进花果峪纪实

王　宏　汪宗禧　李萌苏　于春沣　王　睿

连心路这样铺就

今年中秋节期间，记者第一次来到蓟县花果峪村，目睹从公路通向山间果园的道路颠簸难行。

10月11日，《门前的路，为何如此坎坷》在本报一版刊出，牵动了读者和社会各界的心。

10月30日，记者第三次来到花果峪，开工的鞭炮响了。

11月15日，记者第四次来到花果峪，坎坷村路已铺成大道坦途。

昨日的蓟县深山罗庄子镇花果峪村，比过年还热闹。炮仗声从山坡果园响到新修的水泥路上，又从村路响到公路，洒下一路火爆、一路欢喜。看到依山而居、靠山而食的农民脸上绽放出灿烂的笑容，看到昔日坎坷的沙石小径，如今已铺就成宽阔平坦的水泥路，今后，不但运果子下山不再那么颠簸，村民们的眼光心路也被打通，花果峪的致富之路，越发通畅了，记者内心泛出幸福的喜悦。

两个月来，记者已是四进花果峪村。

今年中秋节期间，提着十几盒月饼，记者第一次来到燕山深处的花果峪村，同老乡们话桑麻庆丰收赏明月，随之三篇连续报道一展果实香飘农家的收获情景。可是，在果子挂满枝头的山坡下，村支书杨斌的一声叹息，深深触动人心。蓟县早已实现村村通公路了，可从公路通向山间果园的这条路却颠簸难行。"再俊的水果都得给颠坏了，尤其是桃树丰收，好桃运下山能卖一块钱一斤，而真正运下去，一车要颠坏一半，只能卖几分钱一斤啦。"一边念叨着，杨斌一边带记者走进村民桂俊森家的果园，一股果酱的味道扑鼻而来。桂俊森说："是落在地上的桃发酵呢，这桃忒娇气，运不出去就当鸟食吧。"据杨斌测算，全村百余户人家，每年被这条路颠坏送进鸟嗉子的水果价值就达几十万元。

这条路到底有多颠？修好这条路有多难？带着强烈的牵挂，10月10日，记者再次走进花果峪，实地察看路况。村支书杨斌驾着农用三轮车，沿山路而下，记者爬上车跟一筐筐酸梨挤在一起，着实体验了一番颠簸的滋味，乱石拦路，沟坎纵横，人坐在车上，五脏六腑都翻腾起来了。

停下车，杨斌面露难色："花十几万元就能铺上水泥路，可村里没集体经济，没钱修路。我说大家伙都凑点儿，一年就能赚回好几倍呢，可就是没人响应，没人愿掏钱。你看，这路边村民的房子盖得多大，院子铺得多平呀，可再看看家门口，这路还下得了脚吗？"

"把路修好，果子运下来不再被磕坏碰坏，能卖上更好的价钱，谁都知道这个理；可要说让我们掏钱……"村民桂俊山欲言又止。

"大家就守在门后头数着米粒盘算自己的小日子，绳不往一起拧，想修路，难啊。"原村支书桂俊森感慨道。

这条路有多长？杨斌带着记者一步一步走，一步一步量：700多米。

这条路很短，抽袋烟的功夫就能从头遛到尾。这条路又很长，一辈辈的花果峪人奔了数百年。百年坎坷路，颠坏了一季季好收成，颠破了一代代富贵梦。尽管村民家家修建了砖瓦大房，可一念不通，一里之隔远如天涯。花果峪恰如一个美村姑，幽居困守在远山深谷。

10 月 11 日，《门前的路，为何如此坎坷》在本报一版刊出，连记者都没想到，一条小路给一个小村带来的困局，牵动了读者和社会各界的心。蓟县县委县政府和罗庄子镇当日即派人奔赴花果峪，现场制定修路方案。一位热心慈善的企业老板，一次就从个人账户取出 8 万元，请记者引路，急急火火送到村支书杨斌手上，杨斌问他名姓，他却只说自己是"一个共产党员"。"我也是从农村走出来的，是国家的改革开放让我长了见识赚了钱。只要这条路修通了，只要大家顺着这条路走出去了，就凭花果峪这满山的花果，准会有大把的机会找上门来。到时候我会领着亲友来旅游摘果的。"蓟县中上元古界国家自然保护区资金并不宽裕，可看到本报报道后，也给花果峪送来 8 万元的筑路费。钱有了，路可以修了。

10 月 30 日，本报记者第三次来到花果峪，祖祖辈辈留下的这条颠簸山路终于响起了开工的鞭炮。记者来到一户村民门前，却见挖掘机迟迟不忍对路边正当青春的果树下手。"挖吧，碍着修路就挖吧。"女主人屈淑云说。提起补偿，屈淑云说："还没问呢，先修路吧。"挖掘机的巨手当空落下，一下子就把一棵枣树连根挖出。屈淑云像抱小孩似的，抱着她的果树，移栽到路边山坡上。只用一天的工夫，妨碍修路的果树都被农民移到山坡上，没有遇见一棵"钉子树"。村民杨庆岭还指着路边自己的园子对杨斌说："咱村不是想搞旅游吗？就在我这里建个停车场吧。"

"咱自己家门口的事，咋能光等人家来收拾呢?"村民桂俊国说，修路那十几天，他和村民们都没闲着，为了节省开支，每天都有二三十个村民自愿当小工，修路基，打灰，磨破双手也没有怨言。

昨日，记者第四次来到花果峪，坎坷村路已铺成大道坦途。村民桂全折下一枝红柿，双手捧给参与捐建这条路的"一个共产党员"："柿子都摘完了，这一枝最大最红，我一直给您留在树上呢。"村边新立了一块路碑，上面刻着"连心路"三个字，这是村民们给新路起的名字。

鞭炮声里，义务护路队成立了，村民自发组织的"花果峪果品产销协会"、"花果峪农家院旅游协会"挂牌开张了。"一个共产党员"、县镇干部、几个捐款人都来道贺。杨斌的泪这回没了把门的，不住地往下流："你看这事让你们整的，不光路修通了，我们也学会走大道、算大账了，花果峪更有指望了。"

是的，花果峪修通的，何止是一条路。

（《天津日报》2011 年 11 月 16 日）

告别坎坷走坦途

于春沣　吴　迪　李萌苏　汪宗禧

今年"走转改"活动开展以来，本报记者先后四进坐落在蓟县北部山区的罗庄子镇花果峪村，发表了《门前的路，为何如此坎坷》、《修通"连心路"》等报道，关注见证了花果峪村一条乡村生产路从坎坷颠簸到大道坦途的变迁。本市还有多少这样的路没有修通？还有多少村民正渴盼着走上柏油路水泥路？这个关乎民生民心的问题，引起了市领导的高度重视，要求相关部门赴蓟县山区深入调研，最终确认：本市尚有 27 个自然村共计 29.01 公里村路未通油路（指沥青油或水泥路面的路）。

昨日下午，天津市市政公路管理局与蓟县人民政府签署了《天津市北部山区自然村村道改造工程共建协议书》，本市自然村村村通公路正式启动。据天津市乡村公路管理办公室主任张耀华介绍，工程预计于 2012 年 1 月底前完成工程设计审定工作，3 月开工，10 月底前全部竣工通车，届时，本市自然村将全部开通油路。

本次工程共计修筑山路 29.01 公里，总投资 2340 万元，直接受益人 2616 人，间接受益人近 3 万人。根据相关部门的数据，目前本市未通油路的 27 个自然村全部坐落在北部山区，农村居民出行极为不便，占收入比重较大的新鲜水果难以运出，2010年这些村落居民人均收入只有4000元左右，远低于同年全市农村居民11801元的平均水平，也低于蓟县农村居民的人均纯收入9965元的水平。官庄镇沟河北村村委会主任刘焕同说："我们村有个自然村叫三角峪，120多口人，就一条2米宽的小山道。这么多年，只见女孩从这条道嫁出去，却少见男孩娶媳妇进村，三角峪的人口十多年来一直都是负增长；孩子上学都靠步行，村民生病也得不到及时救治。村民对路的渴盼是你们山外人体会不出来的。"这些已成为本市走向共同富裕之路上的一块洼地，这些坎坷上路不平，这些村民不富，就难说一个地方真正实现了共同富裕。

张耀华说，山区自然村"村村通油路"后，将为解决学生上学、村民就医、干部下乡、社会治安、森林防火、综合开发等问题提供最必要的交通基础设施，这最后27个自然村修通油路之后，本市又将在全国率先实现所有自然村"村村通油路"的目标。

（《天津日报》2011年12月19日）

《安徽日报》推荐作品

《农产品登上"专列"》 ／ 吴量亮

推荐语：与以往截然不同的是，现在"走基层"不是带着既定的线索和选题下去，而是下去以后挖线索、抓素材、找灵感、定选题；不是一般的"走一走，转一转，看一看"，而是真正"沉下去，蹲下来"，与基层群众同吃同住同行。这篇《农产品登上"专列"》报道就是记者跟着铁路物流感受如何服务三农的故事，以群众的视角看事情、以群众的情感作判断、以群众的语言写稿子，让读者倍感亲切。

农产品登上"专列"

吴量亮

眼下正是皖北农产品外运旺季。11 月 24 日，记者走进铁道部几百个"战略装车点"中唯一的农产品物流基地——坐落在淮北市濉溪县百善镇茶庵村的安徽百路物流有限公司百善基地装车点。3 万平方米钢结构货棚下，车辆往来穿梭，工人们忙着将一袋袋面粉、黄豆从汽车上卸下装入火车棚车，挂有 50 节车厢、满载 3000 吨农产品的"专列"即将南下。

"车轮转得快，农产品就卖得好，农民得实惠、企业得利润、政府得税收。"百善镇副镇长陈龙春说，以前运力紧，货物等车，粮食运不出去，大家都愁。"现在只要一个电话，粮食就能运往全国各地，铁路物流服务到家，大家放心、高兴！"

百善镇地处淮北平原、靠近豫东，周边是我国重要的粮食生产基地。过去，当地农产品丰收后常因不能及时外运卖不上好价钱，直接影响了农民种粮的积极性。经省政府及当地政府与铁道部门协商后，上海铁路局 2006 年在淮北设立了百路物流公司，并先后建立百善、涡阳和青龙山 3 个大型物流基地，全力保障农产品外运。

"百善基地是上铁唯一的综合性大型农产品物流基地，在运力审批、车辆配置上享有'特权'。"百路物流公司总经理邓帅古介绍，公司依托铁路优势联结供给和需求主体，建成覆盖各经营网点的调度指挥系统，形成了高效、便捷的一体化运输经营新模式。农产品从百善出发，运输效率大大提高。之前货物交易周期需6天至8天，现在只需3天至6天；物流成本每吨降低25元至30元，每年可为当地农民和客户减少物流成本3000多万元。基地目前拥有3条铁路装车线，一次装卸车能力为100辆、6000吨，可到达全国铁路570多个车站。

"现在到了销售旺季，再不用像过去那样舍近求远、去阜阳跑徐州办理货运了。"当地一家日常生产量达400吨的面粉厂老板孙仲俭告诉记者，有了"百路物流"，该厂每天的短途运输费就能省下3000元，"如今，一年四季都产销两旺，我正准备扩大再生产"。

得益于良好的铁路物流服务，农产品附加值提高了，农副产品加工产业集群也正在百善镇悄然形成，相关企业纷纷落户于此。"百善镇方圆40公里内仅面粉厂就有150多家，年产量超过600万吨。"濉溪县商务局李敬乾表示。

物流业的发展，还直接带动了农民在家门口就业、致富。在基地做装卸工的茶庵村村民谢传玉高兴地说，他再不用出去打工了，做装卸工每月能挣3000多元，而他们村3000多人中，有2000人从事与物流相关工作，光大卡车就有200多辆，"现在，村里人日子越过越红火，周边的大姑娘都争着要嫁到俺们村来呢"！

（《安徽日报》2011年12月02日）

《中国新闻出版报》推荐作品

《说不尽的"农村文化直通车"——记者随河北徐水县新华书店下乡售书记》　　　　　　　　　　／刘蓓蓓

推荐语：作为行业旗帜的《中国新闻出版报》不仅在宣传"走基层，转作风，改文风"上不遗余力，而且以身作则不断深入一线，推出了一批贴近实际、反映实际的好作品。这篇《说不尽的"农村文化直通车"》就是其中典型的一篇。记者通过跟随书店直通车一路采访，真实记录了县书店下乡的点点滴滴，语言生动，细节感人，是一篇实地采访报道的通讯佳作。

说不尽的"农村文化直通车"

——记者随河北徐水县新华书店下乡售书记

刘蓓蓓

　　汽车书店——农村文化直通车，是河北省新华书店有限责任公司 2010 年 9 月启动的服务农村市场的创新项目，在全国，此前只有湖南新华在做。从学校到社区，从集市到地头，这些农村文化直通车穿梭在燕赵大地上。据了解，河北首批有 6 个市的 40 家新华书店参加了此项目，其中保定市徐水县的出车次数、销售成绩均名列前茅。中国新闻出版报记者近日跟随该县的直通车，来到集市、社区，体验卖书的苦与乐。

　　7：20 出车　每周里平均有 3 天，早上 5 点多，徐水县新华书店的司机王敬东就要开着农村文化直通车，和两个同事一起去乡镇、社区、学校卖书。王敬东说，一般农历逢三、六、九是大集，他们差不多都会去。记者到达徐水时正逢大集。因为一天要赶两个售书点，担心汽车困在集市里出不来，这次只开到集市的外围，因而出发时间也比平时晚些。早上 7 点多，记者随王敬东和两位售书员李艳、赵红旗，一起驱车驶向遂城镇。

　　8：00 摆摊　遂城镇距离徐水县城比较近，虽然路上有点堵车，8 点左右也就到了。记者和售书员一起卸书时，就有一些赶集的人好奇地围上来询问。一个小伙子问："有没有庙谱（注：庙会时间表）的书？""没有庙谱，我们这主要是儿童、种植养殖、词典、唐诗宋词类的书。"赵红旗答道。一位大妈拿起词典不停地翻看，"大妈，我们这都是正版词典，孩子学习就得用这个。"尽管李艳热情地推荐，大妈最终还是嫌贵没有买。

8：30 等待开张　半小时过去了，仍然没有卖出一本，看得多买得少，不少百姓还是觉得贵。其实，书店配货时已经尽量挑选低价图书，多为五折、七折的，而词典类由于进货折扣高只能打九折。"集市上不时会有小摊卖非常便宜的书，那些大多是盗版书，老百姓有的不明就里，只从价格上判断。我们只能不厌其烦地宣传正版书的特点优点，但效果不是很明显。"李艳无奈地说。

9：00 第一个顾客　老百姓还是舍得给孩子花钱，我们的第一位顾客就是一位家长。她叫李艳庆，带着 3 岁的孩子来赶集。在书摊前，她很快就看中了《英语单词顺口溜》CD，询问价钱是 16.2 元后，马上就掏钱买了下来。"买来让孩子听听，这价钱能接受。"李艳庆说。一位叫葛小颖的年轻家长上来就问："有没有'巧虎'？"她说，两岁的女儿曾在电视上看过，非常喜欢。她挑了挑，花 27 元买了两盘"巧虎"CD。

除儿童类产品外，百姓看得问得最多的就是种植养殖方面的书。一位叫赵建福的大叔开了家化肥农药店，他挑了一本金盾出版社的《病虫害防治》。"我看看，有人买化肥农药时，也好给人介绍。这十几块钱也不贵。"赵大叔说。

在集市上的一小时里，陆陆续续有人到摊位前看书买书，到收车时一算，卖了 300 多元钱。李艳说，平时一般会到 12 点多集市差不多结束时才收摊。

10：20 物探社区摆摊 徐水县有一个石油物探徐水基地管理处，里面有社区、银行、医院、学校等，居住人口比较多。直通车每周二、四都要到这个社区去卖书。

到达社区后，书摊上撤下了农业书，增加了一些文学、艺术、社科类图书。刚摆好摊，一位大爷就过来挑书。"大爷，又来了。"李艳热情地招呼。原来，这位大爷名叫韩文元，是直通车的常客，每来必买。记者和韩大爷聊了起来，他退休前做汽车培训工作，买书成痴。韩大爷说，他特别喜欢古典文学、传记类的图书，每月退休工资 3000 多元，差不多要花六七百元买书。"直通车到家门口卖书，非常方便。"

这时，一位大妈走过来，直接拿起一本商务印书馆的小开本《新华字典》。"这个多少钱？""16 元。"大妈马上掏钱买下了。"大妈，给孙子买啊。"记者问道。"哪呀，给老头子买，他的那本被孙子抢去了。"还有一位大爷想要《论语》、《毛泽东诗词》，书摊上今天没货。李艳做好了缺书登记，回库房找到后，等下次再带来。李艳说，学生中午放学时，家长会带孩子过来看看，也能卖不少。

11：10 离开 因为还要赶着去农家书屋采访，记者 11 点左右就离开了。在去农家书屋的路上，徐水县店经理邢丽红给记者讲了一个故事，第一次去物探社区卖书时是由副经理王强带队，因为图书相较于门店来说有折扣，而且居民也是第一次看到上门卖书这种形式，感觉比较新鲜。那天中午，王强回来兴奋地告诉邢丽红说要取货，带过去的货不够卖了。不过，此前直通车在社区卖书经常被社区管理人员制止。"费了相当大的劲，跑了无数次协调各方面关系，找县领导出面，前不久才算固定下来可以摆摊。"邢丽红回想起来感叹"真是非常不容易"。

采访后记

从 2010 年 10 月到今年 6 月，徐水县店直通车累计跑了 1500 多公里。徐水县店和直通车销售人员签了一年销售 5 万码洋的责任书，而今年截至目前已经完成了 6 万多码洋。相较于河北其他县店，这个成绩算是非常好的。多数县店目前都还是亏本运行。

事实上，河北新华建设直通车项目的目的是为了培养农村发行市场，这是文化企业义不容辞的责任。如果能够通过科学管理使用，实现不亏本甚至赢利，将是惠民利企的好事。河北新华也正在向这个方向努力。

（《中国新闻出版报》2011 年 11 月 07 日）

第五编 最美的风景在基层

附录一：

新闻战线开展"走转改"活动大事记

2011 年 8 月 2 日—8 日

经中宣部批准，全国新闻战线"三项学习教育"活动领导小组办公室组织"中央新闻单位青年编辑记者延安行"活动。

在为期一周的活动中，来自 18 家中央新闻单位的百余名青年编辑记者分成 10 个小组，深入延安吴起、延长两个县的 10 个村庄参观学习，接受革命传统教育，与当地百姓同吃、同住、同劳动，深入了解社情民意，践行新闻"三贴近"原则。

2011 年 8 月 9 日

新闻战线开展"走基层、转作风、改文风"活动动员会议召开。中宣部、中央外宣办、国家广电总局、新闻出版总署、中国记协等五部门召开视频会议，对新闻战线开展"走基层、转作风、改文风"活动进行部署。中共中央政治局委员、中央书记处书记、中宣部部长刘云山出席会议并讲话，强调新闻战线要深入贯彻落实胡锦涛总书记"七一"重要讲话精神，着眼于把握新闻舆论正确导向，着眼于提升新闻队伍能力素养，扎实开展"走基层、转作风、改文风"活动，有针对性解决突出问题，推动新闻宣传工作迈上新的台阶，为促进经济社会又好又快发展、全面建设小康社会作出应有贡献。

2011 年 9 月

《党建》杂志 2011 年第 9 期刊发中共中央政治局委员、中央书记处书记、中宣部部长刘云山在新闻战线"走基层、转作风、改文风"活动动员会议上的讲话：《扎实开展"走基层、转作风、改文风"活动》。

2011 年 9 月 9 日

新华社 9 月 9 日播发通稿：中共中央政治局常委李长春同志近日对全国新闻战线开展"走基层、转作风、改文风"活动作出重要批示。充分肯定活动取得的积极进展和实际成效，要求新闻战线把这项活动作为长期任务，不断深化、持之以恒、务求实效。

2011 年 9 月 13 日

新闻战线"走基层、转作风、改文风"活动座谈会在京举行。中共中央政治局委员、中央书记处书记、中宣部部长刘云山出席会议并讲话，强调"走基层、转作风、改文风"活动是新闻战线贯彻落实胡锦涛总书记"七一"重要讲话精神的重要举措，要在不断深化上下功夫，在拓展延伸上下功夫，在务求实效上下功夫，不断提高新闻宣传服务大局、服务群众的能力和水平。

2011 年 10 月

《党建》杂志 2011 年第 10 期刊发中共中央政治局委员、中央书记处书记、中宣部部长刘云山在新闻战线"走基层、转作风、改文风"活动座谈会上的讲话：《在深入基层中不断提高服务大局服务群众的能力水平》。

2011 年 10 月 28 日

中华全国新闻工作者协会第八届理事会第一次会议在北京开幕。中共中央政治局常委李长春代表党中央在开幕式上讲话，强调新闻宣传战线要按照中央的要求，不断深化"三项学习教育"活动，坚持贴近实际、贴近生活、贴近群众，广泛开展"走基层、转作风、改文风"活动。

2011 年 11 月 4 日

第十二个记者节到来之际，第二十一届中国新闻奖、全国优秀新闻工作者颁奖报告会在京举行。中共中央政治局委员、中央书记处书记、中宣部部长刘云山出席报告会，在讲话中指出，广大新闻工作者要始终坚持以人为本、人民至上的价值追求，贴近实际、贴近生活、贴近群众，坚持不懈地走基层、转作风、改文风，更好地反映人民心声、服务人民群众，在全心全意为人民服务中体现新闻工作的价值。

2011 年 11 月 8 日

"拜人民为师　向实践学习"——新闻战线向河南兰考基层干部群众征求意见座谈会召开。中宣部副部长蔡名照出席并主持座谈会。

新闻战线以"走转改"实际行动迎接记者节，中宣部、中国记协和中央新闻媒体以及部分省区市党委宣传部、党报、都市报、电台电视台负责人和编辑记者代表共 40 多人到兰考县三义寨乡南马庄村，召开座谈会，向基层干部群众征求对新闻宣传工作尤其是"走基层、转作风、改文风"活动的意见和建议。

2012 年 1 月 5 日

全国宣传部长会议 5 日在京闭幕，中共中央政治局委员、中央书记处书记、中宣部部长刘云山作总结讲话，强调要推动"走转改"常态化。刘云山强调，"走基层、转作风、改文风"活动是贯彻党的群众路线、改进宣传思想文化工作的重大举措，是继承发扬党的优良传统、提升队伍素养的有效途径，要大力发扬"走转改"精神，推动"走转改"常态化，推动宣传思想文化战线作风和能力建设。

2012 年 1 月 12 日

深化"走基层、转作风、改文风"活动座谈会在京举行，中共中央政治局常委李长春作出重要批示，中共中央政治局委员、中央书记处书记、中宣部部长刘云山出席座谈会并讲话。

李长春强调，要努力探索"走转改"的长效机制，新闻战线各级班子、业务骨干要带头"走转改"，从中总结经验，为研究建立长效机制取得第一手资料。宣传思想文化战线各个部门都要结合自己的业务特点，从基层群众的伟大实践中汲取营养，产生"接地气"、"有底气"、"聚人气"的精品力作，把贯彻党的十七届六中全会精神引向深入。

2012 年 1 月 13 日

《人民日报》刊发中共中央政治局委员、中央书记处书记、中宣部部长刘云山在深化"走基层、转作风、改文风"活动座谈会上的讲话：《推动宣传思想文化工作更好地服务人民群众》。

2012 年 2 月 7 日

中共中央政治局委员、中央书记处书记、中宣部部长刘云山 7 日出席中央电视台"新春走基层"活动座谈会并讲话。

刘云山强调，要认真总结经验、完善长效机制，推动"走基层、转作风、改文风"活动持续深入开展，引导新闻工作者把新闻写在大地上、写在人民心坎上，努力使新闻队伍建设取得新的成效，使新闻宣传工作呈现新的气象。

2012 年 3 月

《党建》杂志 2012 年第 3 期刊发中共中央政治局委员、中央书记处书记、中宣部部长刘云山在中央电视台"新春走基层"座谈会上的讲话：《把新闻写在大地上 写在人民心坎上》。

2012 年 3 月

中宣部等五部门发出通报，表彰"走转改"活动先进集体、先进个人。

中宣部、中央外宣办、国家广电总局、新闻出版总署、中国记协联合发出通报，对《人民日报》总编室要闻五版编辑室等 30 个"走转改"活动先进集体，对董建勤等 100 名"走转改"活动先进个人进行表彰。

2012 年 3 月 16 日—24 日

由中宣部、教育部、中国记协组织的"走转改"活动报告团分赴北京、上海、南京、天津、武汉做了 9 场报告会。赵鹏、何盈、雷飙、朱兴建、刘彤、肖春飞、林燕平、张萍、张璋、栾婷婷 10 位记者与媒体同行、大学生、社会科学工作者分享了自己在"走转改"报道中的体会与心得。

2012 年 4 月 11 日

新闻战线"三项学习教育"活动领导小组在京召开发扬"走转改"精神、深化"走转改"活动研讨会。

中共中央政治局委员、中央书记处书记、中宣部部长刘云山出席会议并讲话。强调"走基层、转作风、改文风"活动是对党的新闻工作优良传统的继承发扬，是新形势下改进新闻宣传工作的创新举措。新闻战线要深入总结"走转改"的成功经验，推动"走转改"活动常态化，引导广大新闻工作者带着紧迫感自觉"走转改"，带着责任感坚持"走转改"，带着使命感深化"走转改"，以优异成绩迎接党的十八大胜利召开。

2012 年 4 月 25 日

2012 年度国家社科基金项目评审工作会议在京召开。中共中央政治局委员、中央书记处书记、中宣部部长、全国哲学社会科学规划领导小组组长刘云山出席会议并讲话，强调社科理论界也要"走转改"。

2012 年 5 月 4 日

《光明日报》刊发中共中央政治局委员、中央书记处书记、中宣部部长刘云山在 2012 年度国家社科基金项目评审工作会议上的部分讲话：《社科理论界也要"走转改"》。

2012 年 5 月 31 日

中央外宣办、国家互联网信息办在京召开网络媒体深化"走基层、转作风、改文风"活动座谈会。中宣部副部长，中央外宣办、国家互联网信息办主任王晨出席并讲话。

王晨要求网络媒体总结经验，发扬成绩，提高认识，扎实推进，进一步深化"走转改"活动，不断巩固壮大网上主流舆论，不断增强网络媒体服务基层、服务群众能力，为迎接党的十八大胜利召开营造网上良好舆论氛围。

附录二：

新闻战线"走转改"活动优秀新闻作品目录

（中共中央宣传部新闻局汇编，截至 2011 年 12 月）

通 讯

要当五百强　更要五百年
　　——从同煤集团实践看转变发展方式
　　　　　　　　　　　　　　/ 张研农、皮树义、鲍丹、张铁

边城新记　　　　　　　　　　　/ 吴恒权、胡果、刘晓鹏

铁路线上的"蜘蛛侠"　　　　　　　　　　　/ 卞民德

一个村民组长的酸甜苦辣　　　　　　　　　/ 赵永平

守望精神家园的太行人——红旗渠精神当代传奇
　　　　　　　　　　　　　　/ 李从军、刘思扬、朱玉、赵承

在痛定思痛中浴火重生——从瓮安之乱到瓮安之变警示录
　　　　　　　　　　　　　　/ 何平、朱国贤、徐江善、王丽

东崔村蔬菜批发市场缘何红红火火　/ 庹震、徐金鹏、陈国军

超　越——来自"走转改"一线的报告
　　　　　　　　　　　　　　/ 赵光、孙珉、孙煜华

千万里，我护卫着你

　　——国庆日走进第二炮兵某勤务团铁路运输营（上篇）

　　　　　　　　　　　　　　　　／孙晓青、梁蓬飞、李永飞

千万里，你锤炼着我

　　——国庆日走进第二炮兵某勤务团铁路运输营（下篇）

　　　　　　　　　　　　　　　　／孙晓青、梁蓬飞、陈寿富

红山嘴，大雪即将封山　　　　　／黄国柱、张占辉、刘明学

霸州有个西粉营　　　　　　　　／胡占凡、耿建扩

六访黎明村

　　——走进宁夏盐池县一个曾被风沙逼得四分五裂的村庄

　　　　　　　　　　　　　　　　　　　　　／庄电一

喊着"下盘石"，我们哭了　　　　／张璋

自主创新的动力之源　　　　　　／武力

千里赴疆摘棉忙　　　　　　　　／王伟

探访"高能镍碳超级电容车"之源

　　——走进周国泰院士实验室　　／陈泉涌、宗宝泉

网络发言人，你敢"偷懒"吗？　／金玉萍、颜新文、李爱民

一个平凡人的青春能迸发多少光和热　　／王怡波

"那个叫梦想的东西在拖着我前进"　　／白锋哲

京族"百岁鸳鸯"五世同堂　　　　／夏春平

塔克拉玛干沙漠的"守林人生"　　／王曦

山路送邮 26 载　数十万件无一差错　　／石明磊

丰宁乡镇干部不当"走读生"　　／李建成、高振发

脚踏着祖国的大地

大道理，也能讲得入耳贴心

    ——对话基层理论宣传干部徐进

/周跃敏、许建军、陈明、陆峰

希望，在大山深处扎根   /娄和军、周京臣、刘加增

高寒瑶寨幸福梦   /杨兴锋、陈小瑾、胡念飞

"鸡鸣三省"的水潦："背水"之战何时休?   /杨震森、孔芒

垃圾"山"坚守19年

    ——垃圾处置工曲民6000多个日夜的平凡人生   /康庆、张鸣

昔日贵族庄园 今朝百姓家园

    ——扎囊县扎其乡朗赛岭见闻   /张晓明、崔士鑫、李文健

"这么优厚惠农，再不发展，就不该怨人了"

    ——榆林榆阳区沙地种植养殖农民万德旺如是说

/杜耀峰、王雄、艾永华

零距离感受"绿皮列车"   /张海泳

消息　特写

麦麦提托合提大叔探女记   /郭燕

船上新货郎　归来福满仓   /张涛、武思宇、李俊义

镇江：患者晚上看专家   /朱旭东

车载肩扛，送上及时水救济粮   /周芙蓉

同仁一日   /梅宁华、李雪梅、方芳

劝导队：劝走不文明　导来新秩序   /于丽爽

这儿的人上厕所需全副武装   /李祥禄、许前程、王琼

老大难公厕终于拆除重建   /李祥禄、许前程、王琼

暖手洗手池座便器　全齐了　　　　　　　　／许前程、王溦

门前的路，为何如此坎坷——又进花果峪村

　　　　　　　　／王宏、李萌苏、于春沣、汪宗禧、王睿

多方援手，花果峪筑就"惠民路"　　　　　／于春沣

一滴水的二十次"体检"　　　　　　　　　／李倩

村支书"教"记者怎样走基层　　　　　　　／李科洲

月夜挑水记　　　　　　　　　　　　　　／罗芸、何安妮

安徽：借力产业资本　助推现代农业

　　　　　　／张苏洲、张阿林、鄢法孺、奚源、姜相民、余燕艳

系列报道

"情牵大乌蒙"系列报道（节选）

这里的群众心不慌　　　　　　　　／"情牵大乌蒙"报道组

高兵换车：农家乐老板的幸福生活　　／"情牵大乌蒙"报道组

化屋苗寨坚守民族文化带动旅游产业发展

　　　　　　　　　　　　　　　　／"情牵大乌蒙"报道组

乌蒙山里"养鸽人"　　　　　　　　／"情牵大乌蒙"报道组

内蒙古土豆难卖系列报道（节选）

达茂旗：土豆大丰收销路遇难题　　／孙玉胜、向晖、李志贵

武川县：市场存风险　应对有不同　／孙玉胜、刘晓波、陆伟

"薯都"的土豆迎寒冬

　　　　／纳森、代钦夫、闫洪、内蒙古电视台、乌兰察布电视台

商务部农业部助推内蒙古农民卖土豆

　　　　　　／马永俊、刘晓波、薛晨、施韶宇、宏锋

商务部农超对接　首批下单1.5万吨

／刘晓波、高东光、李秀吉、包武林、薄书宁

102万斤"爱心土豆"运抵北京

／代钦夫、纳森、闫洪、内蒙古电视台

新疆塔县皮里村蹲点日记

新疆喀什：双脚走出的上学路

／何盈、汪成健、李欣蔓、谢岩鹏、新疆电视台、王永强

新疆喀什：上学路上闯悬崖

／何盈、汪成健、李欣蔓、马迅、新疆电视台、王永强

跋山涉水　进村只为劝学

／何盈、李欣蔓、马迅、新疆电视台、王永强

踏上艰辛上学路

／何盈、李欣蔓、马迅、新疆电视台、王永强

大手牵小手　共闯上学路

／何盈、李欣蔓、马迅、新疆电视台、王永强

老师你好！

／何盈、李欣蔓、马迅、新疆电视台、王永强

记者感触：悬崖间有人间真情

／何盈、李欣蔓、马迅、新疆电视台、王永强

爱与关切　皮里村孩子们的礼物

／何盈、李欣蔓、马迅、新疆电视台、王永强

专题报道

冀中能源：跟着矿工去下井　　　／沈泽宁、钟铎、李丽、李聪

稻田地里话丰年 / 侯森、罗毅

调车员的中秋夜 / 陈昕、张若鹏

下水道"郭玉凤班"的苦乐经 / 许诺、章健

海岛上的"傲雪梅花"——吴棣梅 / 陈文光、余昌伟

一座学校 一位教师 一份坚守
——记隆林各族自治县者浪乡者烘村完小
滚马教学点教师吴昌福 / 李德刚、郑华雯、韦黎

走进盲童多彩的天空 / 张志奇、土多

脚踏着祖国的大地

出版后记

"把新闻写在大地上，写在人民心坎上"。自 2011 年 8 月中宣部、中央外宣办、国家广电总局、新闻出版总署、中国记协等五部门联合下发《关于在新闻战线广泛深入开展"走基层、转作风、改文风"活动的意见》通知起，由新闻战线首先开展、涉及新闻出版、广播电视、文学艺术、社会科学等诸多领域的"走基层、转作风、改文风"活动在全国正声势浩大又扎扎实实地广泛展开。新闻战线开展"走转改"活动，是创新新闻宣传工作、落实"三贴近"原则的根本举措，是加强新闻队伍建设、提升队伍素质的重要途径，是宣传思想文化工作贯彻党的群众路线、服务人民群众的必然要求。新闻工作者要始终"在路上、在基层、在现场"，只有脚踏着祖国的大地，才能真实反映人民的心声。

在"走转改"活动开展一周年之际，为全面系统地反映新闻战线开展"走转改"活动的生动实践，阶段性总结新闻战线开展"走转改"活动的经验，促进"走转改"活动进一步走向深入，人民出版社策划了《脚踏着祖国的大地——新闻战线"走基层、转作风、改文风"活动纪实》一书。本书由中国新闻出版报主编，人民出社参与编辑。策划出版本书，也是人民出版社和中国新闻出版报社贯彻落实中央关于"走转改"活动要求的一项具体措施。

本书的编辑出版工作得到了相关领导同志与各媒体单位的大力支持。中共中央政治局委员、中央书记处书记、中宣部部长刘云山同志欣然首肯将《把新闻写在大地上 写在人民心坎上》一文作为本书序言；人民日报、新华社、光明日报、解放军报、中央电视台等新闻单位及部分地方新闻单位对本书的编辑给予了特别的支持，在此一并致谢。

"走转改"是宣传工作的一项创举。我们不仅要用本书来记录这一难忘的历程，更期待它能激励更多的新闻工作者扎根基层，融入群众，"说实话、说新话、说老百姓的话"，把"走转改"活动深入持久地开展下去，用自己的智慧与汗水来真实展现生活，真实反映这伟大的时代。

人民出版社

2012 年 7 月

责任编辑：许运娜

封面设计：天之赋设计室

图书在版编目（CIP）数据

脚踏着祖国的大地——新闻战线"走基层、转作风、改文风"活动纪实 /
　中国新闻出版报 编 . - 北京：人民出版社，2012.8

ISBN 978 - 7 - 01 - 010749 - 3

I. ①脚…　II. ①中…　III. ①新闻工作 - 研究 - 中国 ②出版工作 - 研究 -
　中国　IV. ① G219.2　② G239.2

中国版本图书馆 CIP 数据核字（2012）第 042827 号

脚踏着祖国的大地

JIAOTAZHE ZUGUO DE DADI

——新闻战线"走基层、转作风、改文风"活动纪实

中国新闻出版报　编

人民 出 版 社 出版发行

（100706　北京朝阳门内大街 166 号）

北京瑞古冠中印刷厂印刷　新华书店经销

2012 年 8 月第 1 版　2012 年 8 月北京第 1 次印刷

开本：710 毫米 × 1000 毫米 1/16　彩插：8　印张：21.5

字数：220 千字

ISBN 978 - 7 - 01 - 010749 - 3　定价：36.00 元

邮购地址 100706　北京朝阳门内大街 166 号

人民东方图书销售中心　电话（010）65250042　65289539